经费资助：

国家民委人文社科重点研究基地：西北民族地区政府治理与社会管理研究中心

宁夏哲学社会科学规划项目：宁夏新社会组织成长与功能研究(10NXBSH03)

北方民族大学学术文库

宁夏新社会组织的成长性与功能研究

——基于政府、企业与社会的视角

NINGXIA XIN SHEHUI ZUZHI
DE CHENGZHANGXING
YU GONGNENG YANJIU

李东林 秦芳 罗丹 ◎ 著

黄河出版传媒集团
宁夏人民出版社

图书在版编目（CIP）数据

宁夏新社会组织的成长性与功能研究：基于政府、企业与社会的视角 / 李东林，秦芳，罗丹著. — 银川：宁夏人民出版社，2018.12
ISBN 978-7-227-07014-6

Ⅰ. ①宁… Ⅱ. ①李… ②秦… ③罗… Ⅲ. ①社会组织 – 研究 – 宁夏 Ⅳ. ①C912.21

中国版本图书馆CIP数据核字（2018）第288855号

宁夏新社会组织的成长性与功能研究
——基于政府、企业与社会的视角

李东林 秦芳 罗丹 著

责任编辑	管世献
责任校对	陈 晶
封面设计	一 卜
责任印制	肖 艳

出版发行

地　　址	银川市北京东路139号出版大厦（750001）
网　　址	http://www.yrpubm.com
网上书店	http://www.hh-book.com
电子信箱	nxrmcbs@yrpubm.com
邮购电话	0951-5019104　5052106
经　　销	全国新华书店
印刷装订	宁夏银报智能印刷科技有限公司
印刷委托书号	（宁）0010939

开　本	720 mm×980 mm　　　1/16
印　张	14　　　字　数　227千字
版　次	2018年12月第1版
印　次	2018年12月第1次印刷
书　号	ISBN 978-7-227-07014-6
定　价	39.00元

版权所有　侵权必究

引 言

写这本书的诱因基于4个与我工作和生活息息相关的动因。第一个动因是我亲眼目睹的一件事,在我曾居住的一个社区内,有一个近2000平方米的公共停车场,冬天到了,由于环保的标准日益提高,所在社区及其附近的几个社区原来取暖用的烧煤锅炉被拆除,需要增加一个热电站,于是这个2000平方米的公共停车场被征用,社区部分居民对此意见很大,以至于与前来的城市管理执法队伍发生冲突,本是为民的政府行为,却被社区居民质疑政府行为被企业(本地的国有供热企业)绑架。政府、企业以及社区居民该如何合法、合理协商,共同提升地区公共事务的治理能力,在当下尤显重要。第二个动因是本人给研究生上的一门课"非营利组织管理",其中重点讲解的内容是如何处理政府、企业与社会的关系问题。第三个动因是本人主持的一项社会科学研究课题《宁夏新社会组织的成长性与功能研究》。第四个动因是自党的十八大以来并在党的十九大进一步加强的"国家治理体系和治理能力现代化"的问题,从党的十八大和十九大报告的内容中可以看到,在出台的全面改革决定中,将有多个方面的历史性突破,而有关全面深化改革总目标的提法更加引人瞩目——除了耳熟能详的"完善和发展中国特色的社会主义制度"之外,还将"推进国家治理体系和治理能力现代化"[1]纳入其中,而新社会组织的功能

---

[1] 习近平.决胜全面建成小康社会 夺取新时代中国特色社会主义伟大胜利——在中国共产党第十九次全国代表大会上的报告[J].思想政治工作研究,2017(11).

宁夏新社会组织的成长性与功能研究
——基于政府、企业与社会的视角

研究便纳入到治理的范畴之中。从政府、企业与社会的角度来研究新社会组织的成长性与功能,其本质就是多元主体的共治。费孝通老先生在民族学问题研究中有一个公认的十六字箴言:"各美其美,美人之美,美美与共,天下大同。"讲的虽是各民族关系问题,而用在此处也有一定的道理,公共管理学理论当中,最能代表这一含义的一词便是"治理"。

将"治理"一词纳入党的纲领性文件,是一个新的亮点、新的突破。不管是过去我们使用的"统治"还是"管理",都有"管"的意思,都包含着自上而下的意思,其治理主体是唯一的,而现在用"治理"一词,强调的却是多元主体,既有传统意义上的政府,也包括政府之外的社会组织和企业。"'治理'一词的变化,反映出的是党对权力来源、权力行使和权力制约认识的不断深入,这恰恰是改革的细节所在"[1]。英国的一位著名政治学家曾经说,在过去的15年中,国际社会科学文献中最为流行的术语之一便是"治理"。提出"推进国家治理体系和治理能力现代化",反映了中国改革的全面与深化。完善和发展中国特色社会主义制度与推进国家治理体系和治理能力现代化,相辅相成、相互促进。完善治理体系和治理能力的现代化,才能真正保证制度的完善和发展,二者是一个相互影响和制约关系。[2]这为改革指明了方向。本书名为《宁夏新社会组织的成长性与功能研究——基于政府、企业与社会的视角》,其本质亦是从治理的角度来研究这一问题,而治理的主体也由过去单一的政府变为多元主体:政府、企业与社会。

治理的英文表述为"governance",该词源自于拉丁语和古希腊语,原意是控制、引导相关的管理活动和政治活动。世界银行1989年在研究非洲时,首次使用治理危机"crisis in governance"来表述当时的现象,后来,这个概念得以广泛应用在政治学及其发展的研究中。上世纪90年代之后,治理一词从政治学领域开始扩散到相关的其他领域,成为社会科学研究领域中的一个热点词汇。全球治理委员会于1995年发表《我们全球的伙伴关系》研究报告。提到"治理是各种公共的或私人的机构管理其共同事务的诸多方式的总和。它是一种调和不同利益主体之间冲突和

---

[1] 吴长剑."善治"视野中我国NPO参与公共危机治理的路径选择[J]. 前沿,2011(1).
[2] 仲崇盛.论管理性政府形态的管理模式和理论的演化[J]. 中国青年政治学院学报,2009(3).

利益并促使其联合行动的持续过程"。①

我们是否可以这样来理解,"治理"一词既包括有权迫使人们服从的正式制度和规则(即规制),也包括各种人们同意或以为符合其利益的非正式的制度安排。治理不是一整套规则,也不是一种或一项活动,而是一个整合的过程;治理过程的基础不是控制,而是协调,②现在基层政府当中常常用到的"调度",便含有这样一层意思;治理这个概念既涉及公共部门,也包括私人部门。总而言之,有关"治理"概念的解读,可被归纳为以下几点:第一对人类经济、社会、政治活动领域的管理范式或者管理机制,治理是一种政治管理的过程;第二与传统概念中的"政治统治"有所不同,是一种新的统治机制和范式,它是一个国家权力向社会的回归,促使社会公共利益最大化的管理过程;第三政府是"统治"的唯一权威实施主体,"治理"的权威实施主体除政府外,还包括诸多公共机构、经济组织、社会团体、民间组织、企业和个人等。这些多元主体之间相互监督和制约,彼此之间发生着多层面的上与下、左与右的互动。这些互动方式既可以自上而下,也可以自下而上,还可以平行合作。

在党的十八大报告中,"治理"一词的提出标志着中国政府执政理念的鲜明变化和时代属性,是一次划时代的变革。党的十九大报告中进一步提出:"必须坚持和完善中国特色社会主义制度,不断推进国家治理体系和治理能力现代化,坚决破除一切不合时宜的思想观念和体制机制弊端,突破利益固化的藩篱,吸收人类文明有益成果,构建系统完备、科学规范、运行有效的制度体系,充分发挥我国社会主义制度优越性,打造共建共治共享的社会治理格局,加强社会治理制度建设,完善党委领导、政府负责、社会协同、公众参与、法治保障的社会治理体制,提高社会治理社会化、法治化、智能化、专业化水平。"③

从党的十八大报告到十九大报告中关于国家与社会治理的相关论述中可以发现,新社会组织的功能和成长性必将进一步得到加强,其对经济社会的发展作用也

---

① 全球治理委员会.我们的全球伙伴关系[R].牛津:牛津大学出版社,1995:23.
② 杨素群.论两种制度国家全球治理问题的合作与纷争[J].东岳论丛,2012(2).
③ 习近平.决胜全面建成小康社会 夺取新时代中国特色社会主义伟大胜利——在中国共产党第十九次全国代表大会上的报告[J].思想政治工作研究,2017(11).

宁夏新社会组织的成长性与功能研究
——基于政府、企业与社会的视角

必将日益突出,新社会组织功能与成长性的研究也必将引起政府、学界和社会对此问题的关注。

最终展现在读者面前的这本《宁夏新社会组织的成长性与功能研究——基于政府、企业与社会的视角》,其写作的初衷是力图全面反映宁夏新社会组织成长性与功能,但在写作的过程中却发现,这是一件十分困难的工作,因为反映宁夏新社会组织成长与管理问题研究的文献和成果十分有限,加之宁夏新社会组织的发展也刚刚起步,研究所需要的大部分资料都需要亲自开展实地调研,同时在短时间内也难以穷尽宁夏新社会组织所有典型案例,所以本书的研究从总体内容上来说还显得有些单薄。尽管如此,本书的问世还是有其积极作用,尤其是书中所分析和介绍的几个新社会组织的典型案例,分别代表了宁夏行业协会、基金会和民办非企业单位发展中存在的典型问题及经验做法。令人惊喜的是,在调查和研究中发现,这几个个案(阿拉善SEE生态协会、宁夏扶贫与环境改造中心、宁夏惠民小额贷款、宁夏人力资源管理协会、宁夏能源协会、宁夏燕宝基金会、"黄河善谷")其代表性不仅仅局限于宁夏,即使在全国新社会组织的研究范畴中也符合典型性和代表性的特征,对其新社会组织发展与功能问题的研究,不仅在宁夏会引发相关人士的关注,而在全社会无疑会起到抛砖引玉的效果。记得一个曾经看到过的《举起"黑色的木桩"》的故事很有启发:

一个马戏团里,一头大象在驯兽员的指挥下,一遍又一遍地把木桩、重物甚至人轻而易举地举起,向人炫耀着自己的力大无穷,也借此获得了无数的掌声。但是,表演结束后,大象跟着驯兽员来到后院,很不情愿地看着驯兽员把自己拴在一根黑色木桩上,立刻,大象安静下来,再也没有了举重的冲动。但是,这根木桩其实并不比它表演时举起的木桩更重,为什么一拴到这根黑色木桩上,大象就没有了举起它的冲动呢?原来,从大象很小的时候,驯兽员就把它拴在这根黑色木桩上,小象也多次试图挣脱,但是,因为自己力量不够,都失败了。于是,在小象的思想深处,已经把黑色木桩看成了不可战胜的力量,渐渐地,小象长成了大象,力量已经足以把木桩挣脱甚至举起,但是,这根"黑色的木桩"却已经深深扎根于大象的思想深处,它彻底丧失了挣脱或举起木桩的想法。如果能够挣脱木桩的束缚,大象本来是可以做出更多、更大的事情的。但是,因为早已没有了挣脱的想法,所以,大象就只能被木桩束缚一辈子,终究一事无成。更加严重的是,在象的家族中,其他小象、中象都受到这头大象的影响,大家谁也不再想挣脱、更不想举起黑色的木桩,这个封闭的大象家族,世世代代被黑色木桩束缚着。这时,马戏团开放了,一头野象来到这里,看到这个大象家族安于现状的状况感到很奇怪,问它们为什么不挣脱木桩到更大的世界去?并告诉他们说,其实,木桩并不可怕,只要努力,凭自己的力量,是一定能够挣脱的。在大家半信半疑时,一头中象终于开始了努力,很快,它自由了。在广袤的田野里,开始了艰难的创业,最后,它凭着自己的力气、拼搏和奋斗,终于创造了一个宏伟的事业。[1]

其实,宁夏的新社会组织成长就如同故事中的大象家族,在中国改革开放的大背景下,中国正在融入世界,宁夏也正在融入中国的快速发展中,只要不安于现状,努力奋斗,就一定会迎来一个宁夏新社会组织发展的春天,而这本著作的出版,也是在艰难中的一种开始,虽抱有残缺,但终究是在这一领域的积极尝试,尤其是从政府、企业与社会三者关系的视角,并从治理的角度来审视宁夏新社会组织的成长与功能,无疑也是一种新的视角。"一花独放不是春,百花齐放春满园",寄希望于宁夏新社会组织茁壮成长,共同迎来宁夏新时代的"善治"局面。为宁夏的地方治理贡献一份属于自己的思想与力量,或许是这本书写作的最好诠释。

唐代杜荀鹤有诗云:"泾溪石险人兢慎,终岁不闻倾覆人。"写作是一件痛苦而又费心的工作,心虽有余力,但结果却不由自己定,只好留给他人评价。写作这本书的最大益处是把宁夏有典型及代表性的案例及其经验呈现给读者,恰如汉代刘向在《说苑·建本》中写道:"学所以益才也,砺所以致刃也。"至于本书的价值,自然由他人来评说。

最后需要特别说明的是,这本书虽然主要由本人执笔,也参考了《宁夏非营利组织发展与管理问题研究》,并在前期研究报告的基础之上又融入了一些宁夏新社会组织发展的案例,同时也纳入了秦芳和罗丹两位来自教育和商务实践领域的工作者的部分研究成果。虽然两位年轻人都是第一次写书,但"小荷已露尖尖角",在信息高速发展的今天,研究已不再完全是学者的工作范畴,两位实践工作者提供的研究也为本书的写作提供了非常好的内容与视角。

---

[1] 高贤峰. 举起"黑色的木桩"[J]. 当代经理人,2003(4).

目 录

第一章 绪 论 ··· 1
  第一节 问题的提出 ·· 1
  第二节 研究对象：新社会组织 ·· 3
  第三节 研究目的：新社会组织的功能及其社会创新 ········· 5
  第四节 研究范式与研究方法 ··· 5
  第五节 研究主线与内容 ··· 9

第二章 新社会组织成长与功能概论 ································· 12
  第一节 关于社会组织概念的基本认知 ··························· 12
  第二节 社会组织成长的历史观点 ·································· 25
  第三节 社会组织的主要功能概说 ·································· 33

第三章 宁夏新社会组织成长与功能 ································· 45
  第一节 宁夏社会组织的发展历程 ·································· 45
  第二节 宁夏社会组织的发展现状及存在问题 ················· 47
  第三节 宁夏社会组织管理改革路径 ······························· 52
  第四节 宁夏社会组织面临的挑战与机遇 ························ 59

第四章　宁夏行业协会成长与功能测度 … 63

　　第一节　行业协会的定义和属性 … 63

　　第二节　行业协会的职能、作用和意义 … 66

　　第三节　行业协会的内部治理与管理体制 … 68

　　第四节　宁夏行业协会的发展历程、现状与问题 … 69

　　第五节　行业协会实证案例：宁夏能源协会和宁夏人力资源协会 … 72

第五章　宁夏基金会成长与功能测度 … 87

　　第一节　基金会的定义、分类与基本属性 … 87

　　第二节　基金会的产权特征和治理结构 … 88

　　第三节　基金会实证案例之一：宁夏燕宝慈善基金会 … 91

　　第四节　基金会实证案例之二：阿拉善SEE基金会 … 103

第六章　宁夏社会企业成长与功能测度 … 118

　　第一节　社会企业的内涵 … 118

　　第二节　社会企业典型案例：宁夏惠民小额信贷 … 120

第七章　政府、企业与社会：银川阅海湾CBD案例 … 128

　　第一节　阅海湾CBD楼宇经济中的政府职能、问题及优化 … 128

　　第二节　阅海湾CBD楼宇经济中企业社会责任履行、问题及优化 … 147

　　第三节　阅海湾CBD楼宇经济中社会组织责任履行、问题及优化 … 155

　　第四节　阅海湾CBD楼宇经济中的政府、企业与社会关系的重塑 … 158

第八章　"黄河善谷"战略构想与宁夏"慈善产业"发展 … 164

　　第一节　"黄河善谷"与"慈善产业"内涵 … 164

　　第二节　"黄河善谷"构想与基本内容 … 165

　　第三节　"黄河善谷"实施的具体路径 … 167

　　第四节　"黄河善谷"取得的成效及存在的问题 … 170

第五节　国际经验与政策建议 …………………………………… 172

第九章　公共服务购买：政府与社会组织的契约合作关系 ………… 180
　　第一节　问题的提出 ……………………………………………… 180
　　第二节　公共服务购买的内涵与理论依据 ……………………… 182
　　第三节　社会组织参与公共服务购买的选择 …………………… 183
　　第四节　正茂社区两个案例的背景、效果与问题 ……………… 187
　　第五节　结论、讨论与建议 ……………………………………… 191

第十章　共建共治共享：社会组织跨界与创新 …………………… 197
　　第一节　跨界的内涵 ……………………………………………… 198
　　第二节　社会组织跨界与创新 …………………………………… 201
　　第三节　社会价值与社会创新型企业 …………………………… 202
　　第四节　共建共治共享：政府、企业与社会 …………………… 204

结　语 ……………………………………………………………………… 207
后　记 ……………………………………………………………………… 209

第一章 绪 论

国内外学者将社会组织分为提供公共产品的政府部门和提供私人产品的企业部门,其实,在二者之间还存在着一个为人们所忽视的社会领域,那就是"新社会组织"。宁夏新社会组织的发展状况究竟处于什么样的水平?与国内外发达地区相比存在什么样的差距?其成长性如何?有哪些因素会影响到新社会组织发展的成长性?其对经济社会发展的功能如何?正是带着这些问题,本研究希望能够回答"宁夏新社会组织的成长性与功能"这一现实问题,并进而从政府、企业与社会关系的视角来揭示有关现象与问题,为地方政府社会政策的制定以及社会管理创新提出有价值的政策工具。

第一节 问题的提出

一、新社会组织涉及的相关问题阐述

新社会组织既涉及对社会组织的基本概念的回答,又涉及新社会组织的"新"到底新在哪里,其成长性如何,如何测度其功能等问题。笔者结合现有文献和理解,对所提出的问题逐一回答。

(一)新社会组织究竟"新"在哪里?

于传统的社会组织而言,新社会组织是非政府组织的成熟形态,与传统的、常

宁夏新社会组织的成长性与功能研究
——基于政府、企业与社会的视角

规的组织不同,它充分地表达了社会治理集体行动的社会属性:一方面,它抛弃了科层制组织结构,弱化了组织边界,在自己的业务领域以任务为导向、以合作行为为方式;另一方面,在组织内部管理方面鼓励自主管理、创造合作的机制。新社会组织的出场不仅将提供组织变革的具象方案,也将引导社会治理行动走向合作。[①]总而言之,新社会组织的产生和发展,"包含着把工业社会人类所拥有的管理型社会治理方式改造成服务型社会治理方式的可能性"[②]。新社会组织所代表的新的组织模式和集体行动方式,既引导着社会治理中集体行动方式的变革,也将提供组织变革的具体方案。[③]

(二)何谓新社会组织的成长性?如何测度?

对于"组织成长性"这一概念,目前应用在企业成长性方面已有相关成熟的理论和界定,但对于"社会组织的成长性"目前学界并无这方面的研究,如何解决社会组织的成长性分析和目标的测度问题其实是一个难题。目前国内外尚未有成熟的可以操作的办法,在测度方面,本研究主要通过代表性和典型性案例来分析和展现社会组织的成长性与功能。因此,本研究在测度方面也主要是沿用本土化的案例来进行呈现和研究。

(三)新社会组织的功能如何界定?

新社会组织的功能为本研究的主要内容,将在第二章深入开展论述。

二、政府、企业与社会关系

在市场经济中,政府应该做什么?什么应该交由市场、个人或者社会组织来做?政府应该如何履行职能?应该运用哪些工具来实现政策目标?如何处理政府与企业、社会组织的关系?法国诗人保罗·瓦勒里曾说:"国强吾伤,国弱吾亡。"柏拉图、托马斯·霍布斯、约翰·洛克、大卫·休谟和让·雅克·卢梭等哲学家都曾经探讨过这一问题,正确处理政府与市场、社会的关键是找到恰当的平衡点。关键在于寻找政府有效发挥作用的途径,同时又保证多元治理主体的协同作用。那么,政府与市场、社会三者之间恰当的平衡点在哪里?

中国40年的改革开放,从某种程度上讲,也是政府、市场和社会三者关系的平

[①][③] 姜宁宁. 论新社会组织的产生[J]. 新视野,2018(5).
[②] 张康之. 论伦理精神[M]. 南京:江苏人民出版社,2010:60.

衡、演变、再平衡、再演变的结果。从改革开放前的高度中央集权发展到放松微观管制,强化市场的宏观管理和市场监管。因此,市场经济发展、基层社会重建和社会公益活动,作为改革开放以来体现中国社会进程最重要的三个方面,成为我们研究新社会组织发展的基本背景。中国的新社会组织生于斯、长于斯,艰难与成就都注定与这三大历史发展背景休戚与共、息息相关,其主要的功能与作用也必然紧紧系于这三个方面。这也因此而成为本书研究新社会组织的三个最基本的主题视域:行业协会、基金会和未来新社会组织发展的一个重要趋势——社会企业。

第二节　研究对象：新社会组织

新社会组织是指改革开放以来,我国在社会主义市场经济发展过程中新涌现出来的相对于政党、政府等传统组织形态之外的各类民间性的社会组织,包括中介组织、社会团体、基金会、民办非企业单位以及各类群众团体。新社会组织一词,是上海20世纪90年代以来开始出现的一个新的词汇。其特点是,相对于"社会组织""民间组织""群众组织"等词的概念,把范围缩小在社会主义市场经济体制发展完善过程中涌现出来的民间组织。[1]

一、新社会组织概念所含基本范畴

由上述新社会组织包含的主要内容来看,新社会组织是引导社会的治理行动走向合作,并用中国特色的社会主义理论引导组织的属性、特征而形成的高度概括。新社会组织的核心构成内容是非营利性机构或非营利性组织(国际上常用此术语),因此本研究将研究的对象聚焦在"新社会组织"或"非营利组织"这两个关键词上,其目的在于比较。

二、国内外有关新社会组织的几个权威学术定义

在研究伊始,有必要对本书所用新社会组织的概念进行界定,并说明本书所用新社会组织概念与上述其他用语在学术上的异同。下述四种定义是众多关于非营利组织的定义中较有代表性和影响力的,它们分别从功能、构成和属性三个角度来

---

[1] https://baike.so.com/doc/6207412-6420679.html.

把握和定义什么叫非营利组织,即新社会组织这个概念。

(一)联合国的定义

非政府组织是在地方、国家或国际级别上组织起来的非营利性的、志愿性的公民组织。非政府组织面向任务、由兴趣相同的人们推动,它们提供各种各样的服务和发挥人道主义的作用,向政府反映公民关心的问题,监督政策和鼓励在社区水平上的自治;它们提供分析和专门知识,充当早期预警机制,帮助监督和执行国际协议。有些非政府组织是围绕着诸如人权、环境或健康等具体问题组织起来的,它们与联合国系统各办事处和机构的关系会因其目标、地点和任务不同而有所差异。[①]

(二)世界银行的定义

世界银行将公民社会定义为家庭、市场和国家之间的一个空间,其中包括各种非营利组织及旨在改善所代表的社会群体之生活状况的各种正式或非正式的特殊利益团体。世界银行认为:民间思想库等政策研究机构、工会、媒体、非官方机构、草根组织、社区基层组织、宗教联合会,以及其他各种类型具有积极的社会影响力的组织,也都构成公民社会。[②]

(三)萨拉蒙的定义

非营利组织或非政府组织是具有如下共同特征的社会组织:(1)组织性,即有一定的制度和结构;(2)民间性,即独立于国家和政府体系之外;(3)非营利性,即不以营利为目的,不分红;(4)自治性,即能够自主决策和自主活动;(5)志愿性,即组织的成员并非受某种外在强制,而是秉持志愿精神自愿组成,其活动经费也来自志愿捐赠。[③]

(四)清华学者王名的定义

王名认为:"新社会组织是独立于政府体系之外的具有一定程度公共性质并承

[①] http://www.un.org/chinese/aboutun/ngo/qanda.html. 转引自王名,刘求实.中国非政府组织发展的制度分析[J].中国非营利评论,2007(1).

[②] World Bank,Working Together,The World Bank's Partnership with Civil Society. 转引自王名,刘求实.中国非政府组织发展的制度分析[J].中国非营利评论,2007(1).

[③] Salamon,Lester,Global Civil Society:Dimensions of Nonprofit Sector(Vol.2),S.Wojciech Sokolowski and Associates ed.Kumarian Press,2004,pp.9-10. 转引自王名,刘求实.中国非政府组织发展的制度分析[J].中国非营利评论,2007(1).

担一定公共职能的社会组织,这些组织活跃于人类社会生活的各个领域和层面,其形式、规模、功能千差万别,但一般都具有非政府性、非营利性、公益性或共益性、志愿性四个方面的基本属性。"[1]

第三节 研究目的:新社会组织的功能及其社会创新

在中国特色社会主义制度的前提下,中国已初步形成以中国共产党领导为核心、以人民主权为原则、以良法善治为目标的现代国家治理框架。当代中国面临着社会转型和国家治理能力现代化的迫切问题。基于此现实,本书的研究与写作有两个目的。其一是通过对宁夏新社会组织成长与功能的探讨,探索其在构建民族地区社会主义和谐社会中的作用,其最终的本质目的是探寻促进民族地区和谐社会建设的具有"公域"特点和具有"公益"属性的社会机制及组织制度创新形式。其二是近年来,各种形式的社会矛盾集中显现,社会安全与运行出现了不少问题。社会权力结构失衡,利益结构失重,社会治理失调,社会秩序失范。层出不穷的社会灾难也对社会心理构成了严重损伤,弱势群体规模扩大,社会阶层分化加速。这些作用集中表现为新社会组织是一种具有"公域"特质和"公益"性质的社会机制及组织制度创新形式。对新社会组织所具有的"公域"特征和"公益"属性的社会背景、资产基础、运作形式、结构治理、作用功能等的深入研究,并进而如何通过跨界来创新社会企业,解决上述这些复杂社会问题构成了本书的重要研究内容之一。

第四节 研究范式与研究方法

本研究基于几年来围绕宁夏及周边地区新社会组织发展与功能问题开展的实证调研的丰富经验和理论基础,主要运用实地调研、理论研究与政策分析相结合的方法,综合研究和分析改革开放以来宁夏新社会组织的发展和功能特征,重点关注在市场经济发育和发展过程中涌现出的各种行业协会、基金会、社会企业。从对这

---

[1] 王名,刘求实.中国非政府组织发展的制度分析[J].中国非营利评论,2007(1).

宁夏新社会组织的成长性与功能研究
——基于政府、企业与社会的视角

些在宁夏社会转型时期具备典型特征的新社会组织的观察和研究中,发掘出对于构建民族地区社会主义和谐社会来说具有规律性的若干本质特征。在研究方法上,本书主要采用基于案例的实证研究方法,提出推动宁夏区域新社会组织发展、积极作用发挥及改善外部制度环境的积极的政策工具主张。为此,为帮助读者更好地理解这一内容,本书从研究范式、研究方法和分析框架三个不同的层面来分析和揭示研究的方法。

一、研究范式

(一)巴斯德象限的启示

帕藤(Patton,2006)认为研究范式是"一种世界观、一种综合的视角、一种分解真实世界复杂性的方式",研究范式高于研究方法,是一种映射研究者所信奉的研究价值观的具体途径与信念表征。巴斯德象限是由唐纳德·司托克斯在其《基础科学与技术创新:巴斯德象限》一书中提出的一种基础研究范式,这种研究范式的特点是:由"应用"的目的而引起研究,在研究的过程中,同时追求解决应用问题和建立相应的基础理论为研究的并行目标(见图1-1)。

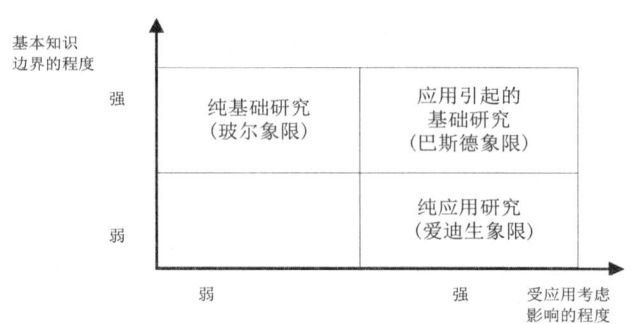

图1-1 科学研究的二维象限模型①

(二)基于巴斯德象限的研究范式

笔者期望在本书中构建新社会组织成长性与功能的研究范式,建立新社会组织成长性与功能基础研究和应用研究之间的连接桥梁,加强新社会组织理论与实践的互动与对话,为构建新社会组织的理论体系奠定必要的基础。

---

① 〔美〕唐纳德·E.斯托克斯.基础科学与技术创新:巴斯德象限[M].周春彦,谷春立译.北京:科学出版社,1999:84.

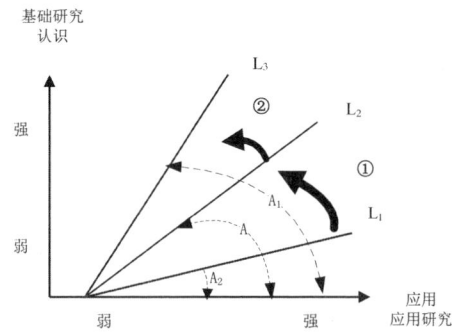

图 1-2　基于巴斯德象限的新社会组织成长性与功能研究范式示意图

图 1-2 中的角代表新社会组织成长性与功能研究的巴斯德角。其具体含义为：(1)∠A 的顶点位于横轴"应用"轴，表示新社会组织成长性与功能研究的是来源于应用性问题的；(2)∠A 的大小表示某一项新社会组织成长性与功能研究中的基础研究与应用研究在研究取向上所占的比例大小；(3) 当∠A 相对比较小的时候，表明新社会组织成长性与功能研究以应用取向为主，而认知取向较弱，如图 1-2 中的∠A_2；而当∠A 相对比较大时，表明新社会组织成长性与功能研究以认识取向为主，而应用取向较弱，如图 1-2 中的∠A_1；(4)目前新社会组织成长性与功能研究大多处于 L_1 线的状态，即应用研究取向比较突出，处于爱迪生象限，而随着新社会组织成长性与功能研究的范式的转移，新社会组织成长性与功能的研究将势必向 L_2 线的趋势发展，即增大新社会组织成长性与功能研究中的基础理论取向；(5)当新社会组织成长性与功能的研究能够从 L_2 线向 L_3 线发展的时候，新社会组织成长性与功能的研究就真正成为一种由应用问题引起的基础理论研究，也即表明这一问题的研究开始从爱迪生象限进入巴斯德象限研究范式。[1]

二、研究方法

(一)文献研究方法

主要结合宁夏地方政府近几年对新社会组织评估的文献和资料，从社会组织评估的角度对其进行成长性分析和测度，并从宁夏地方政府政策创新和政策工具设计和变化的角度来分析宁夏新社会组织的成长性，且主要依据 S-CAD 政策规划与评估理论评估其政策的目标、手段、结果以及价值之间是否一致的

---

[1]参见王陆. 虚拟学习社区的社会网络结构研究[D]. 重庆：西北师范大学，2009.

三性分析:一致性(逻辑分析)、充要性(经济分析)以及依赖性(政治/实践)。

(二)个案分析方法

本研究根据课题研究的性质选取宁夏近年来发展和治理比较典型和突出的新社会组织的个案进行实地调查,研究和分析其成长性与功能,进而对宁夏地方政府公共政策的引导作用进行评估。

这两种研究方法的关系为:根据研究的性质,本研究成果的目的是让宁夏地方政府了解宁夏新社会组织的成长性以及对宁夏经济社会产生的作用。为此,其研究目标首先是针对宁夏新社会组织的发展状况进行社会调查,进而对涉及的新社会组织的发展指标进行一般描述性研究;其次是针对宁夏的新型社会组织的成长性进行界定,并设计出测量的方法和测量的工具;最后是针对宁夏新社会组织在宁夏经济社会发展中的作用进行调查,分析其产生的作用。

三、研究的具体理论与分析框架:S-CAD 分析框架

本研究拟采用加拿大女王大学公共管理学者梁鹤年教授的政策规划与评估的 S-CAD 框架(见图 1-3)。

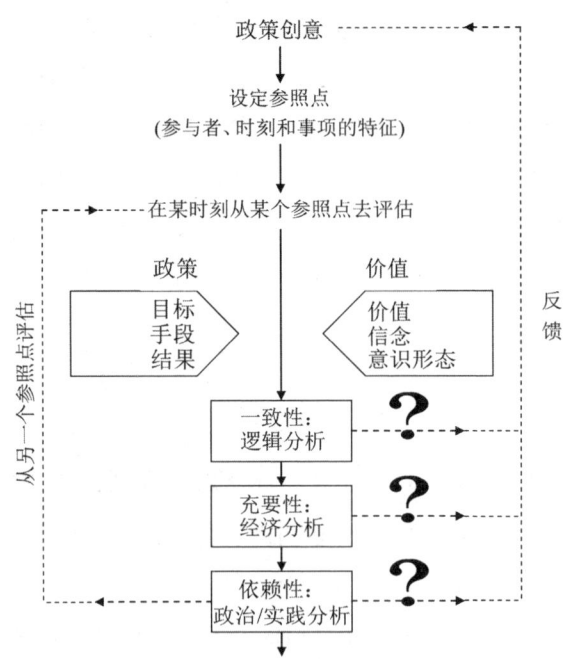

图 1-3　S-CAD 政策规划与评估分析框架

该框架包括的基本内容如下：公共政策是人们为了某种可能达到的期望的状态而做出的一系列的决定和行动措施。公共政策具体包括目标、手段和预期的结果。一致性分析检验公共政策的逻辑。分析的焦点是价值、目标、手段和结果之间的逻辑关系，强调采用的观点、使用的信息、持有的价值，以及用于分析的假设和概念需要稳定（前后一致）。充要性分析检验的是公共政策的经济层面以及公共政策的可行性。分析的焦点是工具和资源的必要性与充分性。依赖性的分析是检验其他人和组织在公共政策的合法性和行动实施的可行性上的意义。分析的焦点在于辨认这些依赖性的本质和关键性，以及处理它们的手段。政策既要从首要参与者的观点出发进行分析，又要从相关参与者的观点出发进行分析。相关参与者是指对公共政策的政治合法性和实施可行性有重要影响的参与者。应当了解他们对公共政策相关的价值、假设和轻重的看法。然后运用"三性分析"去评估公共政策的行动和决定对他们的偏好和期望可以满足多少。根据这些分析的启示，首要参与者也许要改变自己的立场。如果这样，首要参与者就应当重新评估这些改变的意义和后果。

第五节 研究主线与内容

一、研究主线

研究主线主要为"公域"和"公益"，具体地讲，就是政府、企业与社会中的"公域"和"公益"，这是研究用以观察和分析新社会组织并揭示其作用机理的核心线索。"公域"亦即"公共领域"的简称，又称"公共空间"。这一概念因当代著名思想家哈贝马斯的引用而备受关注。

"公益"的概念在英文有两个不同的表述：在经济学层面，"公益"侧重强调受益者的不特定多数性；在社会学层面，"公益"则更加强调行动者的利他主义。新社会组织的公益属性较为集中地体现在社会公益活动与社会服务中，具体则表现为基金会、社会企业及各种公益项目的开展。

二、研究内容

改革开放40年来，我国实现了从计划经济体制向市场经济体制的全面经济转轨。与此同时，从改革开放初期开始，我国城乡各地就出现了大量的新社会组织。这

宁夏新社会组织的成长性与功能研究
——基于政府、企业与社会的视角

些新社会组织逐渐成为改革开放实践中具有公共组织性质的"公域"或"公益"的主体,也就是本书研究的主要对象,这构成了本书第一章的绪论部分。新社会组织作为一个整体,就其基本而言有哪些突出的社会功能?这些功能因何而生?如何区别于政府、企业及其他组织?社会组织这些功能发生作用的条件如何?在不同的社会组织身上有哪些不同特点?在我国改革开放的实践背景下,新社会组织存在哪些功能上的障碍?如何更有效地发挥新社会组织的功能?……这些问题构成了本书第二章的主题。宁夏新社会组织功能发生作用的条件如何?在不同的社会组织身上有哪些不同特点?其成长性和功能如何测度?改革开放的实践背景下,宁夏新社会组织存在哪些功能上的障碍?如何更有效地发挥新社会组织的功能?……这些问题构成了本书第三章的主题。

从第四章至第六章,本书选取了三类新社会组织进行深入研究和论述。行业协会是本书关注的第一类社会组织。改革开放以来,随着传统的计划经济体制走向瓦解和新生的市场经济体系逐渐形成,在经济转轨的过程中涌现出了形形色色的行业协会、商会、合作社、促进会、联合会等经济类新社会组织,本书统称为"行业协会"。这些行业协会如何生成?如何在经济转轨的体制、政策和资源背景下生存发展?宁夏行业协会承担了哪些政府改革转移出来的职能,又承载了哪些市场经济生成过程中来自企业的共同需要?协会如何在服务企业、服务政府的过程中成为市场体系之"公域"?如何在一定的体制、法治和政策基础上实现协会的治理转型?……这些问题构成了本书第四章的主题。本书选择了宁夏能源协会和宁夏人力资源协会进行了论证和分析。

基金会是本书关注的第二类新社会组织。在改革开放的进程中,以基金会为主力的公益慈善一直是实现社会公正不可忽视的重要力量。基金会如何汇聚社会资源?如何运作管理?如何将慈善的资源用于社会公益的实践?随着市场经济逐步发展成熟,基金会经历了怎样的演变发展?宁夏的基金会在推动整个社会转型中扮演着什么角色?如何从体制、法律和政策上推动基金会的治理转型?……这些问题是本书第五章的主题。本书通过宁夏燕宝基金会和阿拉善 SEE 基金会进行了论证和分析。

社会企业是本研究关注的第三类新社会组织。随着社会转型的不断深化,一种

第一章　绪　论

新型的社会组织,即通过市场机制解决社会问题的社会企业开始出现。尽管社会企业为数很少,机制尚不稳定,政策和体制也未形成,但作为一种新型的社会组织,社会企业的探索具有很强的创新意义。如何认识社会企业?社会企业能否成新社会组织发展的新方向?社会企业在制度层面包含哪些内在矛盾?宁夏社会企业发展形成了哪些特色?如何从体制上和政策上加以支持和监管?……这些问题是本书第六章的主题。本书通过一个典型案例——宁夏惠民小额信贷公司进行了论证和说明。

在本书的第七章部分,主要讨论了政府、企业与社会的关系,用银川市阅海湾中央商务区的案例为样本,深入分析与探讨了其中的关系。

在本书的第八章部分,本书通过宁夏"黄河善谷"战略选择与慈善产业发展的背景,重点分析了宁夏出台该政策的背景、选择的战略模式及其实践中遇到的问题和解决的方法,为读者留下了很多思考。

在本书的第九章,介绍了公共服务购买当中政府与社会(城市社区居委会)合作的一种模式:契约合作。通过宁夏银川市正茂社区两个典型的购买案例进行了内容的分析与主张。

在本书的第十章,表达作者关于宁夏新社会组织发展和管理体制改革创新的政策主张：新社会组织运用跨界与创新的方式来解决宁夏社会发展中的复杂社会问题。

在此需要特别说明的是,由于社会组织和新社会组织的概念与外延在区分中容易混淆,如无特别必要,除在第一章绪论之前和后面的章节标题中运用"新社会组织"这一称呼外,其余一律运用"社会组织"这一称呼,不再单独说明和区分。

第二章 新社会组织成长与功能概论

社会组织的发展与中国的经济转轨、社会转型同步,它们伴随着国家改革开放的大格局,随着中国改革开放以来,在市场经济的大变局与社会急剧转型中,社会组织以各种方式在彼此间合作,形成集体的表达与集体行动,共同构建一个全新的中国社会。本章从社会组织成长的基础与功能视角,在对社会组织的概念给出一个合乎历史进程的较为宽泛的定义和分类的基础上,考察和回顾过去40年来中国社会组织发展演进的历史进程,并探析社会组织发展的内在成长规律与功能。

第一节 关于社会组织概念的基本认知

前文曾经用联合国以及王名教授等给出的定义做了介绍,在此基础之上,笔者结合自己的理解和认知,给出社会组织的一些基本判断和观点。

一、社会组织定义的几个基本观点

在中国特有的转型时期,研究和界定社会组织的定义时,笔者认为:首先要注意尽量和国际通用表述方法接轨,以便开展社会组织的国际比较研究;其次要注意到目前中国的社会组织正在转型和实施职能转变,应从发展的角度来理解和把握社会组织的定义;最后还要注意到学界和官方对中国社会组织定义和范围认知的差异性。要达到上述目标,应把握好三个方面:第一是定义的本质性,即定义的内涵部分。定义的内涵应侧重反映社会组织所具有的非政府性、非营利性、公益性或互益性、志愿性等基本属性。第二是定义内涵的国情性。定义应努力体现中国在从计划经济向市场经济的转型时期所应具有的相对性、实证性、过渡性和典型性的特征,它们既是与国际接轨、具有普遍性的"社团革命"的一部分,同时又是合乎中国国情、具有特殊性的"社会转型"的一部分。第三是定义的内涵应努力缩小学界和官方对社会组织定义认知上的差异,加强学术界和官方层面的沟通,以利于相关研究成果获得政府的支持,在实践中加应用。为此,笔者曾公开发表过《非营利组织概念界定中的争议点研究》一文,详见以下讨论。

(一)商业运作的组织可否成为社会组织?

这方面的研究主要是基于对社会组织的非营利性的研究,该研究经历了三个阶段:第一阶段,认为社会组织不应该有市场收入,只能依靠少量服务费、会费和捐赠等;第二阶段,认为社会组织是可以营利的,但不以营利为目的;第三阶段,认为社会组织可以向企业学习,实行商业化运作,乃至一些学者提出了"社会企业"之说。许多学者过于强调社会组织的基本属性——非营利性,主要是出于社会组织应该独立于市场,区别于营利组织的考虑,之后却发现这一限制不切实际,也严重制约了社会组织的生存,同时也导致社会组织严重依赖政府,所以由"可以营利"发展到了现在的"商业化运作",社会组织采取这一新的尝试是迫于激烈的生存竞争。笔者认为这么做是可行的,非但不会改变社会组织的组织性质,而且有利于社会组织的生存和发展,其原因有三:第一,社会组织也是个组织,组织的首要任务便是生存,当今,市场化风潮冲击着社会的每个角落,社会组织的竞争压力越来越大,不仅社会组织之间存在竞争,营利机构也在冲击社会组织,在依靠传统模式难以为继的情况下,有原则地变通,采用商业运作模式才是明智之举;第二,从非营利到可以营利,再到社会组织的商业化运作,其实只是一个从被动到主动的过程,传统社会组织只能被动地依靠慈善事业、政府补助款、会费来获取社会资源,现在社会组织要向社会获取资源,不仅获取资源的量更大,而且更具效率,实质可以不发生改变;①第三,至于对商业化会腐蚀社会组织性质的担忧,是很有必要的,但并不能成为阻止社会组织保持组织属性的根本障碍,关键在于社会组织如何防范这种腐蚀,牢记组织目标就是非常重要的一点,只要能实现社会组织的社会目标,手段并不是最重要的。因此,商业化运作不能阻碍组织成为社会组织,关键在于能否继续从事符合组织目标的活动,是否能够实现组织的社会目标。②在这一方面,笔者选择了国内的两个典型案例,一个是商业运作的社会组织——中国版"可汗学院",另外一个是社会企业——南关厢素食馆,详见案例2-1与案例2-2。

案例2-1　洋葱数学——中国版"可汗学院"

几个年轻海归,在支教中发现了城乡教育资源的巨大差距后,为了让农村的孩子也能得到优质教育资源,他们从美国的"可汗学院"得到启发,在中国本土经过大量探索,开发出了适合所有孩子学习的网上教学课程。他们的公益平台越做越大,出于对研发资金和人才的大量需要,进而转向商业运作的方式,获得了上亿元融资,创办了"洋葱数学"。他们开发的课程,对于偏远、贫困地区的学生和公益机构都能免费学习,而城市的学生学习则需要收取一定的费用。洋葱数学这一中国版的"可汗学院",既促进了教育公平,又树立了一家"社会企业"的典范。③

在洋葱数学的官方网站上,这家社会组织的核心价值为:以价值与技术真正创造全新中国教育。在当今时代,我们由衷认为:决定职业选择和职业成功的基础要素不是物质回报抑或专业能力,而是价值观——与一家价值观相合的组织或公司勠力同心,方能最大程度地在工作中收获满足感与成就感。然而,"不识庐山真面目,只缘身在此山中。"想要描述清楚洋葱数学自己的价值观,对我们来说并非一件易事。下面是我们尽己所能,对我们的价值观与团队文化进行的最真实表达。我们衷心希望这对你决定是否和我们共度一段旅程有所帮助。教育值得终身投入,每个人都梦想过,但大多没有机会投身其中的事:让教育有所不同。洋葱数学聚集了这样一群"堂·

---

① 杜明峰. 社会组织参与教育[D]. 上海:华东师范大学,2017.
② 李东林. 非营利组织概念界定中的争议点研究[J]. 北方民族大学学报,2009(6).
③ http://wemedia.ifeng.com/51222484/wemedia.shtml.

吉诃德"：我们很天真地认为，如果社会只能改进一个问题，那就是教育。教育让每个人成长为今天的自己，如果教育得到改变，一代人成长起来，世界可以大有不同。我们深深明白教育理想与现实有很大落差，所以我们更相信改变教育永远值得去做。每一位将一腔热情寄付在席间畅谈的朋友，我们赞赏你的见地，懂得你的选择；每一位在三尺讲台上奉献智慧和汗水的行者，我们深知耕耘辛苦，敬佩你的炽热；每一位尝试以新理念、新技术改变教育的骑士，你并非"曲高和寡"，有我们志同道合。我们邀请每一位同伴，一起在洋葱数学做教育的"梦想家"与"冒险家"。①

案例2-2 南关厢素食馆：把商业智慧融入公益，把公益爱心融入商业

老街上，有这么一间餐厅，全素自助餐只要25元，吃光了盘里所有的菜还能返还2元，残障人士、孤寡老人还能免费用餐，"服务员"没有工资，餐厅赚来的钱也一分不给股东，全捐了！明知无利可图，大家却纷纷加入。到底哪家餐厅如此奇葩？这就是浙江省海宁市南关厢素食馆。浙江省海宁市素有"鱼米之乡、丝绸之都、皮革之都、文化之邦"的美誉，而位于硖石镇东南部的南关厢，长长的青石板路还留有明清时期江南街道的模样。前店后坊，临河而居，古色古香的南关厢老街上，熙熙攘攘的游人络绎不绝，可临街的几家店铺却没有找到适合的发展项目，也就一直闲置着。"与其让资源闲置，不如加以利用，让其发挥更大的社会价值。"柴国荣说道。他身兼海宁市慈善总会义工委员会常务副会长和该市企业家协会的常务副会长，还经营着一家颇具规模的印刷企业。

柴国荣身边也有不少企业家朋友，有的甚至是公司年产值上亿的企业家。他一直在思考，能不能将这些闲置的店铺利用起来，运营一家社会企业，让公益项目也能自行造血？柴国荣和朋友聊起这个话题时，大家想到了开设一家素食馆的主意，把餐厅得到的收入回馈社会，发展公益项目。可重要的是，怎样筹集资金？谁来摸索出这一套商业运作、盈利奉献给社会的经营模式？柴国荣结合这些想法写了一封倡议书，并找朋友再三修改，而后发到朋友圈和微博上，希望能够寻觅志同道合的有缘人，一起用心护持每一朵盛开的莲花。"无利可图，全凭缘分 缘在股金在，缘散股金退。"这个走心而又创新的呼吁，很快就得到了不少人的响应。短短三天，就有89位股东入股82万元，杭州灵隐寺附近一家素食馆更是自愿提供技术支持，把素

---

①https://jobs.yangcong345.com/.

宁夏新社会组织的成长性与功能研究
——基于政府、企业与社会的视角

食馆的运营带上了轨道。

2014年10月2日,几十位股东齐聚古街,召开了第一次股东大会。在思维的碰撞中,各位股东或自荐或推荐,选出了五个人作为素食馆的董事会理事,负责日常经营管理,同时分出各个功能性小组,分管装修设计、财务、营销策划等。就这样,各种方案、审批文书等一步步得以落实。其中几位股东是资深会计和银行职员,凭借着自己的专业优势,她们就担起了管理账目的职责,为了征集80多位股东的签名,她们更是在短短五天里,亲自走访了每一个人。而店铺的装修,更是得到了某家装饰公司低于成本价的支持,仅仅用了50多天,"清、静、素、雅"的素食馆就呈现在大家的眼前,古朴而又庄重。"刚开始我以为实施起来会很难,没想到在这么短的时间内项目就落地开花了。"此时,柴国荣已成了素食馆的发起人。100天,100位股东开了100个大大小小的线上线下会议,终于让素食馆如一朵青莲般,在南关厢古街上盛放。

可以说,厨师是一家餐厅的灵魂。灵隐寺附近的一家素食馆得知南关厢的经营理念后,在餐馆开业前免费给他们培训厨师,还专门派厨师长来店里传授本领,直到学徒掌握了所有做素菜的技艺为止。一家服装企业承包了素食馆里所有用于装饰的花草,一位开甜品店的女孩提供厨房里的冰箱货架,还有两位年轻人更是专门辞职来餐厅帮忙。负责洗菜刷碗、打扫卫生的义工们,更是自掏腰包办理健康证,为的就是能够持续地在餐厅提供志愿服务。

南关厢的经营模式更是有趣,想尝遍店里推出的每一道素食,只要25元。别小看这些素菜,对食物的品质,一直标榜"健康、环保"的南关厢素食馆当然有过硬的保证。他们专门成立了物资小组,从山东等地采购无公害蔬菜瓜果,确保每一道菜都健康安全。看似不起眼的炒面,却是海宁TOP5,包子馒头各种糕点也一应俱全,饭后还能来一碗养生糖水、红枣枸杞粥、八宝粥、南瓜羹,还有西瓜、香蕉、橘子等各色应节水果……

半透明的厨房让你看到厨师的用心,只有最基本的酱醋油盐,其他佐料一律不用,保证每一道菜都健康又安心。不过,不要以为是自助餐就一味地往盘子里夹食物,不然拿太多吃不完就浪费了哦。况且,只要你能做到"光盘",就可以得到返还的2元餐券,如果能自觉地把用完的餐盘放回回收车,就又可以得到3元餐券。"这种方法很好,我特意让孩子来这里感受下,希望通过这种形式培养他一些好的生活习惯。"一位专门带娃来南关厢吃饭的妈妈说。更重要的是,你还可以购买一份"墙上便饭",买一份或多份"爱心待用券",让孤寡老人或生活贫苦的人得以在这里免费吃上热腾腾的饭菜。

南关厢素食馆开业的第一个月,就有了1万元的盈利,为了回馈大家的支持,素食馆的义工们做了1万份腊八粥,派发给顾客和敬老院的孤寡老人。"赚来的每一分钱,财务小组都将其打进海宁义工委在慈善总会开设的专门账户里,并将用在扶贫帮困、助学助医等公益慈善活动及餐厅本身的运营上。"柴国荣说。目前,已经有2万多人参与其中或从中受益。

第二个月的2万元收入,素食馆捐给了一位身患尿毒症的女孩。一对曾服过刑的夫妻,妻子在孕期里突发重病,剖宫产后更是病情危急,全体股东一致同意将第三个月盈利的2万元捐给他们,并发起募捐,一同帮助她渡过难关。所以说,你哪怕只是来这里吃了一顿饭,也在无形中做了一次公益。现在,每天来素食馆吃饭的食客有四五百人,日营业额高达1万元。南关厢素食馆拿出了一部分盈利设立了骨髓捐献者奖励基金,只为让骨髓捐献能够被更多人认识和理解。海宁市一位姓马的律师给一位罹患白血病的孩子捐献造血干细胞。看着孩子家长在感谢信中一笔一画写下的感恩之词,素食馆的股东们不禁为之动容。他们一致决定在基金中拿出1万元奖励给马律师,可是他只是留下了感谢信,奖金全都捐给了受助者。

2016年底,为了支持海宁义工在全市范围内开展的一场"厕所革命",南关厢素食馆捐出了5万元。餐馆支持厕所,联结在一起,画风看着很奇怪?但"'纸'因有你,我更安心"项目却让孩子们懂得了如厕文明,也让海宁的公厕服务形象有所提升。如今的南关厢素食馆,已然成了一所"公益学校",为大凉山的孩子募集御寒棉衣、推广传统文化、资助海宁救援队、宣传健康及生态环保理念等,每一个行动,都在推动着当地公益慈善事业的发展。

素食馆的义工,既有头发花白的古稀老人,也有纯真无邪的孩子。孩子们把当义工作为给自己的最有意义的生日礼物,还用零花钱买来爱心餐贴在爱心墙上。老人们退休后加入义工大家庭,晚年也就过得更加充实。74岁的黄大爷原是汽配厂技术总监,至今已经在素食馆服务了450多个小时,他常说:"做义工很快乐,我愿

宁夏新社会组织的成长性与功能研究
——基于政府、企业与社会的视角

意也一定会坚持做下去。"2016年11月,南关厢素食馆入选中国好公益平台,并被评为首批22个品牌公益好项目之一。在这个基础上,南关厢和全国各地的公益组织合作,在12个地方推动创办公益素食馆。截至2017年底,南关厢素食馆的营业额有944.28万元,盈利98.71万元,而用在公益上的支出则高达95.98万元,股东的人数则从5年前的80多人增加到了270人!南关厢素食馆的股东们看到南关厢素食馆公益组织自我造血新模式如此成功,300多批次来自全国各地的学习考察团队都前来拜访,当中有的还是地方政府部门。在2018年的慈展会上,南关厢素食馆更是获得了"金牌社会企业"的美誉。

正如南都公益基金会理事长、中国慈善联合会副会长、基金会中心网名誉理事长徐永光所说,"南关厢素食馆是企业家志愿者把商业管理智慧融入公益的全新模式,复制300家南关厢素食馆,可以改变中国公益生态"。①

(二)政府大力资助的组织可否成为社会组织?

这方面的研究主要是基于政府和社会组织的关系方面出发的,有来自两个方面的观点:一方面对政府的大力资助持怀疑态度,甚至根本拒绝政府的资助,联合国关于该组织的定义是个很好的反映;另一方面对政府的大力资助持乐观态度,并力图获取政府的帮助,在中国,很多社会组织都表示需要政府的资助。目前学界的争议是:政府大力资助的社会组织是否改变了社会组织的根本属性,导致社会组织的异化?笔者认为,社会组织得到政府的大力资助,不是其成为社会组织的障碍,理由有两个:

第一,政府是否大力支持社会组织不是由社会组织和政府决定的,而是由社会组织所提供的公共服务的"公共性"决定的,社会组织提供的公共服务的"公共性"与政府的支持成正比关系。这可以从三个方面理解:首先,公共性越高的公共服务,比如纯公共服务,由于公共服务的特性,带给社会组织的收入越少,社会组织的生存压力就越大,这种情况在慈善事业不发达的国家将会更加严重,为了更好地使社会组织提供服务,政府资助社会组织的力度就会更大;其次,政府虽然退出了一些公共服务的领域,交由社会组织经营,但是政府仍然要

①资料来源:友成企业家基金会原创,在报刊资料素材的基础上改编。

对这些服务提供的后果负责,公共服务的"公共性"越高,对政府的影响就越大,政府对社会组织的资助也就越大;最后,政府与社会组织的关系实际上是一种契约关系。政府对社会组织的要求只有一个,即提供的公共服务要优于政府。社会组织的要求也只有一个,即政府出资购买社会组织提供的公共服务。但是,正是由于公共服务的本质特性,决定了政府给予社会组织的权力是不可能彻底的,这也是由社会组织的非营利性决定的。也就是说,社会组织只享有该权力的行使权,却没有完整的收益权,很明显这是不平等的,为了弥补这种不平等,使社会组织生存得更好,政府就应该资助社会组织,而且这种限制越大,资助力度就应越大。

第二,不能因为政府的资助可能会影响到社会组织自治性而否认政府的支持。政府资金的支持在某种程度上会影响社会组织的自治性,但其好处在于使得社会组织资金的来源多元化,不仅可以丰富非政府的资金总量,而且政府相对稳定的财源,也有利于社会组织降低不确定性和可持续发展。因此,问题的关键是社会组织如何处理好这层关系,只要社会组织仍追求而且仍从事着组织目标活动,社会组织就仍然是自治的,就仍然可以界定为社会组织,"各类行业协会、商会、社区组织、公民自发性团体等,虽然仍然受到同级党政部门的领导,但其中大多数已经获得很大的独立性,在民间组织之间,这种独立性甚至更大",像这样的协会、商会、社区组织、公民自发性团体,可以将其纳入到社会组织的范畴。[1]在这方面,笔者也选取了一个典型案例(见案例2-3)。

案例2-3 政府大力资助的香港东华三院

社会组织发展面临的最大问题在资金方面。虽然政府的资助可以解决一定的资金问题,但一方面政府的资金支持有一定的偏向性,另一方面,过分依赖政府只会使非营利组织逐步丧失其灵活性和创新能力。在这样的背景下,香港公益金作为"福利银库"于1968年正式诞生,它是一所非政府、非营利、财政资源独立、自主管理资助的机构,以2009—2010年度为例,香港公益金共筹募资金27830万港元,拨

---

[1] 李东林.非营利组织概念界定中的争议点研究[J].北方民族大学学报,2009(6).

宁夏新社会组织的成长性与功能研究
——基于政府、企业与社会的视角

与会员机构18960万港元。至今大多数社会组织以慈善或社会服务为宗旨;香港七成以上的公共服务项目都由社会组织运营。香港东华三院是香港社会服务主体多元化的一个典型案例。东华医院在成立之初,运作资金主要由行会年捐和理事会成员个人捐献及筹募而来。作为香港政府主持成立的机构,它在资金周转极其困难时也曾经得到政府一次性拨款以解燃眉之急。1970年代以后,香港公共服务制度逐渐完善,对社会福利的投入不断增加。东华医院所开办的一些医疗项目接受了政府资助,其他医疗和福利开支则继续由公众捐款和私人捐款支持,现在东华三院的年度运作经费当中,政府资助占70%~75%,成为一个资金来源多元化的大型医疗机构。[①]

(三)参与政治的组织可否成为社会组织?

目前,社会组织的政治作用已经得到学界承认,"社会组织通过围绕问题的社会活动以及通过支持民众组织,从而在促进政治参与方面起到至关重要的作用",而参与政治的社会组织的性质又往往受到质疑。笔者认为,社会组织是可以参与政治活动的,但必须掌握一个度,一旦越过这个度,该组织就不再是社会组织了。这由两个方面决定:第一,政治活动是社会组织的重要活动之一,为了实现组织目标,积极参与政治活动是很有必要的;第二,政府是需要社会组织进行政治活动的,这样是有利于政府运作的。但是,由于参与政治,某些强大的社会组织在某些时候可能会成为政府的对手,一旦有这个预兆,政府便会加以限制,因为政府允许社会组织参与政治是有限度的,社会组织参与政治的前提是承认自身处于支配地位。社会组织一方面需要通过参与政治,以便更好地服务社会,这决定了社会组织可以参加政治活动。另一方面,社会组织保持自己不被政治化,以获取民众的支持,同时又要保持和政府的良好关系,这决定了社会组织对于政治活动要持谨慎的态度。而这两个方面共同决定了社会组织要有限度地参与政治,也就是说,有限度的政治参与并不会导致社会组织的异化[②](见案例2-4与案例2-5)。

[①] 黎熙元.香港社会服务供给多元化路径:政府与社会组织的伙伴关系[J].广东社会科学,2014(4).
[②] 李东林.非营利组织概念界定中的争议点研究[J].北方民族大学学报,2009(6).

案例 2-4 《致深圳市第四届人大代表和政协委员的公开信》

2005年5月24日,深圳市一市民李某以公民身份在《南方都市报》自费1万余元以广告形式刊登了《致深圳市第四届人大代表和政协委员的公开信》,表示在多次私下联络人大代表、政协委员未果的情况下,希望通过广告的方式联系到新一届市人大代表和政协委员,以便请他们向人大、政协转交有关政策建议。广告中罗列了12项建议的题目,涉及建立公平社保、出租车定价、打破管道煤气垄断等方面内容,共计300余字,并留有传真号码与电子邮箱。此举引起了社会各界的广泛关注,有媒介将此事件称为"广告参政"现象,李某也因此被公众在网上推选为"《南方都市报》2005深圳新闻年度人物"[①]。

案例 2-5 《人大代表工作站》

2002年,因一家垃圾发电厂计划迁址至深圳市南山区南山街道月亮湾附近,片区部分居民曾几次自发进行抵制,并出现了一些过激行为,后在市、区两级人大代表和政府部门的介入下,居民与政府相关部门、垃圾发电厂通过沟通达成一致意见。人大代表在此事件中所起的积极作用得到了相关部门和居民的认可。之后,南山街道办事处召集由居民推荐的敖某等担当了人大代表义务联络员,负责联系人大代表和居民,并对片区内的环保、治安等公共事务进行监督和协调。敖某于2005年获深圳市委、市政府等相关部门颁发的"深圳市创建文明城市先进个人"奖。至2005年4月25日,由13名联络员组成的深圳市第一个社区"人大代表工作站"在该片区正式挂牌成立。这些联络员并非人大代表,主要是各小区业主委员会、物业管理处、工业区及附近一所学校的负责人,其中该工作站的主要发起人和负责人敖某,同时为太子山庄业主委员会主任。该工作站全天候开放,有联络员轮流值班,并设立了公告栏,公布了便于居民反映问题的电话、意见箱及电子邮件,主要工作是专门代理人大代表履行日常的社区民情调研、征集和反映社区民意、撰写提案等职能,并就住宅片区的一些公共事务与有关方面进行协调和沟通。[②]

[①][②] 转引自黄卫平等.民间政治参与和体制吸纳的互动——对深圳市公民自发政治参与三个案例的解读[J].马克思主义与现实,2006(3).

宁夏新社会组织的成长性与功能研究
——基于政府、企业与社会的视角

上述两个社会组织参与政治的案例在国内并不太显著,其中比较多见的是社会组织参与环保、治理环境等领域,如本书中提到的阿拉善SEE生态协会、宁夏燕宝基金会等。

通过对历史上社会组织概念界定及选择的几个典型案例中出现的三个争议点的研究,得出如下结论:第一,商业运作的社会组织是否异化,关键在于社会组织在追求商业利益的同时如何防范这种腐蚀,其根本方法就是要加强社会组织的财务审计和立法监督,只要依法管理,是可以杜绝社会组织违背其组织宗旨和目标的。第二,政府大力资助不能成为妨碍一个组织成为社会组织的关键因素,政府在资金或政策上的支持可能会在某种程度上影响社会组织的自治性,但也有利于社会组织降低不确定性和可持续发展,只要社会组织仍追求而且仍实施着组织的公益或互益目标,社会组织就仍然是自治的,依然可以界定为社会组织。第三,社会组织可以参与政治活动,其参与政治的前提是承认自身处于支配地位,同时还要把握参与政治的度,逾越了一定的度,社会组织则可能会产生异化,丧失社会组织应有的独立性和自治性。①

二、对已有文献中社会组织基本属性的认知与判断

根据前述学者的基本认知与判断,本书也认可下面几个基本判断:社会组织的基本属性主要从是否具有营利性、是否具有政府背景与性质、是否具有公益性或者互益性三个主要特点来分析和判断。同时具备非营利性、非政府性、志愿公益性或互益性这三种基本属性的社会组织,在欧美等国家称之为非营利组织,在国内的术语则称之为社会组织。②同时,与NGO发达国家相比,中国的社会组织还具有一个比较显著的特点,即具有暂时性的概念。处在经济转轨、社会转型期的中国,社会组织也在发生激烈的变革。新的社会组织层出不穷,旧的社会组织则在改革中发生质的蜕变。因此,社会组织一词在我国不可避免地带有过渡性:一方面用以直接反映新的社会组织,另一方面用以反映旧体制中正在发生变革的传统社会组织。

---

①参见李东林.非营利组织概念界定中的争议点研究[J].北方民族大学学报,2009(6).
②关于非营利组织的基本属性问题,美国约翰·霍普金斯大学莱斯特·萨拉蒙教授在他主持开展的非营利组织国际比较研究项目中,主要列举了非营利性、非政府性、组织性、志愿性和自治性等五个方面。从内容上来说,这五个方面事实上已经体现在上述三个基本属性中了。

①为此,国内著名学者王名建议尽快启动社会组织法的立法议程,努力解决制约社会组织在社会治理中发挥主体性作用的几大重大问题(见专栏2-1)。

> **专栏2-1 关于加快社会组织基本法立法进程的建议案(王名提案2017-02)**②
>
> 2016年全国人大通过并开始施行的《中华人民共和国慈善法》(以下简称《慈善法》)是迄今为止我国涉及社会治理、社会组织和公益慈善等相关领域的法律位阶最高的一部基本法。《慈善法》颁布后不久,全国人大常委会通过了《境外非政府组织境内活动管理法》,国务院法制办陆续就《志愿服务条例》《基金会管理条例》《社会服务机构管理条例》和《社会团体管理条例》等法规分别公开征求意见。社会组织相关法制建设进入了空前活跃的时期,但许多重要领域仍然存在立法空白,不同的法律法规之间往往还缺乏有效的衔接,甚至存在不同法律针对同一对象矛盾乃至冲突的规定,其根本原因在于缺乏社会组织的基本法。在当前社会组织法制建设的关键时期,我们强烈呼吁:应借助《慈善法》出台所形成的良好的社会共识和立法环境,尽快启动社会组织基本法的立法议程,加快社会组织立法体系建设,努力形成规范、统一、权威的社会组织法律法规体系。具体建议如下:
>
> **第一,推进社会组织立法已经具备充分的社会条件和最佳的历史时机。**
>
> 首先,从规范发展的必要性上看,党的十八大以来,我们在社会组织改革创新方面的一系列重大探索已逐步展开,包括党的十八大和十八届三中、四中、五中全会等政治报告和三个政府工作报告及若干相关文件中的创新提法,地方各级政府在实践中也有许多创新做法,有必要通过立法实现这些改革创新的规范化与制度化;其次,从社会组织发挥作用的可能性和有效性上看,目前各类社会组织在公共服务和社会治理中发挥着重要作用,有可能在制度规范和政策推动下成长为重要的治理主体;再次,从立法的可行性上看,《慈善法》的出台较好地达成了社会制度建设方面的共识与合力,使得我们有条件在探索建构新体制的同时推进新的法律体系的建构;最后,特别要强调的是,当前可谓我们推进社会组织立法的最佳历史时机,就像我国当初及时出台《公司法》推动了现代公司体制的形成并最终建成了市场经济体制一样,如果我们抓住这个有利时机推进社会组织立法,将有力推动现代社会

---

①新社会组织是近年来国内使用频度很高的词汇,泛指在社会转型期涌现出来的各类新型社会团体、民办非企业单位、基金会和各类市场中介、社会中介组织。这一词汇最早出现在上海。2005年7月,上海市政府成立主管"两新组织"的社会服务局,其重要的职能之一就是承担政府对非政府组织的监管职能。所谓"两新组织",指新社会组织和新经济组织。

②http://blog.sina.com.cn/s/blog_7579c5bb0102wsb5.html。

宁夏新社会组织的成长性与功能研究
——基于政府、企业与社会的视角

组织体制的形成,并积极推进政府职能转变和事业单位改革,从而为社会转型和全面深化改革提供重要的制度支持。

第二,确立社会组织基本法的法律定位,同时注重与相关单行法的协调。

社会组织基本法要以《宪法》之基本精神在社会稳定与公众期望之间找到平衡点,鼓励社会组织发展和参与社会治理。强调社会组织立法的重要性,并不是否定多年来特别是近年来我们在立法方面所做的种种努力,但由于涉及各个重点领域的专项法律、法规的法律位阶不同,又由不同部门主持推进,所关注的重点不同,彼此之间很难形成有效的相互衔接和内在联系,无法构成一个完善的法律体系。因此,社会组织基本法将有效规定社会组织领域的共性问题,确立较为系统的行为规范,与各个单行法既有分工,又相互协调,相辅相成。

第三,以完善国家治理体系和提升治理能力为目标,从全面深化改革的战略高度和国家整体利益出发推动社会组织基本法的立法工作。

社会组织基本法的立法目标,应从制度上促进社会组织在社会治理中发挥主体性作用,从而推进国家治理体系和治理能力的完善与提升。社会组织基本法的立法要力求站在全面深化改革的高度,努力解决制约社会组织在社会治理中发挥主体性作用的如下五个方面的重大问题:一是划清界限的问题,社会组织基本法首先必须划清社会组织与政府或企业的界限,及不同类型社会组织的界限;二是明确权利和责任的问题,明确社会组织是不同于政府、企业的权利与责任主体,其享有的社会权利及其承担的公共责任也不同,也明确国家对社会组织承担着立法和监管的公共责任,企业对社会组织承担着一定的社会责任;三是确立规则的问题,确立社会组织最基本的非营利行为准则、其产权边界和社会共治原则,以及其必须遵守的公共伦理和行业自律规范,也确立社会组织内部应当体现的民主治理和依法自治的基本规则,确立国家对社会组织的公共政策的原则和政策导向;四是保障权益的问题,保障社会组织作为法律主体的合法权益,也保证社会组织所开展的活动不损害其他社会主体和当事人的权益,不危害社会公共利益和国家利益;五是促进发展的问题,通过立法促进各类社会组织在法律规制下实现最大限度的健康发展,充分发挥社会组织在社会治理中的主体作用。

第四,着眼于加快形成现代社会组织体制,稳步并科学推进我国社会组织法律体系的建立和完善。

党的十八大明确提出我国社会组织改革创新的目标是加快形成政社分开、权责明确、依法自治的现代社会组织体制。现在大家都在呼吁顶层设计,其实最大的顶层设计莫过于立法上的统筹协调。建议在推进重点领域相关法律法规起草工作的同时,中央能就社会组织法律体系建设问题成立统筹协调机制,尽快将社会组织基本法纳入立法议程,启动社会组织基本法的起草工作,明确社会组织基本法的立法指导思想、基本原则、立法思路和基础框架,在统一指导和协调下稳步推进我国社会组织法律体系的建立和完善。①

第二节 社会组织成长的历史观点

从社会组织的成长过程及其发挥的主要功能来讲,在过去几十年里,有如下四个主要精英阶层的社会力量促进了社会组织的发展,推动了相关社会领域的变革与进步。

第一,受过良好教育并担任过相关党政部门及事业单位领导职务的官员阶层的政治精英,广泛参与并逐渐成为新中国社会组织赖以存续的中间力量。这些政治精英一方面拥有广泛的政治资源,另一方面拥有强烈的社会责任感,而这些政治精英若进入社会组织,在一定程度上可能会使社会组织拥有的资源被激活或放大。例如,曾获全国优秀县委书记、湖北恩施巴东县委书记陈行甲放弃政府高官投身公益就是一个非常典型的案例,在这里,节录一段陈行甲与华西都市报记者梁波的对话为佐证(见专栏2-2)。

专栏2-2 陈行甲对话华西都市报记者

陈行甲,70后。时任湖北巴东县委书记期间,因"出格"言行,成为"网红"。这在官场,极为少见。2015年,陈行甲被评为全国优秀县委书记。一年后,2016年12月,正当公众对这位"网红县委书记"未来仕途猜测不断时,陈行甲突然留下一张背影照:"辞去公职"。从此,他消失在公众视线中。陈行甲会去哪儿?2017年5月6日,半年过去,陈行甲返回"熟悉"的网络世界,通过微信宣布:他已"转场"走上"公益人生"!5月26日,宣布回归之后,陈行甲再次发声:他找到了公益合伙人。同时,还被一个在公益圈15年的"公益老炮"招去当"老板"!从清华学子到"网红"官员,从辞官"玩消失"到"公益人生"。给人当"老板"的陈行甲,到底在想什么?5月26日,华西都市报独家对话陈行甲。

华西都市报:这些年,出了一些官员"网红",你是其中特别红的一位。离开以后,回看官

---

① 王名.建议社会组织法尽快纳入立法议程[J].学会,2016(5).

宁夏新社会组织的成长性与功能研究
——基于政府、企业与社会的视角

员生涯,你怎么看你的"网红官员"标签?

陈行甲:我的"网红"经历,可以分成两段,前半段是被迫而为,后半段是主动为之。当年,我初到巴东时,巴东刚刚连续三年经历了"邓玉娇杀官"等轰动全国的极端恶性事故,社会生态恶劣,民间仇官情绪弥漫,互联网上"巴东"两个字成了负面联想词汇。我刚到巴东一周时间,就有网民给我写公开信,洋洋万言,怨气戾气力透纸背,在网上应者云集。面对这种情况,我反复思考后决定正面面对,去走网上群众路线,和人民群众正面深入沟通,达成和解。当天凌晨,我在网上实名回复了公开信,表明我县委书记愿意和网民接触的态度;第二天,我带队到县委宣传部办公,要求成立群众网络沟通办公室,每一条批评监督帖子相关单位必须公开回复。我自己身体力行,每天批阅网络沟通情况报告,每天晚上睡觉前上网看论坛,自己还不让管理员知道偷偷注册了ID,偶尔也发言参加群众讨论。这样坚持了一年多时间后,奇迹出现了!曾经大家认为的石头也被焐热了,网上戾气怨气逐步消散,正能量不断积聚。网上巴东群众亲切地叫我甲哥,我也乐得看到人民群众和我亲热。线上的秩序好转也转移到线下,巴东的社会生态确实是根本性改善了。这是前半段,可以说是被形势逼着当"网红"。

华西都市报:后半段又是怎样的?

陈行甲:后半段"网红",更多的是主动为之了。巴东地处偏远,山高坡陡,生态脆弱,发展工业和农业的空间都有限。但是巴东的大江大河、崇山峻岭,有一种大美,发展旅游是好出路啊!旅游是注意力经济,无论你多美,孤独的美是不行的。考虑到省钱,也考虑到推广效果,我亲自为巴东代言,为宣传美丽的巴东写诗、写词、唱歌,从实际效果看,我和我的巴东都"网红"了,旅游推介的效果还是达到了。

华西都市报:对于"网红"官员标签,你到底怎么看?

陈行甲:回过头看,我对我的"网红"官员的身份是自豪的。我们共产党员的宗旨是为人民服务,我们的根本工作方法是从群众中来,到群众中去,现在的互联网时代,人民群众最多在哪儿?应该是在网上吧!做一个人民群众接受的甚至是喜欢的"网红",有什么不好呢?这与共产党员的身份是应该是相符的。

华西都市报:辞官前,你已是全国优秀县委书记。突然,你宣布离开官场。是什么促使你做出这样的抉择?

陈行甲:主要原因还是我的草根理想。

华西都市报:草根理想如何理解?

陈行甲:这得从我小时候说起。我从小跟着妈妈一双脚板山里来山里去,见到的都是淳朴的农民,听到的都是善良的故事,我喜欢和他们在一起的感觉。后来上了大学,当了官,我的理想就是希望尽我的力量让周围善良而贫寒的人们过得好一点,能帮一个算一个,有几分热发几分光。后来随着我的官越做越大,能影响和帮助的人也就越来越多。这个过程很充实,我很享受这个过程,不知不觉二十多年就这么过来了。中间也有暂时离开的时候,但是就像是充电,充完电就想着赶紧回来。我的注意力没离开过草根。我想去做这件事,而且我也觉得我适合做这件事。

华西都市报:你在深圳国际公益学院教授什么课?

陈行甲:我在学院主要从事公益社会政策的研究和教学工作。同时,我们正在策划一个"公益草根谈"的栏目,邀请全国的公益草根来我们这个平台来交流,我将会担任主持。

华西都市报:你把这段比作中场休息。那么,从"网红"官员风光到公益学院,你真的"静"下来了吗?陈行甲:我觉得我是静下来了。这半年多时间,我看了不少的书,听了不少的课,做了不少的调研,我清晰地听见自己内心的声音。过去的荣誉和争议都已经过去,未来的路,踏踏实实一步一步地走。

华西都市报:对于公益,你说你是一个"一穷二白"的人。那么,短短半年,成功筹建深圳恒晖公益基金会。靠的是什么?

陈行甲:受益我赶上了一个好时代。没有比这个时候更好的时机了。经济的发展让社会资源越来越丰富,先富起来的人们也越来越希望为弱势群体贡献自己的力量。但是我们整个的社会公益参与水平跟西方发达国家比较起来差距是巨大的。精准扶贫已是国家战略,党和政府在拼尽全力,也极其需要社会公益的广泛参与。同时,我来对了一个好地方——深圳。这是一座慈善之城、梦想之城,感谢前海"特区中的特区",对我们这些公益草根张开怀抱。这里的官员都不像官,办事效率高;社会包容,充满活力,这里的太阳似乎每天都是新的。

华西都市报:据了解,你已经注册了一个公益基金会,取名深圳恒晖儿童公益基金会。能否注解一下"恒晖"二字含义?

陈行甲:恒,意味着长久;晖,意味着温暖、无私、照耀。

华西都市报:基金会目前是否有项目落地?具体做什么?

陈行甲:河源项目。具体是从试点开始,集各方面的合力,在试点地区尝试儿童白血病免费治疗的可能性。新合伙人"他说他很佩服我!"

华西都市报:据你提供的资料显示,这个项目你有一个合伙人。名叫刘正琛,你们是如何认识的?

陈行甲:在刘正琛的微信文章中,他对我们的认识经过有了介绍。刘正琛这样写道:

宁夏新社会组织的成长性与功能研究
——基于政府、企业与社会的视角

2017年，正月初七，上班第一天，"奴隶社会微信公众号"创始人一诺，拉了一个微信群，介绍我和她的清华校友陈行甲认识。一诺在群里分享了陈行甲写的《再见,我的巴东》。这篇文章没有完整的介绍，让我看得莫名其妙。之后我上网搜索"陈行甲"，才发现这个兄弟不一般。

华西都市报:又是如何相知？

陈行甲:刘正琛说，他之前有在政府工作过的朋友告诉他，当你有了一些权力后，最难的时刻是当有人给你送钱的时候怎么办？可能你的上上下下都收了，这时候你不收的话，会得罪你周围所有的"生态圈"，收的话，你灵魂里的"正气"将被抽走，将永远有把柄在别人手里，不再有挺直腰板的机会。而陈行甲宁可冒着仕途玉碎的风险，也不愿意无原则的瓦全，他毫不犹豫地拒绝了各种花式行贿，打破了很多的潜规则……刘正琛说，他对我很佩服！

华西都市报:又怎么会成为公益合伙人？

陈行甲:我们在认识第二天下午通了电话。我告诉刘正琛:我在2016年辞职了，决定全职做公益。2016年12月发生了罗尔事件。我检索了文献，查到前卫生部长陈竺在2011年就对媒体宣布说，所有的儿童急性白血病都可以得到免费治疗。为什么没能实现？我希望研究和推动对儿童白血病的政策改善。一位浙江的向上哥(一个不愿意透露姓名的企业家)在听到陈行甲坚定地从事公益的意愿后，决定给他捐赠1000万元来支持。后来，我找了广东河源市来做政策试点，这个市的人口300万，相当于立陶宛的全国人口。我希望通过在这个地级市做试点，来推动国家的政策变化。刘正琛认为，我的这个想法太牛了！并给他一直想做但没做成的政策倡导开了一扇门！于是，他邀请我去新阳光担任秘书长。不过，我已经决定去深圳了，没办法来北京任职，但我们可以合作。好！那我们就做"合伙人"，深度合作，优势互补。

华西都市报:刘正琛在微信通告中说，他给自己找到了一个老板。这是真的吗？

陈行甲:这是真的。我真的给人当老板了！

华西都市报:如今，你"逆袭"成为他的"老板"。作为公益新兵，你怎么做到的？

陈行甲:刘正琛请我当老板，我想可能是通过河源项目对我有了深度了解。在河源，我俩合作越来越紧密，逐渐我们形成了分工。我熟悉政府部门，并且擅长沟通和大的方向，他更擅长技术、公益组织的管理、公共卫生、卫生经济学以及临床的合作。我，乐观、行动、激情、对政府运作的了解，这是刘正琛所欠缺的。而他在15年所积累的公共卫生、临床研究、公益组织的运营和管理知识，也是我不具备的。刘正琛曾经考虑邀请我当秘书长。经过几个月合作后，他发现我更适合当理事长。于是，他决定让出新阳光理事长和法人代表身份，邀请我来北京新阳光担任理事长和法人代表,而他自己担任新阳光秘书长。这个决定得到了新阳光理事们的一致同意。

华西都市报:这个老板是真正的老板?

陈行甲:不是,这个老板是打引号的。打个比方吧,我感觉到自己像是急着去山中采药,又累又渴又看不清路,这时看见一所房子,上前叩门问路讨水喝,没想到这家主人竟然是个采药师。他不仅给我指路,还热情地招待我。数天后的清晨,当我在山路上醒来,听见采药师赶过来对我说"你来我们这个大家庭领头吧,我们一起采药……"这就是我一直在寻找的那种感觉:做坦诚简单的人,做单纯正确的事,采治病救人的药。虽然我知道作为一个新兵我还很羸弱,但是我不孤单!"一个好汉三个帮",我们的"联爱工程"需要更多的同行者。我在这里也做个软广:也想采药的兄弟,我们在山路上等着你。我们想联合所有有爱的伙伴,我们一起努力,希望不再有人为了活下去而放弃尊严,期待"因病致贫"从中国的大地上消失。①

第二,知识精英阶层成熟,并有着强烈社会责任感,成为中国社会的精神象征。他们拥有广博的知识以及广泛的社会影响力,有些人置身于社会组织的实践中并发挥领导作用,有些人对于社会组织则表达出强烈的情怀。例如国内非常有影响力的资中筠在《公益时报》表达言论"中国公益事业不可因噎废食"(见专栏2-3)。

专栏2-3 资中筠在《公益时报》撰文:"中国公益事业不可因噎废食"

在很多人眼中,资中筠先生是一位公益启蒙者。这要追溯到她那本研究美国公益基金会的著作《散财之道》的问世,时为2003年。此后,这位中国社科院前美国所所长花费了12年的时间完善这本书,这本书2005年再版时名字被她换做《财富的归宿》,2015年出版时,她有了新的思考,这本书的名字又改为《财富的责任与资本主义演变》,她以这样的方式告诉读者,她对公益认知的深化。她的视角从美国公益慈善发展路径,一直望到仍未完成启蒙的中国公益事业。回顾中国公益近二三十年走过的路,她说未来值得期许,不过"公益事业是雪中送炭,不是锦上添花。"

资中筠先生说,实际上,无论是哪个国家,一个现代化的大企业,都不可能一点公益事业都不做,但是你不能够道德绑架。假如这一年中,某家企业的钱有特别的用途或者研发一

---

①http://news.ifeng.com/a/20170526/51165346_0.shtml.

宁夏新社会组织的成长性与功能研究
——基于政府、企业与社会的视角

> 种新产品,正好发生了天灾,那这个时候他们就捐不出很多的钱来,那他们就不捐。这个时候你就不应该说,为什么两个同样规模的企业,为什么人家捐那么多,你捐那么少?这都应该是自愿的。特别是政府不能逼捐。所以我一直认为,在这个问题上,政府应该有一部法律搁在那里,你要是犯了法就按法律执行监管;你没犯法的时候,政府最好别管,管得越少越好。应该是捐助方和受捐方都是自愿行为。社会企业是大势所趋,公益事业不可因噎废食。
>
> 资中筠:在国际上来讲,其实"新公益模式"是从上世纪80年代就出现的。从农业时代到工业时代再到互联网时代,经济发展太快,财富集中太快,而且至少在相当一段时间内,社会贫富悬殊会扩大而不会缩小,公益模式的发展也日新月异,所以在这种情况下,完全靠无偿捐赠的这种公益事业已经不够了,公益组织需要开始自己造血,不能全靠捐助,所以就发展出了这种模式叫做"社会企业"。"社会企业"最初是从这样一种说法来的,叫做"负责任的投资"。就是说,假如你作为一个企业家,你在投资之前必须考虑好,你这个投资是对社会有利的,至少真的是大家所需要的。我曾经问过美国倡导这一理念的相关人士,在他们看来什么是"不负责任的投资",他说:例如烟草、军火,还有高度污染的产业(至少在没有找出处理污染的办法之前)就属于不负责任的投资,因为投资的后果就是对社会不利,也就是不负责任。在某种情况下,奢侈品也在此列。如果是有公益心的人来说,应避免做这方面的投资。随着社会形态的发展,就演变成了一个自成一家的部类,叫做"社会企业",与普通企业是要截然分开的。①

中国社会组织的发展因为不断有新的知识精英参与进来而充满了希望。再比如2016年感动中国十大人物之一的秦玥飞所撰的一篇文章(见专栏2-4)。

> **专栏2-4 秦玥飞回应《七问秦玥飞》**
>
> 黑土麦田正式运行刚满两年,从今年三月起开始了一轮全面和严肃的转型聚焦,目前已经接近尾声。转型聚焦的根本原则是对每一个在村项目进行定期定量的考核,以项目最终能为村民带来的经济改善作为衡量团队成果的标准。黑土麦田在过去两年得到了大量来自社会各界的关注与支持。只有切实提高在村项目的投入产出比,黑土麦田才能对得起这些关注与支持。2016年黑土麦田首批创客共计27人,2017年新增创客计42人。2018年5月,30位新创客的13个项目选择参加转型启动后的项目路演,其中的17位创客与他们的

---

① http://news.ifeng.com/a/20180105/54836672_0.shtml.(内容有删节)

6个项目通过了路演并留在了黑土麦田。黑土麦田希望把来自支持者们的资源聚焦在这些项目和团队上,帮助他们更好地在村子里做出更大的成绩。今年9月即将有11名新创客伙伴加入村子里的队伍。与此同时,黑土麦田也通过志愿者等更多身份,吸纳本地乡村青年、返乡青年、致富带头人、专业人士等参与在村的项目,让黑土麦田的项目服务体系和能力结构更加立体。

在过去几年的探索中,我深深感到产业扶贫的艰难。如果想要在商业资源匮乏、基础薄弱的地方提升村子的造血能力,有很多困难需要去克服、很多问题需要去解决。这也是黑土麦田义无反顾地选择转型聚焦的原因。在过去几个月里,黑土麦田和我本人婉拒了绝大多数媒体的采访,原本希望能集中精力完成转型,在几个重点项目上取得新的突破,再和关注、关心、支持我们的朋友们分享我们这一段以来的心路和历程。

坚守并完成黑土麦田服务期的所有老创客们,向我和机构提出的所有有关协助他们寻找出路的要求,我们都及时提供了帮助:一位期满的创客成功申请"罗德奖学金",前往牛津大学深造;一位期满的创客在我们的推荐下被伦敦政治经济学院录取,并在我们的二次推荐下,获得国家公派留学全额奖学金;一位期满的创客在我们的推荐下被哥伦比亚大学录取;两位期满创客在我们的推荐下进入一家顶尖投资机构的"未来管理精英"项目;一位期满创客进入中国农业大学与黑土麦田合作的硕士联合培养项目;两位期满创客加入黑土麦田后线团队。中途离职的创客或工作人员在择业时向机构提出要求,我们都提供了客观积极的评价。

追随公益理想从来不是一件易事,过去两年的工作让我对此更有无比深切的理解。作为一个接受各界朋友们支持和监督的公益组织,黑土麦田和我深知我们的责任。黑土麦田在过去一年,已经聘请了专业财务机构进行内部财务制度优化,也招募了有战略咨询和上市公司管理经验的新成员来开展整体的组织建设和管理能力提升。可以说,黑土麦田的每一天都在迭代和调整。相信很多公益界的同仁也经常面临这样的调整,并且可能时刻考虑着如何在有限的资源中最有效地实现对社会的影响和改善。有时候很多关键支持者对一个公益组织的使命和愿景会有不同的理解,要确保公益组织的方向能兼顾到大家不同的诉求,这对于一个公益组织的负责人要求很高,特别是对我这样一个普普通通、能力有限的人。我和黑土麦田在这个问题上走过许多弯路,我十分愿意和公益同仁以及所有关注黑土麦田的朋友们交流。

在和很多商业前辈的交流过程中,我学习到,很多优秀的组织在发展过程中都经历过不同程度的战略转型聚焦,伴随着的也必然有人员的流失。对于那些由于转型而主动离开

宁夏新社会组织的成长性与功能研究
——基于政府、企业与社会的视角

> 或者被要求离开的创客,我理解你们的情绪和感受,我和黑土麦田现在的小伙伴都十分感谢你们的付出,希望你们未来有好的发展,也愿意协助你们实现职业追求。
>
> 我们现有的团队正在转型聚焦的关键时刻,我们希望能在不远的将来,把我们的成果而不是愿景,向大家做全面的汇报。在那个时候,无论转型的成功与否,我都希望能听到更多批评和帮助的声音,因为这一定会让我们更好地前进。我也相信,我们走过的弯路、直路,对于其他公益领域的同仁们来说,也会有些许的借鉴意义。
>
> 我只是一个普普通通的人,但我坚信黑土麦田的理想是生发于一个良善的初心,我也将一如既往地为这个理想不懈奋斗与坚守。

第三,富人阶层的经济精英开始崛起,有数据表明,越来越多的企业特别是民营企业参与到公益事业中来。如新东方创始人俞敏洪对企业家刘晓光的评价:

我和刘晓光不能算是特别熟悉,说起来他是比我老一代的企业家。当2004年一批成功的企业家在贺兰山下成立阿拉善SEE生态协会的时候,我还在新东方发展的困局中挣扎。当时新东方的规模年收入连4个亿都没到。而那时候的刘晓光,已经做成了几个上市公司。刘晓光是一个有情怀的人。没有他诗人般的情怀,也就没有他今天在朋友中这么被尊敬的地位。阿拉善SEE生态协会的成立和发展与晓光的努力密不可分,可以说就是他用激情和理想做起来的。现在在几百个企业家的支持下,阿拉善成了中国环保第一大组织。①

冯仑曾对晓光说:"你干首创谁能记得住呢?你干阿拉善人们就记住你了。"阿拉善是晓光用实际行动在大地上写的诗篇。其实晓光就是个诗人,他亲自写了《阿拉善之歌》:"听,那来自阿拉善的宣言,企业家们个个血气好儿男。在沙漠中起誓,用热血将治沙的火焰点燃。看我们胸佩SEE的徽章,激情穿越巍巍的贺兰山,用汗水和责任治理黄沙,在梭梭林下实现我们永恒的誓言:让枝叶伸向蓝天,让孩童在绿洲言欢。"②

---

①② 俞敏洪. 刘晓光为什么这么受人尊重?[M]//俞敏洪. 在人生的更高处相见. 北京:北京联合出版公司,2018.

第四,社会精英阶层异军突起,并逐渐显露出其在社会组织发展中越来越具创新能力的骨干作用。这里所谓社会精英,指的是随着各种社会问题凸显,在众多社会公益活动及社会运动的实践中发挥领导和骨干作用的人,其中既有社会组织的领导人及骨干,有城乡社区的社会活动积极分子,有活跃在弱势群体维权、公共政策倡导、"反腐""打假"等公共事件中的骨干分子,也有在网络时代活跃于微博等新媒体的"意见领袖"等公众人物。社会精英与前面政治精英、知识精英和经济精英有显著不同,他们生于斯、长于斯,因而有着与生俱来的社会责任感和使命感;他们公益心强,先人后己,脚踏实地,身先士卒,善于团结,勇于担责,对于社会公共事务有着强烈的参与意识和很好的参与协调能力;他们中的许多人以社会组织为家、为业、为命,全身心地投入以社会组织为平台的公益实践中,在其中丰富自己、燃烧生命、照亮社会。随着新媒体、自媒体的兴起及其作用的彰显,社会精英中涌现出了一批被称为"意见领袖"或"舆论领袖"的公众人物。他们活跃于各种新媒体,在信息传播、表达意见、发表评论、提出倡议、形成社会共识等方面发挥着重要的作用,成为信息和网络时代公共领域中重要的话语中介或"传感器",是具有巨大的网络影响力的新的社会精英。

本节从历史视角提出社会组织发展是我国改革开放40年来经济社会发展的必然伴生物,是推动改革开放逐步展开、解决改革开放进程中内生变量,是在改革开放和社会转型过程中不断形成、扩大并发挥积极作用的公共领域,已成为我国经济发展、社会转型、公共治理和提供各种社会服务的重要力量,其所存续和发展所依靠的主要社会力量是政治精英、知识精英、经济精英和社会精英。这些从根本上决定了中国社会组织当前和未来,必然是推动我国坚定地走向社会主义公民社会的重要力量。

第三节 社会组织的主要功能概说

社会组织究竟有哪些社会功能?一般而言,所有的社会组织都是一定社会需要的产物,社会组织在满足社会需要方面的基本倾向,我们称之为社会组织的基本功能。萨拉蒙在《全球公民社会:非营利部门国际指数》一书中,运用"服务"和"表达"

宁夏新社会组织的成长性与功能研究
——基于政府、企业与社会的视角

两个简化的功能性标准,对全世界范围内社会组织的发展进行了分类比较。借助于萨拉蒙的分析,并结合学者们对中国社会组织研究的认识,本书将社会组织的基本社会功能,概括如下四个方面:一是动员社会资源的功能;二是提供社会服务的功能;三是推进社会治理的功能;四是进行政策倡导的功能。①

一、动员社会资源

社会组织具有动员和整合社会资源的功能。这种资源动员既不同于政府和纳税人之间的强制关系,也不同于生产者和消费者之间的交换关系,在某种程度上可理解为区别于国家税收和市场交换的另外一种资源配置的机制。②在这方面有一个典型的社会组织"黑土麦田",它在动员社会各方面资源,应用于中国深度贫困地区反贫困方面的案例,笔者在湖南工作时有机会实地考察其运作方式,留下了深刻印象(见案例2-6)。

案例2-6 黑土麦田

黑土麦田公益是一家由民政部批准成立的全国性公益组织,是民政部直管的NPO中最具有活力的团队。团队一半是耶鲁、哈佛等毕业生,另一半是农村一线创业者;旨在通过整合互联网、农业、金融、媒体、学术等领域最优质的资源,帮助全国的大学生村官和返乡青年更好地干事、创业、成长。黑土麦田的联合发起人秦玥飞从耶鲁本科毕业后至今一直扎根农村担任大学生村官,曾被央视评为全国"最美村官"。2015年,黑土麦田在四川绵阳、山东东营、江西宜春、广西来宾、西藏山南等地为大量农村创客提供了资金众筹、电商下乡、乡村普法、创业帮扶等方面的服务,取得了突破性的成果。同年,黑土麦田夺得OTEC创业大赛全球决赛冠军、年度最佳项目奖、最佳"互联网+"类项目奖,并入选北京市朝阳区"凤凰计划"。国家领导人曾到访黑土麦田并给予高度评价。2016年,黑土麦田推出"乡村创客"计划,每年资助一批全国和海外顶尖高校的优秀毕业生以"大学生村官"的灵活身份到农村从事为期至少两年的创业创新和精准扶贫。入选创客的主要工作内容是:通过创新服务帮助农村经济组织负责人更高效地创业,通过整合资源带领返乡青年等农民进行创

---

① [美]莱斯特·M.萨拉蒙.全球公民社会:非营利部门国际指数[M].北京:北京大学出版社,2007:48.
② 王名.社会组织论纲[M].北京:社会科学文献出版社,2013:100-101.

业实践,解决当地在公共卫生等民生领域最迫切的问题。黑土麦田会为创客提供经济、履职、出路等方面的保障,实现优秀人才下得去、待得住、干得好、流得动。黑土麦田创客将在未来成为优秀的农村创业致富带头人、高素质基层公务员、企业或投资机构中的农村市场专家等。①

二、提供社会服务

社会组织具有提供社会服务的功能。主要表现为如下几个方面:一是社会组织存在和发展的基础就在于提供社会服务;二是社会组织在一定意义上可理解为社会对于社会公共事务的一种资源配置;三是社会组织通过提供服务拓展公共领域,应对各种社会问题;四是社会组织通过接受政府委托或参与政府采购,加入政府公共服务体系,拓展公共服务的空间并提高其效率,同时形成与政府助力互补、合作互动、共同发展的关系。随着经济的发展,人民对美好生活水平的向往,社会对于公共服务的需求越来越多样化和精准化,政府将其大量资源和主要职能转向公共服务,因而日益成为"服务型政府"的同时,公共服务领域的政府委托与政府采购也日益发达起来。②类似于社会组织这样一种制度形式来满足社会对这些公益服务的需求就成为社会发展的必然需要。例如诞生于美国,在世界范围内广泛传播的"TED 演讲"就是一个典型提供社会服务的案例(见案例 2-7)。

案例 2-7　TED(technology,entertainment,design)演讲

这是美国的一家非营利机构,该机构以它组织的 TED 大会著称,这个会议的宗旨是"传播一切值得传播的创意"。TED 诞生于 1984 年,其发起人是理查德·索·乌曼。2001 年起,克里斯·安德森接管 TED,创立了种子基金会,并运营 TED 大会。TED 国际会议于 1984 年第一次召开,由里查德·索·乌曼和哈里·马克思共同创办,从 1990 年开始每年在美国加州的蒙特利举办一次,而如今也会选择其他城市每年举办一次。它邀请世界上的思想领袖与实干家来分享他们最热衷从事的事业。"TED"由"科技""娱乐""设计"三个英文单词首字母组成,这三个广泛的领域共同

---

① https://baike.so.com/doc/24440755-25277336.html.
② 王名.社会组织论纲[M].北京:社会科学文献出版社,2013:101-102.

宁夏新社会组织的成长性与功能研究
——基于政府、企业与社会的视角

塑造着我们的未来。事实上,这场盛会涉及的领域还在不断扩展,展现着涉及几乎各个领域的各种见解。参加者们称它为"超级大脑 SPA"和"四日游未来"。大会观众往往是企业的 CEO、科学家、创造者、慈善家等等,他们几乎和演讲嘉宾一样优秀。比尔·克林顿、比尔·盖茨、英国动物学家珍妮·古道尔、美国建筑大师弗兰克·盖里、歌手保罗·西蒙、维珍品牌创始人理查德·布兰森爵士、国际设计大师菲利普·斯达克以及 U2 乐队主唱 Bono 都曾经担任过演讲嘉宾。TED 环球会议是 TED 大会的子会议。2005 年,第一届 TED 环球会议在英国召开。2007 年,TED 环球会议在坦桑尼亚召开。从 2006 年起,TED 演讲的视频被上传到网上。曾经,知识经济中的人说,你要保护如黄金般的知识,这是你唯一的价值。但是,当全球都联系在一起时,游戏规则改变了,每个人都互相关联,一切都会快速发展。当知识传播出去后,会以最快速度到达全球各地,得到反馈,得以传播,而它的潜在价值是无形的。2001 年,安德森买下了 TED 会议,把这个会议变成非营利机构。每年举行一次大会,大会演讲做成视频放在互联网上,供全球观众免费分享。对于自己的"义举",安德森解释道:"我是学哲学的,总是生活在自己的想法中。我之前就隐约地觉得,有很多好的想法如果能进行全球传播,是很好的事情。我当时有一点钱,很想作出一些贡献。我发现,TED 是很好的工具。"参会的诺贝尔获奖者、类似比尔·盖茨之类的大腕,往往和魔术师、杂技演员混在一起。尽管每年有上万人申请参加 TED,但只有 1000 人能得到邀请,他们要"有好奇心、创造力,思维开放,有改造世界的热情",还要付得起 7500 美元一张的门票。克里斯·安德森自称"TED 的守护人",并将 TED 演讲者的领域从原先的技术、娱乐、设计三个领域扩展到了各行各业,邀请了科学家、哲学家、艺术家、探险家、心理学家、语言学家、宗教领袖、慈善家等人加入,致力于使 TED 成为超越会议性质的世界品牌。在 1984 年的第一次 TED 大会上,有人带来了日后风靡全球的 CD 光盘,第一台苹果电脑也被带到了讲台上。今天,新版的 Macbook Air 让全世界无数的粉丝为之疯狂。在改变世界的同时,TED 自身也在 26 年后(至 2010 年)由与会成员不过千人的"晚宴",成长为每天 50 万人观看其视频的社区。自 1990 年起,参会的精英们每年三月相聚于美国加州长滩,享受这一场"超级大脑 SPA"。①

---

① https://www.ted.com/#/. (资料来源:TED 官网,译文)

三、促进社会治理

社会组织具有促进社会治理的功能。社会治理功能体现了社会组织所具有的社会性,这是社会组织区别于政府和企业的本质特征之一,它们既不是凌驾于社会之上、统治公民的权力体,也不是异化于市场之中、追求利润最大化的经济体,它们源于社会、源于公民、源于结社权这样一种公民基本权利的行使,是公民以组织的方式表达意愿和诉求、参与各种社会事务的最基本的途径之一,并因此而形成公民自主的公共领域。社会组织在世界各地亦被称为"公民社会""草根组织""志愿者组织"等,就是因为它们具有植根于民间、作用于社会的治理功能。[1]例如"照顾咖啡馆"就是这样一个案例(见案例2-8)。

案例2-8 照顾咖啡馆:让长者老得无所畏惧

在台中巷弄的一角,有一家"照顾咖啡馆",别看它如此简约雅致,能量可强大了,店员们不仅会煮咖啡,还懂得做家事服务、购买辅具、精准链接长者照顾资源,真的是暖心一站式服务!

这家以咖啡馆形态呈现的生活实验室,透过实际互动,更加深入地掌握所在地银发族的需求,为快速步入高龄社会的台湾,找到各种美好的可能。

在你眼里,咖啡厅是一个怎样的存在?文艺青年打卡的圣地?

温馨的灯光、雅致的装饰风格,浓浓的咖啡香中总是夹杂着袅袅浪漫的气息,似乎每一场邂逅都别有温度。

哪怕只是静静地翻着书页、小口尝着甜点,也能度过一个闲暇的午后。

在追求"小确幸"的台湾,别致清雅的咖啡馆遍布各个街角。可当你来到台中时,眼前的"咖啡馆"就可不仅仅是喝咖啡吃点心这么简单哦。

在繁华的商圈背后,"有本生活坊"安然地守在幽静的巷弄里,不时有三三两两的老人家走进去,点上一份点心,和店员开心地谈笑,似乎彼此是相识多年的老朋友。

原来这家咖啡馆的真身,竟是一家老人服务中心!

咖啡馆这么文艺的地方,吸引的大多是年轻人,怎么会跟银发族沾上边的呢?

---

[1] 王名.社会组织论纲[M].北京:社会科学文献出版社,2013:105-106.

宁夏新社会组织的成长性与功能研究
——基于政府、企业与社会的视角

在讲咖啡馆之前，我们先来看一组数据：2010年第六次全国人口普查发现，我国大陆地区60岁及以上的人口有1.78亿，占总人口的13.26%，其中65岁以上人口为1.19亿人，占了8.87%。和第五次人口普查相比，这个比重分别上升了2.93%和1.91%。

而我国台湾地区，已经从高龄化社会（65岁老人占总人口7%以上）逐步走向高龄社会（65岁老人占总人口14%以上），甚至在2025年，老人占总人口的比例将会高于20%，进入超高龄社会。

也就是说，每五个人里面，就会有一个是老年人。

我们上班了，爸妈怎么办？老人的照顾问题，无疑成了大家所关注的社会议题。

2016年，台湾的失能老人人数高达46.6万，当中大多数老人都是和儿孙三代同堂、跟老伴一起生活或独居，在安养机构养老的长者很少很少。

如果是抱病卧床的老人，就需要家庭照顾者提供平均每天4小时的看护。

然而，目前所能提供的照护服务和老人的需求之间，仍存在着很大的差距。比如说，某些养老院里，一位护工要照顾50个老人，连工作人员自己都不愿在年老后进入这样的安养机构。

老人需要长期照顾，家属却不知道能向哪些机构救助，或者申请了几个月、打了很多通电话，就是不知道何时能得到适切的长照①服务。

用静宜大学社工与儿少福利系教授纪金山的话来说，就是"找不到、等不及、不好用、不合用"。

"当大家都过得不好，这场长者照顾的'战役'更需要共同面对。"

纪金山教授想起了走访日本时，在东京静谧的社区内发现的"黑豆咖啡"，小小的咖啡馆不仅提供咖啡和餐点，更是扮演了社区服务中心的角色。

反观台湾，其实各地都有浓厚的社区文化，那何不尝试开一家"照顾咖啡馆"？

"我长期教社会企业，却从没实践，接下来我要放生在野地。"

去年4月，纪金山教授的这片在野地选在了逢甲商圈背后，将咖啡馆和长照服务相结合，开起了"有本生活坊"。其方法就是打造离家最近的一站式社区照顾平台。

---

①注："长照"其意思为长期照顾，系社会工作个案工作中的一种工作方式，在台湾用得比较普遍，主要用于社区养老等领域。

吸收日本的做法，再从台湾的经验出发，有本生活坊终于落地社区。

步入生活坊，灯光并不会像传统咖啡馆那样昏暗，整个空间宽敞明亮，简约的桌布、新鲜的玫瑰，店员和悦的笑颜，都让人如沐春风。

然而在居民们看来，刚进驻社区的有本生活坊又是陌生的，很少人路过会走进来看看。

再加上老人家对咖啡馆的兴趣本来就不大，就更不相信这里能给他们的生活提供照顾。

"这里跟一般餐厅的经营落差很大，一开始长辈还以为我们是诈骗集团！我们必须自己主动去跟社区沟通，让大家知道有本生活坊在做什么。"店长李依仁说道。

因而店员不能光守在店里，要深入社区，和居民交朋友，建立信任感。

在开店之前，李依仁就开始积极参加社区活动，拜访里长，有本生活坊开业后，她更是经常到公园里跟长辈们聊天、跳健身操、参加老人卡拉 OK 等，渐渐地跟社区里的长者熟络起来。

开店初期，李依仁了解社区情况时发现："里长年纪大了，想为居民付出更多但常常力不从心，也会面临一些障碍。有本的进入正好跟里长互补，大家彼此成了一个团队，里长协助我们认识社区，我们协助里长规划活动。"

这就是"青银互补"，年轻人让里长感受到他们投入社区服务的热情，里长也就愿意带着他们深入社区，了解长者居民的情况。

当长者们走近有本生活坊，便会看到草绿色的招牌上写着这些字眼：家事服务、居家服务、居家护理、生活辅具。

其实这才是有本生活坊的主业，免费提供专业的照顾咨询服务，帮助社区民众理清长照需求。

而餐单中的菜品，咖啡、饮品和轻食甜点样样齐全，他们还特意为长辈设计了一般咖啡店里少有的中式简餐、红豆紫米粥等，每个细微之处间都散发着对长者的善意。

就如纪金山教授所说："我们的店员除了经营餐饮，也要扮演像日本'介护相谈员'那样的角色，站在民众最佳利益的角度，找出适合的照顾方案。"

"你还好吗？辛苦了！"不少来店里询问的人因要照顾家中老人，而背负着沉重

宁夏新社会组织的成长性与功能研究
——基于政府、企业与社会的视角

的生活压力,看着他们一脸疲惫地推门进来,工作人员就会送上贴心的问候和一份小点心。

在确认了他们的照顾需求后,店员就会联系和个案需求相关的长照专业合作伙伴,进行二次评估。

要不要申请居家护理、辅具辅助?有哪些项目是公费的?有本生活坊、合作伙伴、被照顾者及其家庭成员会聚在一起讨论出最适合长者的方案。

如果长者行动不便,他们还会亲自上门家访,予以定制化服务。
在店里,每个员工都有各自的分工,同时也要兼具敏锐的观察力和沟通能力。

他们入行的第一关,是当家事服务员,在帮助老人打扫卫生时要边跟他们聊天,这不仅是一种陪伴,更要在谈话中发掘到长者的生活变化或潜在需求。

有一位店员正是在打扫时,发现老人步态不稳,就赶紧给他链接相应的活动和服务,以预防失能。

从来到店里到踏进家门,纪金山教授说这就是累积的互信:"愿意开门让我们到家里,等于把长者照顾的后端系统都打通了。"

晨运后,老人们来到咖啡馆点一杯饮品、一份点心,在等餐的间隙,店员门就会根据他们的需求提供相应的照护服务,比如健康看诊、剪指甲剪头发等等。

当然,单纯闲聊,分享每天见到的趣事更是欢迎哦。许多老人身体硬朗,能够生活自理,最需要的就是陪伴。

每个月,有本生活坊都会开平台会议,集结店员、辅具评估员,或有相关合作的照顾服务员、居家护理师,一起商讨长照方案的改善。

在有本生活坊,有些项目是要自费的,比如"微居服"。简单来说,你要上班,没办法带老人复诊,或者来不及去日照中心接长辈回家,店员就会代你去完成这些事情。

纪金山教授说:"我们具有政府长照服务不见得具备的弹性,乐于倾听居民的需要,填平缺口就是机会。"

运营了4个月,有本生活坊已基本接近收支平衡。8个月后,店员们已经为不少家庭找到了自费或政府提供的长照资源,更重要的是,这些服务大多在3天内就到位了!

80岁的蔡老师在退休的15年来,一直坚持到出版社当义工。而现在,他又多了一个地方可以去,那就是有本生活坊啦。

每天他回家前都会来这里喝杯茶,跟店员和邻居街坊们聊聊天。患有轻度阿尔茨海默病的他,每周一还会在这里上音乐治疗课,跳跳老年迪斯科,让身体和脑袋都活动起来。

对辛劳的照顾者,有本生活坊则推出了"喘息咖啡",只要一个星期照顾老人7小时以上,就可以来咖啡馆填写问卷,领取一杯咖啡。一年里,照顾者共有十次获得"喘息咖啡"的机会。

他们只想在一杯香浓的咖啡、一杯好茶的时间里,和你成为朋友,用这一份心意告诉你:"照顾路上,让我们陪着你走。"

对了,有本生活坊其实有两层,一楼是餐厅,二楼是培训的地方,而通往二楼的楼梯,还专门为行动不便的老人配备了"升降椅"。

在这里,会定期举办卫生保健、社区电影院、烘焙饼干活动、社区打扫及现代通信工具的使用等课程和分享会,不仅让长者居民老有所乐,更借此机会给他们遇到的照顾问题提出最优的建议。

餐厅新品发布会更是受欢迎,居民们边品尝边提意见,而店员们则在聊天中收集他们对咖啡馆的改善想法。

谁说年轻人不能做长者照顾?很多人都以为长者照顾只是翻身拍背,因而反对子女入行,觉得做照顾员没有未来。

但有本生活坊却以一种独特的方式,刷新了大家对长者照顾这行的印象,也让不少社工系的毕业生对职业生涯有了新的想象。

有本生活坊的4个全职店员都是从社工系或老人福利系毕业的年轻人,还不到30岁的他们,从家事服务员、副店长、店长,再到店长教练,从控制咖啡厅的成本、研发适合长辈的菜单,到改善长者照顾的链接流程,一步一步往深处探索。

一位30岁出头的白领为照顾轻微失智的妈妈而辞职,在享用"喘息咖啡"的过程中,与店员交换了不少照顾心得。

最让人感动的是,在母亲被安排到日照中心后,她竟然也入行成了照顾服务员:"这些照顾技巧晚上可以用到妈妈身上,虽然累,但很开心!"

如今,有本生活坊已在台中打出了名堂,让"照顾咖啡馆"的概念为更多人所熟知,台湾地区也就随之出现了许多创意满满的"照顾生活馆",有青田食堂、静思书轩、125度C照顾角落、童庭咖啡、福气冰果室等。

未来,有本生活坊希望能够将照顾咖啡馆的理念带到各郊区乡镇,为每个社区提供最实在、最温暖的依靠,让长照成为"看得到、找得到、用得到"的生活服务。

如纪金山教授所说:"长者照顾要可持续,不能光靠政府资源,得能自己'呼吸'。"

每一个人都会有老去的一天,而身边的这个社区保护网,正是让你在这条路上,不再孤单,无畏无惧。①

四、公共政策倡导

社会组织具有影响立法和各级政府制定相关政策的倡导公共政策功能。倡导公共政策的功能反映了社会组织对于政治与政策过程的影响力。随着中国改革开放的不断深入,社会转型、政府改革和社会主义市场经济的完善,社会组织的上述功能已经不同程度地显现出来。在公共政策的倡导方面,许多民间思想库致力于提出积极的立法和政策建议,还有一些重大的公共工程往往成为社会组织关注的焦点,通过发动媒体和社会舆论形成广泛的社会压力并表达明确的政策主张,在政策博弈中使弱势群体的利益诉求和权利得以表达和彰显。②在这方面国内一个典型的案例来自于梁从诫的"自然之友"为保护藏羚羊所进行的卓有成效的政策倡导工作(见案例2-9)。

案例2-9 梁从诫致函英国首相布莱尔

联合王国政府首相托尼·布莱尔阁下:

我谨代表中国一家最有影响的非政府环保组织"自然之友",欢迎您到中国访问。"自然之友"十分赞赏您个人对环境问题的关注以及英国政府对于处理国内和全球环境问题的重视。我愿利用您访问中国的机会,提请您注意藏羚羊的悲惨处

---

① http://www.youcheng.org/.(友成企业家扶贫基金会)
② 王名.社会组织论纲[M].北京:社会科学文献出版社,2013:106-108.

境，并请求您对我们保护这种濒危物种的努力给予支持。藏羚羊是中国的特有动物，生活于中国西部海拔4500米以上的高原。1979年，它被列入《国际野生濒危动植物贸易公约》(CITES)严禁贸易物种名录。然而，尽管有这样的国际禁令，自80年代中期开始，藏羚羊绒制品在国际市场上却十分走红。它们可以在欧洲许多国家和其他国家的市场上买到，而这些都是CITES的签字国。

1996年，在伦敦一条藏羚绒披肩售价可达3500英镑。欧洲市场上的高价又使从中国非法出口到印度进行加工的藏羚绒原料价格随之上涨。商人们编造神话，说绒是藏羚羊换季时自然脱落后，由牧民们从草原上一点一点捡来的。事实是：这些绒都是从被盗猎者打死的藏羚羊皮上摘取的，而从每只羊身上只能取绒125~150克。过去几年中，中国政府曾抓获了上百起盗猎团伙，缴获了上万张藏羚羊皮，一位警察并为此牺牲。1997年西藏林业厅收缴了准备走私出口1000公斤藏羚绒。由于藏羚羊活动地区极广，被抓住的只是盗猎分子中的一小部分。由于盗猎，藏羚羊的数量正在急剧减少。目前只有75000~100000只，仅为100年前的十分之一。按照在印度加工的藏羚绒的数量估算，每年当有20000只以上的藏羚羊被猎杀取绒。

如果盗猎以这样的规模进行下去，20年内藏羚羊将有可能被灭绝。"自然之友"正在开展一场救护这种珍贵而稀有的动物的运动。我们正在敦促并支持政府加强对藏羚羊的保护和对盗猎活动的打击。与此同时，我们也吁请全世界珍爱野生动物，关注环境的人们来共同制止藏羚绒及其制品的贸易。因为，只要有利可图，盗猎就难以禁绝。英国非常重视保护野生动物，这使她在国际上享有崇高荣誉。我相信，一旦英国人知道了有关藏羚绒问题的真相，也一定会高度关注。我请求您，运用您个人在国内和在你们的欧洲同伴中的影响，使公众更好地了解藏羚羊悲惨的处境，并和我们一道，来防止这种珍稀动物因"致命的时尚"而被灭绝。我真诚地希望，在这场根除藏羚绒贸易的国际努力中，英国能够站在前列。

"自然之友"会长　梁从诫
1998年10月6日[①]

[①] http://www.china.com.cn/chinese/2001/Jan/16733.htm.

宁夏新社会组织的成长性与功能研究
——基于政府、企业与社会的视角

梁从诫先生的倡导得到了中国政府的支持和英国首相布莱尔的及时回应,政策倡导的结果非常有效,盗猎团伙受到了应有的打击,保护藏羚羊的工作得到了全国人民的呼应,藏羚羊的命运由此得到改变,梁从诫运用他的专业知识、家族的影响力以及精英知识分子的身份,影响了国家的政策,呼吁人们重视生态和环保的理念,获得了世人的称赞,为人类文明的进步尽到了他应有的贡献,而他所创办的环保组织(社会组织)"自然之友"在政府失灵和市场失灵的境况下充分发挥了第三部门的力量,在中国社会组织发展的历史上留下了不可磨灭的贡献。

第三章 宁夏新社会组织成长与功能

第一节 宁夏社会组织的发展历程

宁夏自1978年改革开放以来,社会组织的发展存在如下四个阶段。

一、探索与寻路阶段(1985—1995年)

宁夏社团组织建设始于1959年,在"文革"之前共设有7个学术团体、1个专业学组。在1985年之前,宁夏社团工作一无管理机构、二无专职人员。自1985年1月,宁夏党委、政府办公厅委派自治区体改办公室负责此专项工作。到1987年初,宁夏社团组织发展到共计78个,其中,隶属于全国性的社会团体组织分支机构63个。各种社团组织的会员达到22246人。1989年10月,《社会团体登记管理暂行条例》颁布,社会团体工作正式移交给民政部门管理。1990年,宁夏民政厅成立了副处级的社会团体管理处,初步形成了统一登记、集中管理的格局。至此,宁夏社团组织登记管理工作迎来了全新的发展阶段。

二、规范与重新登记阶段(1996—2001年)

1997年,为规范社会团体管理工作,成立了宁夏回族自治区清理整顿社会团体领导小组,对宁夏社会团体实施了全面的清理整顿。截至1998年底,宁夏重新登记的各类社团758家,撤销和合并的192家,注销不按时进行年检或不能正常开展

宁夏新社会组织的成长性与功能研究
——基于政府、企业与社会的视角

活动的 71 家,责令整顿的 180 家,依法取缔非法活动的社团 1 家。1998 年 10 月,国务院再次修订发布了《社会团体登记管理条例》,对成立社会团体具备的条件、申请成立登记、变更登记、注销登记、登记公告等方面作出了具体的规定。

1999 年政府机构改革中,成立了民政厅民间组织管理局。同年 10 月,中国人民银行、民政部根据国务院有关社会团体基金会由民政部统一管理的决定,中国人民银行银川中心支行和宁夏民政厅正式办理交接仪式,将 9 家基金会移交民政厅管理。随后,自治区民政厅根据宁夏实际制定了《宁夏回族自治区开展民办非企业单位登记工作实施方案》,这标志着民办非企业单位登记工作在宁夏正式启动。2001 年 6 月,宁夏民间组织促进会成立。截至 2001 年底,全区重新登记各类社会团体 758 个,撤销和合并社会团体 760 个,责令整顿社会团体 217 个。

三、培育与孵化阶段(2002—2012 年 10 月)

党的十六届六中全会通过的《中共中央关于构建社会主义和谐社会若干重大问题的决定》,对健全社会组织、增强服务社会功能进行了系统、全面的阐述,为社会组织的发展指引了方向。党的十七大进一步确定了要建立"党委领导、政府负责、社会协同、公众参与"的社会管理体制。在这一时段,根据中央精神,宁夏加大了社会组织的培育与孵化力度。2005 年,宁夏第一个非公募基金会陈逢干大学助学基金会成立。2007 年 6 月,民政厅印发《关于加强社区民间组织培育发展和登记管理工作的意见》,并先后出台了《关于加快社会中介组织发展的意见》《关于加快推进协会商会改革和发展的实施意见》《关于进一步加快培育发展城乡社区社会组织的意见》《关于促进民办非企业单位发展的若干意见》,积极培育和孵化社会力量在教育、科技、文化、卫生、体育、社会福利等领域兴办民办非企业单位。2010 年 9 月,民政厅研究确定银川市兴庆区社会福利院、石嘴山市社会福利院、吴忠市社会福利院、固原市社会福利院、中卫市社会福利院 5 个福利机构为宁夏社会工作人才试点单位,并开始试点工作。是年,积极协调自治区政府筹措 200 多万元资金,对评定为 3A 等级以上的农村专业经济协会给予以奖代补奖励。2011 年 1 月,宁夏燕宝基金会成立。2012 年 8 月,自治区党委组织部、民政厅和人才工作领导小组联合下发了《宁夏回族自治区社会工作专业人才队伍建设中长期规划(2012—2020 年)》。是年,自治区民政厅成立社区社会组织孵化建设试点工作领导小组,制定《宁夏社区社会组织孵化的实施意见》,并确定在中卫市、吴忠市、银川市进行孵化培育试点。

四、创新与发展阶段(2012年11月至今)

党的十八大提出,"加强社会建设,必须加快推进社会体制改革,加快形成政社分开、权责明确、依法自治的现代社会组织体制"。2013年6月,自治区政府办公厅出台《宁夏回族自治区社会组织发展三年规划》,对引导宁夏社会组织健康有序发展,加快形成宁夏现代社会组织体制,有着重要的推动作用。2014年,自治区民政厅印发了《宁夏社会组织履行社会责任评价暂行办法》。同年,自治区民政厅、财政厅印发《宁夏回族自治区政府购买社会工作服务实施办法》。2015年,自治区社会组织工委、民政厅联合相关部门先后印发《关于开展社会组织星级基层服务型党组织创建活动的实施方案》《宁夏社会组织履行社会责任评价办法》《宁夏社会组织履行社会责任评价体系》《关于加快推进社区社会工作服务的实施意见》等一系列政策性文件,为社会组织和社会工作的健康发展提供了有效保证。2016年3月,自治区党委、政府办公厅先后印发了《宁夏回族自治区行业协会商会与行政机关脱钩实施方案》《深化"红顶中介"专项整治实施方案》。同月,自治区民政厅、质监局、国税局、地税局联合发出公告,取消社会组织的法人登记证书、税务登记证书、组织机构代码证,改由民政部门核发加载统一代码的社会组织法人登记证书,实行社会组织"三证合一"。

第二节 宁夏社会组织的发展现状及存在问题

一、宁夏社会组织的发展现状

(一)社会组织规模

截至2016年底,全区各级民政部门共登记各类社会组织6013家,其中社会团体3817家,民办非企业单位2122家,基金会74家,备案类社会组织全区有8700家(见表3-1)。

(二)社会组织党组织建设

截至2016年底,全区社会组织单独建立党组织695个,其中党委9个、党总支

表 3-1　宁夏社会组织规模

类别	社会团体	民办非企业单位	基金会	合计
自治区级	718	440	66	1224
石嘴山市	223	242	0	465
吴忠市	692	263	1	956
固原市	694	170	3	867
中卫市	427	166	0	593

17个、党支部669个;联合建立1797个(覆盖社会组织2683家),党组织覆盖率68.1%。

(三)社会组织评估

2009—2016年开展社会组织评估工作以来,共评估3A级以上社会组织614家,其中3A级287家,4A级213家,5A级114家;评估社团185家,民办非企业单位165家,基金会11家,农村专业经济协会253家。

(四)中央财政支持社会组织服务社会项目

2012年以来,宁夏共争取中央财政支持社会组织服务社会项目88个,项目资金2745万元。主要包括:免费为老年人提供生活照料、康复护理、医疗保健等救助服务;向贫困、残疾儿童等提供免费康复治疗服务;免费为残疾人提供医疗救护、精神慰藉、物质和技术支持的救助服务;对社会组织负责人、工作人员进行法律法规、项目运作、业务技能、专业知识培训等。

(五)社会组织年检情况

2015年度,应参加年检的社会组织1121家,其中社团643家、民办非企业单位421家、基金会57家,实际参加年检684家,其中社团424家、民办非企业单位219家、基金会41家,年检率分别为65.94%、52.02%、71.93%;未参加年检的382家,其中社团202家、民办非企业单位166家、基金会14家。

总体上讲,宁夏历年社会组织发展规模见表3-2。

二、宁夏社会组织发展中存在的问题

(一)"红顶中介"主要问题

一是社会组织中领导干部兼职相对比较普遍。领导干部兼职虽然在一定程度

表 3-2　1979—2016 年全区社会组织统计表

年度	社会团体	民办非企业	基金会	社会组织总数
1979 年	1	0	0	1
1980 年	1	0	0	1
1981 年	1	0	0	1
1982 年	1	0	0	1
1983 年	1	0	0	1
1984 年	2	0	0	2
1985 年	2	0	0	2
1986 年	3	0	0	3
1987 年	3	0	0	3
1988 年	4	0	0	4
1989 年	5	0	0	5
1990 年	7	0	0	7
1991 年	112	0	0	112
1992 年	129	0	0	129
1993 年	141	0	4	145
1994 年	149	0	4	153
1995 年	158	0	4	162
1996 年	171	0	6	177
1997 年	181	0	6	187
1998 年	193	0	6	199
1999 年	200	0	6	206
2000 年	760	291	0	1051
2001 年	831	200	0	1031
2002 年	831	274	0	1105
2003 年	897	274	0	1171
2004 年	1029	283	19	1331
2005 年	1470	310	8	1788
2006 年	1777	373	15	2165

宁夏新社会组织的成长性与功能研究
——基于政府、企业与社会的视角

续表

年度	社会团体	民办非企业	基金会	社会组织总数
2007年	2314	440	16	2770
2008年	4356	745	17	5118
2009年	3953	836	18	4807
2010年	3677	833	23	4533
2011年	3318	943	27	4288
2012年	3172	913	42	4127
2013年	2958	993	51	4002
2014年	3129	1140	55	4324
2015年	3258	1523	59	4840
2016年	3817	2122	74	6013

（数据来源：由宁夏民政厅彭荣军提供）

上得到治理，但还有相当数量且经组织批准的公职人员在部分具有特殊职能的社会组织中兼(任)职，需要自治区统一出台相关规定，予以进一步规范和推动社会组织依法独立运行。

二是部分具有特殊社会职能的社会组织，在治理事项中缺少明确的政策。在深化"红顶中介"治理中既涉及公职人员兼职、任职问题，有的还涉及财政经费划拨、国有资产使用、公共服务事项等社会关注的问题，如何进行明确的规范，没有具体政策指引和操作规范。目前还有待于中央及自治区出台相关政策，进一步推进治理工作的落实。

三是对社会组织的综合执法监管力量薄弱。在对规范保留的各类中介服务机构的执法监管上，目前没有专业的执法机构和执法力量，执法工作相对比较薄弱，执法难以实施，强化社会组织规范化管理面临的具体问题还比较多。

(二)政社分离工作中存在的主要问题

一是认识不到位的问题。国家脱钩整体方案和自治区脱钩实施方案印发后，一些部门认识还不够到位，对通过"五脱钩"切断行业协会商会与行政机关之间直接利益联系、理顺行业协会商会的内部治理结构和外部监管体系等改革要求认识不足，在脱钩工作推进过程中出现了一些"不想脱""随意脱"的现象。部分职能作用较强的行业协会及相关业务主管单位均提出待中央相关职能部门和同行业全国性社会组织脱钩后再进行脱钩,表现出下级看上级、地方看中央的现象。也有的业务主管单位把脱钩当成是"甩包袱"的机会,错误认为脱钩就是脱管,不想继续承担行业协会商会业务主管单位、依法履行社会组织监管责任等。

二是存在脱钩难的问题。由于历史原因,因其部门职能的特殊性,少数单位长期以来将部分机关职能转移到其主办的行业协会商会,依靠社会组织发挥职能作用,与其主管、主办的社会组织融合深、纠葛多,对脱钩后的职能厘清没有前瞻性、系统性思考,既有不放心的顾虑,也有不放手的想法。因此,此类社会组织脱钩中存在较大的阻力和现实问题。

三是宣传工作不够深入全面。脱钩改革工作涉及面广,遇到的新情况、新问题较多,政策宣传渠道、手段、方式还比较单一,尽管民政部门通过工作网站、报纸杂志、电话沟通,以及借检查和开展重大活动专题宣传进行答疑释难等方式,积极做好脱钩工作政策宣传,力求最大程度地扩大影响力,但由于相关部门对政策的理解不够深刻准确,配合宣传工作不够深入到位,致使宣传力度不够,社会影响不大。

(三)社会组织执法检查中发现的主要问题

一是社会组织登记管理审核把关不严。部分单位对进行社会组织执法、开展规范登记的重要性认识不足,重视不够,要求不严,存在"重制定、轻执行"的倾向,规章制度落实不到位,执法监督、登记审核流于形式。申报材料要件不全,业务主管单位审核随意性较大,执法检查中发现,部分单位在对社会组织章程内容的审核中,存在性质、宗旨、业务范围、经费来源等不符合规定的问题,甚至出现法规禁止的内容或禁止成立的组织;有的社会组织名称不符合规范,有的登记窗口在打印社会组织登记证书时随意替申请方扩大业务范围,有的事项前置审批环节缺失。

二是社会组织审批流程改革标准不一。部分单位过分追求简化申报事项、降低办事门槛,方便办事群众,而忽视了法规制度的刚性规定,申报事项过于简化、不规范,在社会组织申报材料中部分要件被简化、舍弃,造成社会组织档案要件不全,埋下了法律纠纷隐患。

三是社会组织管理信息化严重滞后。目前全区社会组织信息统计仍为手工统计报送,费时、费力且数据统计资料报送速度慢、准确率低。特别是在统一社会信用代码换发方面,从全国层面看,我区也是仅有的几个没有利用系统软件开展工作的省区之一,各类信息数据无法汇总后与发改、质监、税务等部门交换共享,更无法每周按时向自治区和中央两级信用信息中心推送,影响了整体工作推进和质量效益提高。

四是基层执法、登记力量严重不足。自治区各民政局普遍存在身兼多职的问题,且个别单位人员调整频繁,出现执法、登记工作应付做、不会做,做不细、做不好的问题,工作被动,疲于应付,影响了综合执法监管工作成效。

综上所述,社会组织整体上还存在登记管理体系不够完善,执法监察机制不健全,政社分开、购买服务、法治建设、协商民主等工作推进较慢;社会组织自身建设水平不高,财务管理不够规范,作用发挥不够明显;社会组织信息化建设体系不够完善,利用信息化实现社会组织监管培育功能比较滞后;社会工作建设保障体系不够完善,社会组织专业人才队伍建设急需加强;社会组织党建工作基础薄弱,党建管理体制还没有完全理顺,基层党组织缺乏活力。基于上述问题,宁夏相关政府部门需要推动社会组织管理的变革,以适应党的十九大所规划的社会组织改革蓝图。

第三节　宁夏社会组织管理改革路径

一、社会组织管理改革依据

宁夏社会组织改革始于1985年,和全国社会组织改革基本同步,改革主要有三个依据,依据之一是十八届三中、四中、五中、六中全会精神和习近平总书记系列重要讲话精神及国务院改革要求;依据之二是中共中央办公厅、国务院办公厅印发《关于改革社会组织管理制度促进社会组织健康有序发展的意见》;依据之三是宁夏回族自治区党委办公厅、政府办公厅印发《关于改革社会组织管理制度促进社会组织健康有序发展的实施意见》(以下简称《实施意见》)。

二、社会组织管理改革目标

在三个依据的基础上,宁夏制定了自己的改革目标,即坚持立足实际、改革创新,逐步建成政社分开、权责明确、依法自治的现代社会组织体制,并形成发展、监督、党建"三位一体"的社会组织工作新格局。

三、社会组织管理改革方向

第一,以党的建设工作为统领,进一步明确社会组织的发展方向。第二,依《实施意见》加大社会组织培育作为促进社会组织健康有序发展的关键核心,作为推动社会治理创新、开展社会服务的承接载体。第三,以财税支持为保障,激发社会组织发展与创新活力。第四,建立社会组织负责人任职、约谈、警告等管理制度,推行社会组织负责人任职前公示制度、法定代表人述职制度和社会组织退出机制。第五,进一步优化社会组织发展环境,健全社会组织法人治理结构、内部纠纷解决机制,加强诚信自律建设。

四、社会组织管理改革措施

(一)政社分开,建立新型政社关系

其核心是以党建为引领、实现政社分开,建立新型行业管理关系,实现规范管理。具体办法为应建立全区社会组织工作协调机制,确立社会组织行业监管责任,建立行业管理部门监管社会组织名录,明确相关职能部门、行业管理部门和登记管理机关职能,即建立以自治区党委、政府领导,社会组织工作协调领导小组督导下的行业管理部门和登记管理机关为主导的多部门综合监管体系,以促进行业协会商会实现独立运行、依法自治。要确保政社真正分开,需要厘清政府和社会的边界,在这方面,需要调整行业协会商会与其主管行政机构的关系,即确保行业协会商会在五个方面与主管的行政机构分离,具体地讲,就是在五个方面进行调整。

1.调整关系

取消行政机关(包括下属单位)与行业协会商会的主办、主管、联系和挂靠关系;调整行业协会商会与其代管的事业单位的关系,并入的注销法人资格并核销事业编制,不能并入的划转到相关行业管理部门管理并纳入事业单位分类改革;行政机关或事业单位与行业协会商会合署办公的,逐步将机构、人员和资产分开。参与调整的行业协会商会按照业务主管单位出具的不再担任业务主管单位的批复或脱钩相关文件,到登记管理机关变更《社团登记证书》;合署办公的,明确办公场地情况,并签订租赁合同或相关场地使用协议;行政机关委托行业协会商会代管的事业单位,应并入行业协会商会或划转相关行业管理部门管理。

2.调整职能

厘清行政机关与行业协会商会的职能。剥离行业协会商会现有的行政职能。行政机关对适合由行业协会商会承担的职能,业务主管单位对剥离行业协会有关行政职能提出具体意见,制定清单目录。担负行政职能的行业协会商会与业务主管单位要明确移交行政审批事项和相关职能。职能脱离后,行政机关对适合由行业协会商会承担的职能,制定清单目录,按程序移交行业协会商会承担,并制定监管措施、履行监管责任。

3.调整资财

行业协会商会应执行民间非营利组织会计制度,单独建账、独立核算。没有独立账号、与行政机关会计合账、财务由行政机关代管或集中管理的行业协会商会,要设立独立账号,单独核算,实行独立财务管理。对原有财政预算支持的全区性行业协会商会,逐步通过政府购买服务等方式支持其发展。行业协会商会占用行政办公用房的,限期清理腾退。业务主管单位要对行业协会商会开展资产清查和核实,厘清行业协会商会财产归属,并报送资产清查报告;明确清理腾退行政办公用房范围,签订书面移交协议;继续使用行政办公用房的,签订租赁合同或场所使用协议。

4.调整人员

行业协会商会具有人事自主权,在人员管理上与原主办、主管、联系和挂靠单位脱钩。行政机关不得推荐、安排在职和退(离)休公务员到行业协会商会任职兼职。对已在行业协会商会中任职、兼职的公务员,按相关规定进行一次性清理;因特殊情况确需兼职的,按照干部管理权限从严审批,且兼职一般不得超过1个。行业协会商会全面实行劳动合同制度,与工作人员签订劳动合同,依法保障工作人员合法权益。行业协会商会与行政机关脱钩后,使用的事业编制相应核销。退(离)休领导干部在行业协会商会兼职任职的(领导职务、名誉职务、常务理事、理事),须按干部管理权限审批备案。确因工作需要,且所兼职行业协会商会的业务与原工作业务或特长相关的,经批准原则上可兼任1个职务;兼职不得领取薪酬、奖金、津贴等报酬和获取其他额外利益,也不得领取各种名目的补贴等,确属需要的工作经费,要从严控制,不得超过规定标准和实际支出;兼职干部本人应将任职情况在每年年底以书面形式报所在单位党委(党组)。拟新到行业协会商会兼职的,除个别确属工作特殊需要的,原则上应当在退(离)休3年后方可到行业协会商会兼职,并符合规定要求,且须按照干部管理权限审批备案。

5.调整党建、外事等事项

行业协会商会与行政机关脱钩后的党建工作,仍由原业务主管单位党委(党组)管理,个别不属于本行业的行业协会商会,党组织关系确需调整的,报经自治区非公经济组织和社会组织工委审批。直接登记的社会组织党建工作,按行业类别划分由相关行业管理部门管理,无法划分到行业的,由自治区民政厅社会组织综合党委负责管理。行业协会商会与行政机关脱钩后,外事工作由各级外事部门统管,不再经原主办、主管、联系和挂靠单位管理。退休或不担任现职党政领导干部受党组织选派到社会组织从事党建工作的,不列入清理范围。个别具有特殊性质的人民团体所属行业协会商会,经自治区党委组织部、自治区非公经济组织和社会组织工委批准,党组织隶属关系可不作调整,自治区非公经济组织和社会组织工委对其进行工作指导。各市、县(区)行业协会商会脱钩后的党建工作,可参照全区性社会组织脱钩后党建管理模式,按照有利于开展党的活动、有利于加强党员教育管理的原则,结合实际进行调整理顺。

(二)加强党的领导和党的组织建设

1.加强社会组织党的建设工作

第一是加强社会组织党建工作。认真贯彻自治区党委办公厅印发《关于加强社会组织党的建设工作的实施意见(试行)》的通知精神和中共宁夏回族自治区非公有制经济组织和社会组织工作委员会下发的《关于成立中国共产党宁夏回族自治区民政厅社会组织综合委员会的批复》。自治区民政厅社会组织综合党委设委员9名,其中:书记1名,副书记2名。

第二是加强基层党组织建设。创新党组织设置方式,推进社会组织成立时同步建立党组织制度,扩大党的组织覆盖和工作覆盖。建立健全社会组织党建工作长效机制,制定各项规章制度,确保党组织"建的起、立的住、运行好"。进一步完善委派党建指导员制度,提高党建工作水平。

第三是推进服务型党组织建设。紧紧围绕自治区非公经济和社会组织工委的中心工作,组织开展星级社会组织党组织创建活动。积极探索开展社会组织党建工

宁夏新社会组织的成长性与功能研究
—— 基于政府、企业与社会的视角

作项目化管理,精心设计服务项目,创新服务载体,使服务成为社会组织的鲜明特色,全面推进全区社会组织服务型党组织建设。

第四是充分发挥党组织政治核心作用。充分发挥社会组织党组织的政治引领作用,保证社会组织正确政治方向,确保社会组织健康有序发展。

2.推进社会组织有序改革

第一是加快推进机构改革。协调推进设立社会组织执法机构,加强执法队伍建设,调整充实力量,确保服务到位、执法有力、监管有效。积极申请变更社会组织登记管理机构名称,形成名称一致、管理规范的社会组织监管格局。

第二是扎实开展脱钩工作。认真贯彻落实《宁夏回族自治区行业协会商会与行政机关脱钩实施方案》精神,在总结脱钩试点经验基础上,全面推开全区社会组织脱钩工作,深入推进行业协会商会与行政主管部门在机构、职能、财产、人员、党建、外事等方面脱钩,改变行业协会商会行政化倾向。

第三是推进社会组织直接登记。制定出台宁夏行业协会商会类、科技类、公益慈善类、城乡社区服务类社会组织登记管理办法,稳妥推进社会组织依法直接登记。充分发挥自治区政务服务中心民政窗口职能作用,优化服务流程,规范受理审批程序,提升服务能力水平。

第四是加大政策创制力度。围绕《慈善法》《实施意见》和脱钩工作推进,结合实际,适时出台宁夏贯彻落实国家颁布的涉及社会团体、基金会和社会服务机构审批、规范、培育、监管等方面的法规规章,为促进宁夏社会组织健康发展提供理论遵循和政策支撑。

3.加强社会组织自身建设

第一是建立社会组织孵化培育基地。以公益理念为引领,采取政府主导、专业团队运营及社会跨界合作等模式,利用自治区级福彩公益金,规划建设1个自治区级社会组织示范性孵化基地、2个地市级社会组织示范性孵化基地、4个县(市、区)级社会组织示范性孵化基地,为"十三五"期间全面形成区、市、县三级社会组织培育扶持支撑体系示范引路。

第二是建设社会组织管理信息平台。利用智慧宁夏和"民政云"建设,依托政府门户网站、全区行政审批系统、宁夏政府部门信用信息应用系统,推进集登记审批、信息数据统计、法人库、年度报告、业务指导监管、政策法规发布、行政审批和行政处罚公示、资源需求对接、工作展示交流、社会组织活动、项目成果运用等功能为一体的全区社会组织管理信息系统和信用信息管理平台建设,实现"五证合一、一证一码"。

第三是加大社会组织培育力度。建立公共财政对社会组织提供公共服务的支持、资助和奖励机制,支持政府购买社会组织参与社会服务,加强社会组织能力建设,有计划有重点地扶持一批品牌性社会组织。同时,通过降低准入门槛,简化登记程序,采取基地孵化、政府购买服务、鼓励社会力量支持等多种措施,大力培育发展社区社会组织,力争培育发展备案登记社区社会组织2200家。

第四是加强人才队伍建设。加大社会组织专业人才培育和引进力度,制定社会组织专职(从业)人员培训规划,依托社会组织孵化基地,建立社会组织人才培训长效机制和人才培养教育基地。逐步建立社会组织专业人才库,进一步完善社会组织人才的培育、评价、流动等制度,支持社会组织相关人员参加全国社会工作专业人才职业水平考试,不断提高职业素质和专业水平。

4.强化社会组织规范管理

第一是规范社会组织人员兼职。严格执行中共中央办公厅、国务院办公厅《关于党政机关领导干部不兼任社会团体领导职务的通知》和中共中央组织部《关于规范退(离)休领导干部在社会团体兼职问题的通知》及自治区党委办公厅、政府办公厅《关于改革社会组织管理制度促进社会组织健康有序发展的实施意见》等相关规定,从严规范公务员兼任社会团体负责人。健全法人治理结构和社会组织重大问题决策运行机制,明确社会组织法人主体地位及责任,严格社会组织法人任职规定。

第二是加强社会组织诚信体系建设。强化引领型社会组织示范带动作用,指导和帮带社会组织加强自身建设;强化社会组织发起人责任,落实非营利组织会计制度和法定代表人离任审计制度,建立社会组织发起人不良行为记录档案,推行社会组织负责人任职前公示制度、法定代表人述职制度。健全社会组织内部治理机制,加强诚信品牌建设,扩大公开透明度,提高社会组织影响力、公信力。

第三是加大执法监察力度。有力推进"双随机、一公开"[1],即在监管过程中随机

---

[1] "双随机、一公开"是国务院办公厅于2015年8月发布的《国务院办公厅关于推广随机抽查规范事中事后监管的通知》中要求在全国全面推行的一种监管模式。

抽取检查对象,随机选派执法检查人员,抽查情况及查处结果及时向社会公开。"双随机、一公开"的全面推开将为科学高效监管提供新思路,为落实党中央、国务院简政放权、放管结合、优化服务改革的战略部署提供重要支撑。进一步健全社会组织分类评估和评价制度,制定切实有效的措施,加强社会组织规范管理。推进建立社会组织工作联席会议制度,建立完善民政部门牵头,公安、财政、审计、税收、物价、金融等有关部门参与的联合执法机制,围绕宁夏民政部门在社会组织登记、执法管理、改革、涉企收费、票据管理使用、财务信息公开、开展防范和处置非法集资活动及反邪教宣传等方面的工作情况,严厉查处违法违规行为,依法取缔未经登记的各类非法社会组织。

5.推进社会组织开展社会服务

第一是推进政府向社会组织购买服务。认真落实自治区《政府向社会力量购买服务暂行办法》和《政府购买社会工作服务实施办法》等规定,会同财政厅尽快出台《关于通过政府购买服务支持社会组织培育发展的指导意见》,加快健全政府向社会组织购买服务机制,明确政府购买服务和承接购买服务的主体,编制购买内容与目录,建立以项目申报、项目评审、组织采购、资质审核、合同签订、项目监管、绩效评估、经费兑付等为主要内容的规范化购买流程。开展政府向社会组织转移职能、购买服务、资金扶持等试点工作,在行业管理领域、学术研究方面、人类资源领域等方面,重点将咨询服务、标准制定、资质资格考核、职业培训等逐步转移给社会组织,充分发挥社会组织提供服务、反映诉求、规范行业的作用。认真组织指导全区社会组织申报中央财政支持社会组织参与社会服务项目,积极争取扩大项目数量和资金,充分发挥社会组织服务社会的功能。

第二是开展社会组织参与精准扶贫工作。贯彻落实自治区"三年集中攻坚、两年巩固提高"的脱贫攻坚工作要求,着眼助力精准扶贫,探索建立社会组织扶贫参与机制。大力调动和发挥社会组织优势,制定出台《百家社会组织参与精准扶贫实施方案》,推进实施"社会组织精准扶贫百千万"工程。以中央财政支持社会组织参与社会服务项目、自治区社会组织公益创投和政府购买服务项目为抓手,充分利用财政预算资金、福利彩票公益金和社会组织捐赠、捐助、捐建资金,通过"项目帮扶、志愿帮扶、捐赠帮扶、就业帮扶、商贸帮扶、产业帮扶、医疗帮扶、教育帮扶"等多种帮扶手段,形成"政府部门+社会组织+会员企业+个人"的全民参与扶贫模式。

第三是加大典型宣传力度。在全区社会组织系统中,开展以社会组织党组织星级评定、社会组织年度检查、社会组织等级评估、履行社会责任评价等工作,树立社会组织示范单位。与各大媒体开展广泛合作,切实加强宣传引导,通过开设专栏专版,制作专题宣传片,层层抓点,以点带面,宣传报道社会组织各领域先进典型,营造领导重视、社会关注、全民关怀社会组织工作的良好氛围。

第四节　宁夏社会组织面临的挑战与机遇

一、宁夏新社会组织面临的挑战

从宁夏新社会组织2015—2017年的统计数据来看(见图3-1),宁夏新社会组织的数量和规模趋于稳定,从量的规模和宁夏人口基数以及经济环境来分析,实现

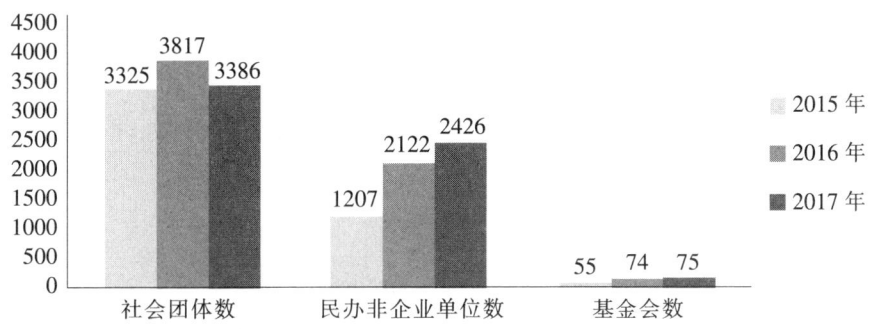

图 3-1　全区 2015—2017 社会组织增量图①

大的量的突破不太可能,所以在目前状况下,提升和培育高质量的社会组织是当务之急。因此,其来自于发展的挑战主要有三个方面:

(一)双重管理限制

双重管理体制产生于 20 世纪 80 年代后期,在这种体制下,社会组织的登记注册被设置了双重门槛:在跨越合法登记注册的门槛之前,所有的社会组织要得到合法登记都须跨越业务主管单位的审批门槛。这种体制通过双重负责、双重把关的审

---

①http://nxnpo.nxmca.gov.cn/.(资料来源:宁夏社会组织网)

宁夏新社会组织的成长性与功能研究
—— 基于政府、企业与社会的视角

批制度为所有的社会组织获得合法身份设置了障碍。其结果是过度强调登记注册审批把关,在限制社会组织合法化的同时,忽视了培育发展和监督管理。

(二)社会资源严重不足,公益产权基础薄弱

由于来自政府的各种公共资金也很有限。如前所述,政府资助和减免税待遇对于社会组织开展公益活动是重要的社会资源之一。在世界上许多国家和地区,政府提供的各种公共资金占到社会组织运作资金的30%左右,在调研中我们发现,正常情况下,宁夏除少数政府重点支持的社会组织以外,绝大多数社会组织没有渠道获得来自政府的公共资金。调研反映的信息来看,这部分资金比重仅为8%~12%。近年来,在上海、深圳、广州、北京等一线城市地方政府的推动下,政府购买服务带动了一部分公共资金进入社会组织。尽管从宁夏购买服务的实践来看,其发展形势尚为可观,但无论从参与购买服务的社会组织数量看,还是从社会组织获得公共资金的总体规模看,都还处于起步阶段。同时,由于公益事业的税收优惠制度尚未得到真正落实,宁夏绝大多数社会组织,特别是占比重最大的多数社会团体和民办非企业单位仍得不到相应的减免税待遇。其结果,就使得宁夏社会组织开展各种社会公益及共益活动的社会资源依然严重不足,其运作资金的主要部分只好仰赖市场运作,人力资源也主要依靠聘用,从而使得宁夏社会组织在运作方面资源匮乏,公益产权薄弱。

(三)社会监督乏力

社会组织因其公益产权的性质和承担的公共责任,要接受严格的社会监督。然而在我国,由于双重管理体制强调政府监督管理,社会监督长期以来一直被忽视。但双重管理体制下由于行政执法能力薄弱,政府并未进行有效的监管,社会织事实上处于缺乏监管的真空状态。由于没有有效的行政监管和社会监督,慈善捐赠等社会资源也很有限,许多社会组织走上了追求营利的市场发展道路。部分社会团体通过举办大型会展活动、收费培训班、商业讲座等牟取利益;一些掌握公权力的"冒办"协会和基金会通过各种资质认证、资格审查、考试考核等收取高额费用;一些民办学校、民办医院、民办文化设施等设立面向富人阶层的高端收费服务项目,成为市场经济中高赢利的增长点;有的基金会和社团甚至打着公益的旗号在城乡招摇撞骗、聚敛钱财,败坏了公益事业的声誉。

二、宁夏新社会组织面临的挑战

(一)政府与社会组织关系重塑

政府和社会组织的关系问题成为现代公共管理的核心议题之一。社会组织作为现代社会独立于政府之外的公共主体,作为弥补"政府失灵"和"市场失灵"的第三种力量,在全球事务的各个层面,在公共管理和公共服务的各个领域,都面临如何处理政府和社会组织关系的新课题。政府和社会组织的关系课题包括六个不同的维度:第一是政府是否承认社会组织的存在和价值,是否给予其自由?第二是是否允许社会组织的自主和独立,是否给予其自由?第三是政府是否保障社会组织的空间和权利,是否有法治基础?第四是政府是否提供社会组织必要的资金,有无财政支持?第五是政府能不能做到对社会组织有效监管,有没有刚性约束?第六是是政府是否能和社会组织进行良性互动,有没有合作?如何做到上述六个维度的有机统一,既体现治理的效率,又涉及社会的公平与正义,都需要政府与社会组织重塑当代关系。

(二)健全社会组织发展的具体政策构想

政策构想1:以宁夏社会组织改革任务为牵引,积极稳妥推进工作落实。行业协会商会与行政机关脱钩暨深化"红顶中介"专项治理工作是政府的两大改革任务。可以在联合工作组和自治区党委、政府的指导下,坚持"精心安排部署,统筹组织落实,部门联动协作,务求工作实效"的指导思想,在《脱钩工作涉及事业单位机构编制调整意见》《宁夏回族自治区关于加强行业协会商会与行政机关脱钩有关国有资产管理的意见的通知(试行)》《自治区财政厅关于做好行业协会商会承接政府购买服务工作有关问题的通知》《全区性行业协会商会主要负责人任职管理办法》《宁夏回族自治区行业协会商会综合监管办法》配套文件的基础下,继续扎实推进脱钩试点工作,按照自治区党委、政府关于《深化"红顶中介"专项整治实施方案》要求,精心组织强协同、多措并举促落实为核心,深化"红顶中介"专项治理工作。

政策构想2:以评估评价为抓手,推进社会组织健康有序发展。按照民政部《社会组织评估管理办法》《民政部关于探索建立社会组织第三方评估机制的指导意见》要求,结合"依法维护权益 合法表达诉求"法治宣传活动,广泛组织开展宣传;

宁夏新社会组织的成长性与功能研究
——基于政府、企业与社会的视角

构建非公有制经济组织和社会组织综合服务监管体系,积极做好《慈善法》的宣传贯彻,出台宁夏慈善组织认定流程,推动全面开展慈善组织认证工作。

政策构想3:以项目实施为契机,推动开展政府购买服务工作。积极争取中央财政支持社会组织参与社会服务项目资金,按照民政部项目实施方案要求,项目资金直接拨付给宁夏符合项目申报条件的区内社会组织。项目实施以免费为老年人提供生活照料、康复护理、医疗保健等救助服务,向困难残疾儿童提供免费康复治疗服务为主要内容。开展对社会组织负责人、工作人员进行法律法规、项目运作、业务技能、专业知识等培训工作,并对全区执行中央财政支持宁夏社会组织参与社会服务项目单位全年财务支出、配套资金使用以及项目完成情况进行监督检查,根据《关于改革社会组织管理制度促进社会组织健康有序发展的意见》出台自治区《关于改革社会组织管理制度促进社会组织健康有序发展的实施意见》,对培育发展社会组织,推动政府职能转移,推进政府购买服务工作提供有效的政策依据。

政策构想4:以执法检查为手段,加强社会组织规范管理。依据《宁夏社会组织年检暂行办法》规定,定期组织全区性社会组织年检工作,积极推动社会组织统一信用代码"三证合一"赋码工作,实现社会组织信用信息与自治区信用信息平台共享,完善社会组织信用监管体系。

政策构想5:以党建工作为引领,推动社会组织发挥政治核心作用。根据自治区党委《关于成立中国共产党宁夏回族自治区非公有制经济组织和社会组织工作委员会的通知》,积极协调党委组织部在民政厅设立社会组织综合党委,加强社会组织党建工作,推进体制改革。在自治区《关于改革社会组织管理制度促进社会组织健康有序发展的实施意见》中,重点就加强社会组织党建工作进行制度安排,通过改革推动,进一步理顺社会组织党组织隶属关系,规范无业务主管单位的社会组织的党组织管理,不断扩大党组织组建覆盖面,为直接登记的社会组织同步成立党组织打下坚实基础。[①]

[①] https://max.book118.com/html/2017/1004/135884044.shtm.(注:本章主要资料和数据源于《宁夏社会组织现状及管理改革推进路径》PPT版,宁夏民间组织管理局彭荣军。)

第四章 宁夏行业协会成长与功能测度

第一节 行业协会的定义和属性

一、行业协会的定义

百度词条对行业协会界定为:行业协会是指介于政府、企业之间,商品生产者与经营者之间,并为其服务、咨询、沟通、监督、公正、自律、协调的社会中介组织。行业协会是一种民间性组织,它不属于政府的管理机构系列,而是政府与企业的桥梁和纽带。行业协会属于中国《民法通则》规定的社团法人,是中国民间组织社会团体的一种,即国际上统称的非政府机构(又称NGO),属非营利性机构。

日本学者认为,行业协会是指事业者以增进共同利益为目标而自愿组织起来的同行或商人的团体。美国《经济学百科全书》中行业协会定义是为了达到共同目标而自愿组织起来的一些同行或商人的团体。英国的学者认为行业协会是由独立的经营单位所组成的为保护和增进全体成员的合法合理的利益的组织。

1997年,国家经济和贸易委员会印发的《关于选择若干城市进行行业协会试点的方案》指出,我国行业协会是指在社会主义市场经济条件下形成的自律性行业管理组织机构,行业协会作为联系政府和企业之间的中介,政府通过协会指导企业向有利国家产业政策的方向发展,企业通过协会向政府争取相应的资源,行业协会是我国当前行业管理的重要形式。

笔者认为,国外对行业协会的认知基于市场和企业的关系进行构建,侧重体现行业协会服务市场利益的职能。我国的概念定义将行业协会作为国家政府与企业的第三方存在,并表明了三者之间相联关系,政府借助行业协会进行市场调控和社会治理,企业通过行业协会进行利益诉求。此外,还应强调,行业协会是依法登记的社会组织,为公民和非机关单位自愿组成的会员制社会团体,具有自身管理机制和体制,为政府、行业、企业服务。

二、行业协会的属性

(一)行业协会的类型

《中国百科大词典》记载:早期具有行业协会性质的组织——行会出现在隋唐时期,当时商人以及手工业者为维护自身利益,组成的具有地域和行业双重关系的中间组织,各行会一般均会定期聚会,自行推举领导者,并订有相应的行规。这一时期的行会还不属于严格意义上的现代行业协会,它们只是属于具有行会性质的组织,因为这些行会的产生是应官府需要而产生的,作为官方附庸性质的组织存在。其功能以协助官府管理市场、征收税款等活动为主。这种组织在不同的朝代有不同的名称,唐宋被称为"行",明代被称为"帮",清代被称为"会"。[①]

现代来看,我国行业协会主要包括三种类型:一种是由政府组建或者由政府职能转移而形成的社会团体;一种是在行业企业利益驱动下,企业由下而上形成表达权益的行业组织;一种是政府发起,由企业组织完成,以服务企业为主,兼有政府引导作用的行业协会 (见表4-1)。

2017年,在社会工作迅速发展的同时,社会工作行业组织也得到了迅速发展。根据民政部办公厅发布的2017年度社会工作和志愿服务法规政策规划落实情况,资料显示,截至2017年底,全国共成立了750家社会工作行业协会,其中包含31家省级行业协会、201家地市级行业协会和518家县级行业协会[②]。截至2015年底,全国共成立社会工作行业协会455家,比2014年增长57.4%,

---

① 贾西津等. 转型时期的行业协会——角色、功能与管理体制[M]. 北京:社会科学文献出版社, 2004:48.
② 民政部办公厅. 关于2017年度社会工作和志愿者服务法规政策规划落实情况的通报[R]. 2018.

其中30个省级行业协会,129个地市级行业协会,296个县级行业协会[1]。对比2015年和2017年发布的社会工作行业协会数据可以发现,2017年我国社会工作行业组织比2015年增长了65%,全国社会工作行业组织呈现出大发展的良好势头。

表4-1 行业协会发展的不同模式比较

模式类型	政府推动型	市场内生型	混合型
创办主体	政府部门	企业	政府发起,由企业组织完成
协会定位	协助政府管理,兼服务企业	服务企业	以服务企业为主,兼有政府引导
决策机构	政府主管部门或政府任命的协会领导	会员大会、理事会	会员大会、理事会
工作人员	政府退休或分流人员	协会聘任	协会聘任
会费收缴率	较低	较高	较高
政府资助	有一定的财政补贴	基本没有	少量
行政权力寻租	普遍存在	基本没有	积极寻求

(资料来源:贾西津等.转型时期的行业协会——角色功能与管理体制[M].北京:社会科学文献出版社,2004:139-140.)

(二)行业协会的属性

行业协会发展模式虽不同,但作为一种现代经济社会柔性治理方式,其属性具有服务性和普惠性。从特征上分析,行业企业以自发自治为基础,以增进福祉为目的,服从国家法律规范和市场经济规律,维护行业和企业的利益,承接部分政府职能转移与政府购买服务,参与行业管理与社会治理。从性质上看,都具有市场性、行业性、会员性、非营利性、非政府性和互益性[2]。其中市场性体现了行业协会遵循市场规律,基于市场规则;行业性体现了行业协会基于行业生存发展需求维护行业利益;会员性体现了行业协会区别其他社团组织的构建形式;非营利性体现了行业

[1]民政部办公厅.2015年中国社会工作发展报告[R].2016-01-01.
[2]王名,孙春苗.行业协会论纲[J].中国非营利评论,2009(1).

协会致力于服务政府政策执行、行业发展和企业盈利,自身为非营利性组织;非政府性体现了行业协会虽承载着部分政府转移的治理职能,但脱钩于行政机关,不作为政府外延机构,具有自身的独立性和公益性;互益性体现协调政府和企业关系,最终追求互益共赢的价值观。

第二节 行业协会的职能、作用和意义

一、行业协会的职能

行业协会的职能基本包括了参与制定行业规划及技改前期论证、行业调研和政策立法建议、行业统计、办刊咨询、组织展销展览会、参与质量管理监督、帮助企业改善经营成果、受委托鉴定推广科技成果、国内外经济交流与合作、制定行规、协调价格、参与制定行业标准及实施和监督、参与行业许可证的发放和资质审查、政府委托的工作、市场建设(反倾销等)、技术等培训、反映会员要求、协调维权、发展行业和社会公益事业等细项,在美国、日本、欧洲等市场经济发达的资本主义地区具体表现如下表(见表4-2)。

表4-2 国外的行业协会职能项目[①]

协会职能	美国	日本	欧洲
参与制定行业规划及技改前期论证	—	◎	—
行业调研和政策立法建议	◎	◎	◎
行业统计	◎	◎	自发
办刊咨询	◎	◎	◎
组织展销展览会	◎	◎	◎
参与质量管理监督	◎	◎	◎
帮助企业改善经营成果	◎	—	—
受委托鉴定推广科技成果	◎	◎	◎

① 转引自贾西津等.转型时期的行业协会——角色、功能与管理体制[M].北京:社会科学文献出版社,2001:22.

续表

协会职能	美国	日本	欧洲
国内外经济交流与合作	◎	◎	◎
制定行规、协调价格	◎	◎	◎
参与制定行业标准及实施和监督	◎	◎	—
参与行业许可证的发放和资质审查	◎	◎	—
政府委托的工作	—	—	少数
市场建设(反倾销等)	◎	◎	◎
技术等培训	◎	◎	◎
反映会员要求、协调维权	◎	◎	◎
发展行业和社会公益事业	◎	◎	◎

注：◎表示该地区行业协会具有这项功能，—表示该地区不具有这项功能。

在我国，行业协会的职能还具有区别与他国的特色，包括：积极参与社会治理，行业协会在国家改革进程中通过牢固树立宗旨意识，把握工作方向，依靠广大会员，加强自身建设。提升协会的服务能力和服务意识，借助融通资源整合平台、搭建信息沟通平台、优化技术交流平台等方式不断促进行业协会的能力建设。行业协会争取国家行政机关对行业工作的支持，积极服务改革发展。为了配合提升行业协会服务能力的要求，政府也在进一步推进行业协会人才队伍的制度建设，增加专业技术人才引进的资金投入，建立社会组织管理人员的学习培训机制，提高行业协会人才队伍的专业素养。

二、行业协会的作用

行业协会的作用主要体现在提供服务、规范行为、规避风险三个方面。

从提供服务的角度看。行业协会作为社团组织的一种，积极配合行政部门，认真完成国家行政部门委托和授权的工作，对政府行政职能的转变和经济社会的转型起到了积极的促进作用。市场经济体制下，行业协会在协调政企关系、优化市场资源配置、避免企业恶性竞争和促进行业交流沟通等方面起到了很好的中介作用，行业协会协调了政企关系,行业的健康有序发展又离不开行业协会的支持和配合。

从规范诉求的角度看。行业协会通过建立完善的体制、合理的结构、规范的行为等行业协会体系,充分发挥行业协会在企业和行业发展中的作用,积极开展行业服务、自律、协调等,通过系列规章制度的建立加强对行业行为的规范,增加企业信誉和行业公信力。

从规避风险的角度看。可以实现有组织地进行行业前景预测,降低未来经营风险,同时可以通过协会来协调内部竞争,进而实现行业内所有企业的有序发展。企业为了降低风险,在面临不确定性的市场风险时,企业之间通过联合,会组建行业协会,节约未来的交易成本。降低市场主体的交易成本,以维护行业的正常秩序和长远利益。

三、行业协会的意义

行业协会在促进我国行业管理和社会治理中都具重要意义。在行业管理方面,行业协会积极开展行业自律和行业治理,承接政府转移的部分行业管理职能,促进了政府的职能转变和机构改革;在社会治理方面,行业协会积极参与到地方治理实践,在社会公益、环境治理、社会纠纷等领域为开拓社会空间发挥了积极作用,助推政府职能转换,有利于形成"小政府、大市场"的格局。

第三节 行业协会的内部治理与管理体制

一、行业协会的内部治理

习近平总书记曾指出:"国家治理体系和治理能力是一个国家的制度和制度执行能力的集中体现,两者相辅相成。"对于行业协会而言,其内部治理体系和行业自治能力也是一个行业协会的规章制度和相应执行力的内在体现。从行业协会成立之初的章程中,可以看到会员大会、理事会、监事会和秘书处在行业协会内部治理中起到了重要作用。

理想的行业协会治理结构应当通过结构安排和功能设置(见图4-1)实现会员大会、理事会、监事会、秘书处等主体之间的分权制衡和协调配合,激发会员对协会的认同和活动的参与,提高决策的民主和效率,并对执行机构产生有效的约束和激励。只有达到治理结构的动态平衡,行业协会才能优化资源配置,实现会员们的集体行动意志,保障和提升会员的利益①。

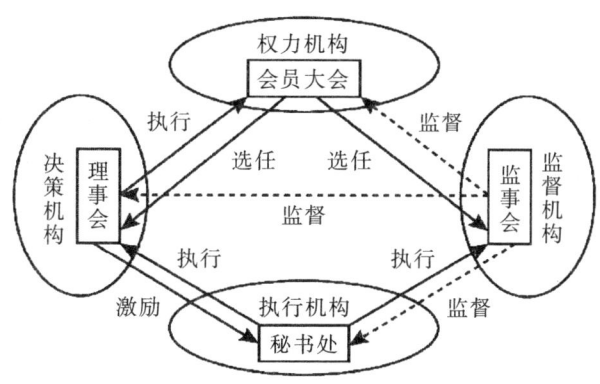

图 4-1 健全的行业协会内部治理结构②

二、行业协会的管理体制

我国行业协会管理体制表现为登记管理机关和业务主管单位对行业协会进行双重管理。目前,各地行业协会在属地民政部门下属的管理机构进行注册登记,例如,宁夏五市地区成立的行业协会必须在宁夏民政厅社会组织管理局进行登记,登记成立的行业协会接受地方民政部门的审核、测评、检查、培训等多项管理内容,并通过制定规范和发展行业协会的规定或办法来约束管制行业协会的发展。行业协会同时受到业务主管部门的管理,例如,宁夏教育装备行业协会接受宁夏教育厅的业务管理。

第四节 宁夏行业协会的发展历程、现状与问题

一、宁夏行业协会的发展历程

(一)管理机构的沿革

行业协会是从原有的计划经济体制下,在改革开放后重构逐步重新发展。1985

---

① 王名,孙春苗.行业协会论纲[J].中国非营利评论,2009(1).
② 参见李丹等.浅议我国行业协会的治理结构[J].科学与管理,2007(2).

宁夏新社会组织的成长性与功能研究
——基于政府、企业与社会的视角

年前,宁夏行业组织无政府行政管理机构和政府专职人员。1985年后,自治区体制改革办公室负责宁夏行业协会管理工作。1990年后,由宁夏民政厅社会团体管理处开展宁夏行业组织的统一登记管理工作。1997年,宁夏回族自治区清理整顿社会团体领导小组负责对宁夏行业组织进行清理整顿。1999年,宁夏民政厅民间组织管理局负责宁夏行业协会的管理工作。2016年后,宁夏民政厅民间组织管理局更名为社会组织管理局,主要职能为:拟订社会团体、基金会、民办非企业单位登记管理办法,按照管辖权限进行登记管理和执法监察;承担民间组织信息管理工作;指导、监督市、县(区)社会团体、基金会、民办非企业单位的登记管理工作;承担自治区社会组织工委日常工作。

(二)历年管理文件

1991年,宁夏民政厅下发《关于自治区区属社会团体进行清理整顿登记的通知》,明确了清理整顿的原则、对象、范围、内容、方法、步骤等。2000—2001年,宁夏财政厅、民政厅先后下发了《关于更换社会团体收费专用收据的通知》和《关于调整社会团体会费标准的通知》,规范行业协会会费管理。2008年7月,自治区政府出台《关于加快推进协会商会改革和发展的实施意见》,着重于"机构分设、人员分离、职能分开、财产分开"的改革发展理念。2010年5月,宁夏民政厅印发《宁夏回族自治区社会组织年度检查暂行办法》,规范了行业协会管理。2013年6月,宁夏政府办公厅出台《宁夏回族自治区社会组织发展三年规划》,加快行业协会发展。2016年3月,宁夏党委、政府办公厅先后印发了《宁夏回族自治区行业协会商会与行政机关脱钩实施方案》《深化"红顶中介"专项整治实施方案》,引导宁夏社会组织健康有序发展。2017年,宁夏行业协会商会与行政机关脱钩联合工办公室《关于印发〈宁夏回族自治区2017年行业协会商会与行政机关脱钩工作实施方案〉的通知》,强调政府和行业协会的脱钩,摘去行业协会"二政府"的帽子。

(三)行业协会历年注册情况

近些年来,宁夏的行业协会在宁夏民政厅的规范中发展,行业协会已遍布各个社会经济领域,现已形成了门类全面、层次清晰、分布广泛的组织体系。经查询,中国社会组织服务平台(http://www.chinanpo.gov.cn/index.html)上"全国社会组织信息查询"的统计数据显示,宁夏行业协会涉及文化、体育、能源、农产品、教育、娱乐、艺术、居民服务和信息技术服务等多个具体行业与领域。近5年,宁夏行业协会成立登记数目大幅增加(见图4-2、表4-3)。

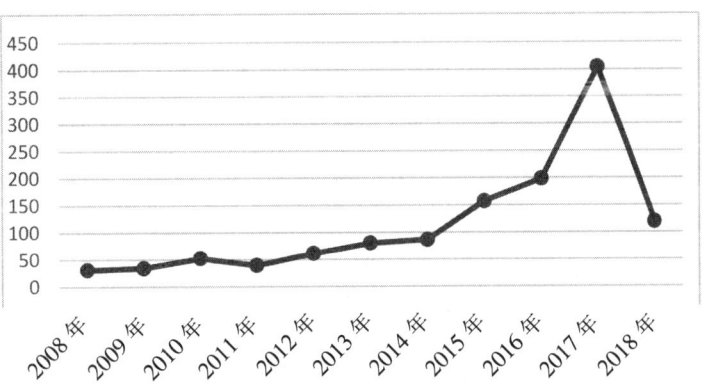

图4-2 宁夏行业协会2008—2018年注册数量一览图

表4-3 宁夏行业协会逐年注册数目变化

年份	2008年	2009年	2010年	2011年	2012年	2013年	2014年	2015年	2016年	2017年	2018年
登记数	31	34	52	39	61	80	86	157	198	404	119

二、宁夏行业协会现状

根据中国社会组织服务平台上"全国社会组织信息查询"的统计数据显示,截至2019年2月20日,宁夏地方登记的行业协会2481家,其中市级城市中:银川市成立登记740家,石嘴山市成立登记155家,吴忠市成立登记600家,固原市成立登记259家,中卫市成立登记321家。

从公共管理角度分析,宁夏行业协会的发展经历了"无政府管理"阶段、"粗放式管理"阶段、"精细化管理"阶段。"无政府管理"阶段行业协会自发形成,缺乏登记管理。"粗放式管理"阶段表现为通过政府主管行政部门出台的系列文件,对行业协会的审批、登记、变更和收费进行明确,使得各行业协会步入正轨,快速发展。"精细化管理"阶段:一是进一步加强信息化建设,互联网信息档案登记组建;二是快推进协会商会改革和发展,开展行业协会与行政机关脱钩实施行动,促进行业协会快速发展。

三、宁夏行业协会存在的问题

一是行业协会承接内容的制定缺乏长效机制。宁夏教育装备行业协会可承接政府关于教育装备的公开采购，宁夏消费者协会可承接的职能是保护消费者合法权益，宁夏中小企业担保协会可承接监管职能，宁夏机械工业学会可承接国际互认工程师资格培训、行业规划调研和评估、行业（企业）统计调查职能，宁夏就业促进会可承接劳动就业政策理论研究、工作信息、经验交流职能等。行业协会承接的内容，大多根据政府部门的临时需要，尚无出台长效机制。

二是面对脱钩后的经济压力增大。行业协会脱钩于政府部门，对于作为政府延伸的行业协会而言，行业协会需要开支的事项比脱钩前多，加上脱钩后出现的人员聘用、办公用房租金、日常消耗等费用，仅靠会费收入难以可持续地运转行业协会。必须积极探索符合市场规律同时又增加协会收入的新途径，从而使协会又好又快地发展。

三是行业协会的人员素质有待提高。宁夏较多的行业协会中专职工作人员较少，业务活动开展不足，常常在组织大型活动时，从各会员企业抽调人员组成临时工作小作，临时工作人员工作经验少，能力不足，导致举办或承办大型活动时人员磨合时间较长，效率低。

建议尽快出台宁夏促进行业协会发展的地方性法规，应做好促进行业协会发展的地方性立法准备工作，政府也要给予适当的政策支持，更多地参与承接政府职能转移和购买服务，从而促进宁夏行业协会规范有序发展。同时，要注重提升行业协会的业务能力，加强行业协会的多途径发展。还须要加强自身队伍建设，提高工作人员素质，积极引导扶持行业协会健全治理结构，加大对行业协会从业人员的培训力度，提升公信力，提高专业水平，为行业协会的长期稳定发展奠定坚实基础。

第五节 行业协会实证案例：宁夏能源协会和宁夏人力资源协会

代表产业利益的主要组织是行业协会，尽管大部分行业协会的规模都很小，但是仍有不少行业协会能形成强大的力量，因为它们在游说疏通及提供部分公共服务之外,还向会员提供某些非集体性服务。

一、宁夏能源协会

(一)宁夏能源协会概述

宁夏能源协会成立于2004年,是由自治区能源行业的企事业单位、社会团体及个人自愿联合组成,会员不受部门、所有制限制,是自治区非营利性的社团组织。参与实施行业管理和区内能源行业自律,起到对会员的沟通与协作,为会员服务,代表会员利益,维护会员的合法权益,促进全区能源行业持续健康发展的作用。经宁夏回族自治区人民政府同意,在宁夏社团登记机关登记。宁夏能源协会接受自治区主管部门的业务指导和民政部门的监督管理。

宁夏能源协会下设专家技术咨询委员会、信息通讯员服务工作站和秘书处,同时建立协会党组织。其中,专家技术咨询委员会机构设置包括煤炭组、煤化工组、电力组、石油化工组、新能源组和综合组,组员以及信息通讯员均来自会员单位。秘书处下设办公室、财务处、宁夏能源编辑部、宁夏能源网站、培训中心、会展部、会员部、信息中心、法律咨询部。协会的最高权力机构是会员代表大会。协会会长、副会长、秘书长任期五年。协会经费来源为会费、捐赠、政府资助、在核准的业务范围内开展活动或服务的收入、利息以及其他合法收入,协会建立财务管理制度。

(二)宁夏能源协会具体职能

宁夏能源协会旨在发挥协会联系政府与企业的桥梁纽带作用,注重联络、协调、沟通,共享能源信息。反映会员诉求,推动科学发展,为宁夏能源行业服务,促进宁夏能源工业又好又快发展。

第一是受主管部门委托,开展行业调查研究。对能源行业状况、中长期发展趋势等基础资料进行收集、整理和分析,为政府制订能源经济政策、发展战略、行业立法、加强宏观调控和管理提供咨询建议;参与行业发展规划、产业政策制定的前期性工作,推动自治区能源行业的健康发展。

第二是根据行业特点,制定本行业的行规行约。建立行业自律机制,规范行业行为准则。指导和协调能源企业调整产业和产品结构,加强市场建设与管理,组织同行议价,引导企业平等竞争,维护行业整体利益。

第三是根据能源工业发展要求和会员单位的需要,协调、协助能源企业组织多

宁夏新社会组织的成长性与功能研究
—— 基于政府、企业与社会的视角

种形式的联合体,促进能源大企业集团的发展。协调能源行业的生产经营和技术合作,推动多种体制、关联产业及产学研间的联合与协作,优化资产和资本运营。

第四是代表行业向政府有关部门反映会员在生产、经营等方面存在的重大问题,并协调有关部门予以解决。代表会员开展反倾销、反垄断、反补贴、反不合理收费等方面的工作,研究和提出相关政策建议,反映会员的愿望和要求,维护会员的合法权益,保护会员利益不受侵害。

第五是受主管部门委托,做好信息咨询服务工作,发行行业内部刊物,与政府主管部门联合主办"宁夏能源网"并负责维护,通过收集、整理、分析,在内部刊物或网上发布、交流国内外能源行业的市场行情、状况、发展动态、经营管理、经济技术和行业政策等各种信息。对会员单位的经营管理、发展战略及经济技术指标进行分析评价,为能源企业实现现代化管理提供优质的信息咨询服务。

第六是协助政府贯彻技术政策和法令、法规,研究能源工业技术现状及发展方向,向政府主管部门提出能源工业技术发展政策建议。受主管部门委托,推进能源的综合利用,推动工业技术进步。

第七是受政府主管部门委托,参与能源企业职工教育培训工作,组织有关技术、管理等方面的业务培训,提高能源行业干部和职工队伍的专业水平和技术素质。

第八是协助政府和企业做好能源行业的思想政治工作和文化、体育、新闻等方面的工作,促进全区能源行业的社会主义精神文明建设事业的健康发展。

第九是接受政府授权,代表能源行业参加国内、国际同业组织的有关活动,加强与国内、国际有关能源同业组织的沟通和联系,促进对外经济技术交流与合作。

第十是受政府及主管部门委托,组织、参与能源交易订货会、能源展览会;组织出版刊物,编辑图书,评选优秀技术成果和学术论文;开展智力服务,发展能源行业公益事业。

第十一是承担政府交办的其他事项,接受会员单位和社会组织的委托,提供有关专项服务。

(三)宁夏能源协会发展现状

经过15年发展,发展了140多家协会会员,宁夏能源协会在发挥承接政府转移职能作用、协会党组织建设作用、加强自身队伍与制度建设方面以及行业人才培训方面取得了较好的成绩,并通过各项评审评估、重大活动申报等工作,争创了先进社会组织。不定期开展与会员企业相关的专题论坛、博览会。发挥着协会在政府、企业之间的桥梁作用,为宁夏能源行业和经济发展作出成绩。

第一是在承接政府相关转移职能方面。发挥宁夏能源协会专家技术咨询委员会的作用,承接一部分政府职能转变后所承担的工作,如职业培训、专业评估、资格审定等工作。结合宁夏区情和能源行业的发展特点选择一些共同关注的课题,组织专家开展专题调研,积极为政府解决企业问题建言献策,努力为企业争取宽松的发展环境。

第二是在党建工作方面。按照目前国家关于行业协会的管理规定和宁夏能源协会《章程》的具体管理办法,宁夏能源协会建立了党组织,成立了党支部,注重以党建促服务,推进行业协会服务型党组织的建设。

第三是服务企业会员方面。做好相关培训和咨询服务,开展书画作品进会员企业活动;开设能源管理师培训班,讲授国家能源管理体系标准、节能减排政策法规、节能技术应用等课程,涵盖了能源生产、运行、服务等全过程,助推会员单位提升企业专业人才综合素质;协调组织会员企业参加国家中小企业银河培训工程专题讲座,强化能源行业人才队伍建设,提升会员企业管理人员的人文素养和生产经营管理水平。

第四是在发挥协会沟通交流方面。通过举办能源论坛等活动,加强宁夏能源行业与国际国内开展深层次多渠道的交流与合作,通过举办或是承办较多的活动,增强凝聚力和影响力,进一步宣传宁夏能源产业,扩大对外影响。或是及时发布行业信息,如向会员企业发布中国能源经济论坛邀请、第二届中国(北京)国际服务贸易交易会文化板块邀请函等。近年举办或承办的在国内外具有较大影响力的能源行业活动有"中国石油石化行业节能与环保技术交流会暨新技术、新工艺、新产品应用推介会""第六届中国国际煤化工发展论坛""大型现代煤制油化工项目管理论坛""中国能源化工金三角高峰论坛""能源装备博览会和能源发展战略高峰论坛"等。

第五是在制定能源行业规范方面。宁夏能源协会出台了《宁夏能源协会专家技术咨询委员会管理办法》及《宁夏能源协会技术咨询评估工作管理办法》,构建专家

宁夏新社会组织的成长性与功能研究
——基于政府、企业与社会的视角

库,建立了由120多名专家组成的6个专业组的专家库,专家库包括了宁夏能源五大板块。

第六是新闻媒体宣传方面。宁夏能源协会创办《宁夏能源》会刊,作为协会对内、对外的信息交流服务平台,会刊和宁夏能源网站始终遵循"解读政企大事、构建交流平台、强化服务功能、推动行业发展",在宣传企业形象、反映行业动态、提供前沿资讯、宣传能源政策、发布行业专家声音等方面发挥积极作用。除自有媒体之外,还加强与地方媒体的合作。宁夏能源协会与宁夏广播电视台签约"职业品牌"电视专栏节目,推进职业品牌建设,宣传能源系统创建职业品牌的典型人物,并以人物为主线,介绍各单位的产品创新、技术创新和管理创新,为宁夏能源企业改革发展营造良好舆论环境。

第七是在公益性服务方面。中国煤矿尘肺病防治基金会爱心捐助榜在宁夏能源协会网站上线,爱心人士可直接登陆宁夏能源网为宁夏尘肺病患者送出一份关爱。协会作为中国煤矿尘肺病防治基金会银川联络办公室,按照基金会要求,开展煤矿尘肺病防治工作。本着"以人为本,关爱生命;慈善为怀,防治尘肺"的宗旨,进行非营利性活动。[①]

二、宁夏人力资源协会

(一)宁夏人力资源协会概述

宁夏人力资源协会是在宁夏回族自治区民政厅注册登记的、行业性的非营利性社会团体。业务主管部门为宁夏回族自治区科学技术协会。协会于2010年8月成立。主要发起者为区内各龙头企事业单位及各大院校和人力资源和管理咨询领域知名的学者、专家和经理人等。在各级领导大力支持和指导下,他们充分发挥人力资源管理和开发的行业指导作用,积极地为宁夏企业人力资源开发管理提供高质量的技术咨询与培训服务。他们整合社会优质资源,引入适宜宁夏企业需求的专业技术、成果,汇集人力资源的业界翘楚和资深专家,以积极的状态为宁夏的企事业单位、院校、HR服务机构和HR经理人搭建合作、交流、创新的服务平台。

协会定位:宁夏人力资源协会秉承"搭建资源平台、增值人力资本、推动管理升

---

① 资料、数据来自宁夏能源网 http://www.nxea.com。

级"的服务理念,通过强大的资源整合能力和服务平台优势,帮助区内各型企业,在新的市场环境下,设计与其发展战略相适应的人才开发管理体系,使企业持续保持吸引、保留和发展人才的最佳优势。提高企业人力资源利用效率,协助企业适应新常态下激烈的市场竞争和产业转型升级对人力资源管理的挑战,促进宁夏企业实现现代企业人力资源管控体系的建设,优化人才配置,降低用工风险,实现企业可持续发展和人才效能的最大化体现。

协会资源:协会专业委员会骨干成员由区内外高校与培训、咨询机构权威专家、学者、大中型企业资深实战经理人组成,专业开展EDP教育培训、企业内训、人力资源管理咨询,人才测评、就业指导、职业规划等企业和个人专业化服务。

协会服务:以严谨、务实的工作风格,依托本土化的优秀实战师资力量和先进培训经验,整合国内优势资源,集理论专家、实战导师、咨询顾问及辅导教练于一体,经多年实践,已形成较完善培训体系和服务体系,成立了一支优秀实战的师资队伍,培训咨询服务更具本土针对性和专业性。

协会使命:行业服务平台,政府得力助手,企业人才智库,HR精英摇篮。

协会愿景:打造宁夏人力资源专业化服务第一平台,推动人与企业合作的最佳实践,铸就企业、人才、机构战略伙伴地位。

协会价值观:以人为本,和谐共赢。

协会目标:将专业理论与实践相融合,注重复合型、专业型人才培养和人力资源管理技术经验共享,为宁夏企业提供适应时代发展的人力资源管理整体解决方案,全力推进本土企业人力资源管理规范化、专业化发展进程和HR管理者职业能力的提升。

(二)宁夏人力资源协会具体工作

宁夏人力资源协会通过行业专业资源平台优势,为广大会员提供人才管理服务专业技术和产品支持。积极开展人力资源管理理论学术和实践经验交流。协助企业吸引、保留和发展人才的持续优势,积极应对产业转型期人力资源管理挑战,促进宁夏企业人才配置优化,构建和谐劳动关系,助力人才强区、创新驱动战略的实施。近期宁夏人力资源协会的工作主要聚焦在以下几个方面。

1.积极举办各类专业培训和行业交流活动

2018年,宁夏人力资源协会共举办各类人力资源管理专题培训、研讨、考察交流活动12期，参加各类培训学习人力资源管理从业者近3000人次。2018年1月25日举办宁夏中小企业移动互联网营销论坛；2018年3月20日举办劳动关系管理风险及应对策略培训班，2018年4月21日举办TTT——卓越的课程开发和授课技巧训练课程；2018年5月11日举办标杆名企观摩行——走进神华宁煤煤制油公司学习交流座谈活动；2018年8月18日举办宁夏第二届"人力资源日"主题联谊沙龙；2018年9月16日举办全区科技企业人才管理岗位能力提升研讨会。2018年11月29日举办社保税征下的风险控制与人力成本筹划研讨会；2018年12月20日举办U启教练——教练技术版权课程中国行之银川站公益巡讲活动；2018年12月28日，宁夏人力资源协会和瀛智律师事务所联合主办社保税征新政解读与企业法律风险应对讲座。

2.持续加强学术交流与行业合作

2018年6月15—16日，宁夏人力资源协会主办、宁夏大学经济管理学院协办的"创新驱动　智引未来——2018中国人力资源管理技术与服务(宁夏)高峰论坛"在宁大国际交流中心成功举办。本次论坛邀请国内人力资源领域权威专家、资深学者、500强企业高级经理人及区内外优秀HR服务商代表参会。自治区人力资源社会保障厅人才处、自治区科协学会部、银川人才工作服务局、银川市劳动仲裁院、宁夏大学经济管理学院等领导出席了会议。本届论坛高层次的嘉宾阵营吸引了很多有志于相关领域研究和实践的区内外人力资源行业协会领导、企业负责人和人力资源从业人员近400名代表参会。本届论坛也得到了中国西部人力资源协会联席会、全国校园招聘服务联盟、《人力资源》杂志社等行业协会和人力资源机构的倾力支持。来自内蒙古、陕西、甘肃、青海、北京、云南、山西、辽宁等省(区、市)的行业协会领导受邀出席会议。

3.积极拓展社会化服务项目，承接人力资源管理咨询和技术服务业务

2018年，协会专委会专家组成员在协会秘书处咨询培训中心的对接下，先后受委托承接《银川阅海湾中央商务区服务中心薪酬绩效咨询项目》《宁夏德坤环保集团薪酬绩效咨询项目》《宁夏天元锰业集团人力资源管控体系构建咨询项目》《彭阳县城乡建设与环保局社会招聘人员测评服务》《彭阳县民政局公益岗位招聘人员测评服务》等企业和政府部门的市场化服务项目。此类项目的承接，有效发挥了协

会专家委员会的智力资源优势,强化了协会的专业服务功能。

4.加强产学互动,促进高校人力资源专业建设和产业人才培养

2018年,协会先后与宁夏大学新华学院、北方民族大学管理学院建立专业建设和产学合作,并签订合作协议,由协会负责人担任相关院校专业的"产业教授"和"企业导师",将人力资源管理实践和高校专业理论教学融合,并且深入行业企业交流体验教学,有效提升了合作院校人力资源学科学生的专业实践水平和就业能力(见表4-4至表4-9)。

4-4 宁夏人力资源协会会员服务计划

服务内容 \ 会费标准	普通会员单位 2000元/年	理事-常务理事单位 3000~4000元/年	副会长(常务)单位 7000~10000元/年	年度培训会员 30000元起/年
HR俱乐部活动	优先参加	优先参加	优先参加	优先参加
HR私董会(高端沙龙)	优先参加	优先参加	优先参加	优先参加
年会、论坛门票	免费参加	免费参加	免费参加	免费参加
企业内训定制、人力资源管理咨询、人才测评服务	会员优惠	会员优惠	会员优惠	会员优惠
劳动法务咨询服务	会员优惠	会员优惠	会员优惠	免费咨询
协会官网、QQ群、公众号招聘信息	免费发布	免费发布	免费发布	免费发布
年度最佳雇主、优秀HR经理人、人力资源服务机构评选	可参加	可参加	可参加	可参加
企业学习平台(企业在线大学)、HR管理软件及第三方服务产品	优惠定制	优惠定制	优惠定制	优惠定制

三、宁夏能源协会和宁夏人力资源协会实证案例总结

(一)行业协会有别于其他社会团体

从这两个行业协会自身而言,行业协会是市场经济中不同主体间基于一定经济

表 4-5 宁夏人力资源协会活动计划及资费标准

活动类别	活动内容	会员待遇	非会员
行业活动	年度最佳雇主、十佳优秀HR经理人、HR优秀服务机构奖项评选	免费参评	不接受参评,须具备会员资格
	国内外人力资源行业论坛、峰会	本会会员可免费或享受优惠参会待遇	
HR俱乐部活动(全年12期)、HRD高端沙龙6期	邀请协会专委会专家、区市各级人力资源专家、师资为会员提供HR职业素质能力方面的培训。以学习沙龙、名企观摩、联谊聚会、户外拓展为主要形式	HR俱乐部活动开放参加费用AA制。HRD高端沙龙活动定向邀请协会会员单位负责人,知名企业家、全区大中型企业HRM以上负责人优先参加	
通用培训 公开课程	课程内容	价格	非会员付费参加
	《个税新政解读与专项附加扣除实务培训班》	公开课程课时3~12小时不等。课程会根据最新趋势和政策变动调整,协会会员单位按会员类型、名额指标免费或以优惠资费参加。具体以通知文件为准	
	《劳动争议预防与合规用工管理》		
	《薪酬设计与绩效管理实务》		
	《年度人才盘点与人才梯队建设》		
	《人才招聘与选拔测评实务》		
	《HR岗位能力重塑——HRBP实战训练营》		
	《职场技能培训之PPT设计与制作》		
	《企业培训体系设计实务》		
	《PTT国际专业讲师培训(中级班)》		
	《组织变革与领导力建设》		
人力资源岗位实操班-HR培训	人力资源各模块专业理论+实操,系统提升培训,颁发结业证书,认证协会HR经理人分会会员	会员优惠	付费参加
职业资格认证类	人力资源管理师、企业培训师	会员优惠	会员优惠
论坛年会	2019中国西部人力资源发展论坛、宁夏人力资源管理年会	优先参会	优先赞助、协办、宣传推广合作
会员内部人才推荐服务	人力资源、营销、财务、生产、研发等中高层经营管理及专业技术人才	信息免费发布	人才测评服务会员优惠 参照市场价付费

表 4-6 宁夏人力资源协会企业内训部分课程目录

课题类别	课程目录	课时 6~12 小时	5000~8000 元/天 (6 小时)本土师资
员工心态与职业化系列	生涯规划与职业心态	全体员工	
	敬业爱岗(如何成为一名优秀员工)		
	职业道德与员工规范		
	团队建设拓展训练		
	职场礼仪与职业形象塑造		
	商务礼仪		
	工作中的高效沟通		
	团队精神熔练与提升训练		
员工心态与职业化系列	公文写作规范	全体员工	
	员工心理压力疏导		
管理层技能素质提升系列	高效执行力打造	高中层管理人员	
	中层管理人员胜任力提升训练营		
	领导艺术和职业素养		
	跨部门的高效沟通		
	团队教练技术		
	管理者的角色认知		
	高效团队建设与激励		
	管理科学与领导艺术		
人力资源管理	企业文化建设	HR 部门、中高层管理人员	
	招聘设计与结构化面试技巧		
	薪酬体系设计实务		
	绩效管理与绩效考核		
	TTT 企业培训师培训		
	非人力资源经理的人力资源管理		
	人才测评与甄选		
	企业规章制度规范与劳动争议预防		

续表

课题类别	课程目录	课时 6~12 小时	5000~8000 元/天（6 小时）本土师资
市场营销系列	销售技巧训练	市场、销售人员	
	顾客抱怨与投诉处理技巧		
	顾问式销售——大客户营销技巧		
	营销计划制定与实施		
	销售团队建设与管控		
	电话销售技巧		
生产运营系列	精益生产管理	生产管理人员	
	生产现场管理实务		
	班组长管理实务		
	工厂成本管理与控制		
	新旧 QC7 大手法培训		
	5S 与看板管理		
财务管理系列	非财务人员的财务课程	财务管理人员	
	部门经理的预算与成本控制		
	财务报表分析技巧		
	财务管控规范化及风险应对		
	企业税务管理与筹划——如何有效合理避税		
劳务派遣外包培训	人力资源服务业商业模式转型研修班	会员优惠	更多课程可联系协会定制
	企业规章/惩处制度（员工手册）的制定误区及风险控制		

表 4-7 宁夏人力资源协会拓展培训课程

序号	拓展培训课程	备注
1	全封闭狼性销售团队训练营——销售力拓展培训	按需定制报价
2	执行力拓展培训	

续表

序号	拓展培训课程	备注
3	企业文化拓展训练	
4	组织执行力拓展培训	
5	领导力拓展培训	
6	企业新员工成长——拓展培训	
7	放飞心灵——团队精神和心态课程(团队激励课程)	

表4-8　宁夏人力资源协会人才测评与企业管理诊断

	人力资源管理咨询	
人才测评与企业管理诊断	销售潜质测评管理、基层员工胜任力测评、管理人员胜任力测评、高层领导力测评、认知能力测评	根据项目面议
	情绪能力测评、价值观测评、工作动机测评、心理风险评估、职业综合测评、管理人员综合测评	
人才寻访、背景调查	企业中高层经营管理及高技术人才	岗位年薪20%~30% 会员可享内部优惠

表4-9　宁夏人力资源协会管理咨询服务

服务类型	人力资源管理咨询	服务资费
咨询范围	业务流程优化、再造,组织架构设计、职位任务分析,人才招募与测评、企业绩效管理、薪酬管理方案设计与实施辅导、企业人才培训管理系统设计、企业人事事务规范性管理	面议、会员优惠

宁夏新社会组织的成长性与功能研究
——基于政府、企业与社会的视角

关联性和利益共同性而达成的结社,与一般意义上的社会团体有着根本性的区别:

其一,从组成主体来看,行业协会主要是企业法人之间的联合,本质上体现的是市场资本的集聚,而其他类型的社团主要是自然人之间的联合,本质上体现的是社会群体的联合。

其二,从活动领域来看,行业协会作为经济领域的一种特殊的市场机制,在政策与政治领域也比较活跃,比如本案例中的宁夏人力资源协会就是挂靠在宁夏自治区科协下,与政府科技厅等有着千丝万缕的关系,在政策方面享受一定的优惠。而其他类型社团的活动一般定位在社区和社会领域。

其三,从价值导向来看,行业协会的运行要以经济价值为导向并具有互益性,即维护和增进会员企业的经济利益,例如,能源优势是宁夏一大区位优势,而能源协会则是这一产业的企业联盟,代表着产业利益,其与政府的合作基于发展经济,其核心价值也在于合作开发宁夏的能源,是基于经济利益而形成的。而其他类型的社团一般不追求经济价值,除了互益性还具有公益性,例如兴趣类团体追求的是个体偏好或理念的共鸣,慈善组织追求的是社会公正和公平。目前,国务院1998年的《社会团体登记管理条例》将行业协会和其他社团完全等同,并没有根据行业协会的特点做出区别性规定,非常不利于行业协会的发展和监管。

(二)在实践中,行业协会立法滞后于协会的发展

为促进行业协会发展,地方政府相继出台各种文件或颁布法规,例如宁夏民政厅下发《关于自治区区属社会团体进行清理整顿登记的通知》(1991)、《关于更换社会团体收费专用收据的通知》(2000)和《关于调整社会团体会费标准的通知》(2001),自治区政府出台《关于加快推进协会商会改革和发展的实施意见》(2008),宁夏民政厅印发《宁夏回族自治区社会组织年度检查暂行办法》(2010),宁夏政府办公厅出台《宁夏回族自治区社会组织发展三年规划》(2015),宁夏党委、政府办公厅先后印发了《宁夏回族自治区行业协会商会与行政机关脱钩实施方案》(2016)、《深化"红顶中介"专项整治实施方案》(2016),引导宁夏社会组织健康有序发展。宁夏行业协会商会与行政机关脱钩联合工办公室《关于印发〈宁夏回族自治区2017年行业协会商会与行政机关脱钩工作实施方案〉的通知》(2017),规范了行业协会行为。从实践来看,行业协会立法滞后于协会自身的发展。目前,我国行业协会的法

律体系如下表(见表4-10):

表4-10 目前我国行业协会法律体系

	构成主体	状态	存在的问题或影响
第一层次	宪法对结社自由的规定	有	缺乏具体法律制度的落实
第二层次	社团法	无	影响法律位阶衔接和体系完善
	社会团体登记管理条例	有	没有区分行业协会和其他社团,限制地方政府的行业协会改革
第三层次	行业协会的专门立法	无	影响法律位阶衔接和体系完善
第四层次	外国商会管理暂行条例	有	实际上已经失效
	其他法律中涉及相关行业协会的章节或条款	部分有	杂乱、分散,存在冲突现象。缺乏《行业协会法》的统一指导

概括来讲,目前我国有关行业协会的法律制度比较杂乱和分散,没有区分行业协会和其他社团,限制了地方政府的行业协会改革。因此,迫切需要制定《行业协会法》进行统一的指导和规范,这已成为学界和实务界的共识。2008年10月,《行业协会法》被列入全国人大常委会五年立法规划,《行业协会法》立法正式进入国家议事日程。

(三)协会治理有待进一步规范

1.章程执行问题

行业协会依章程来治理,但从目前实际情况来看,有些行业协会并没有严格按章程行事。比如上述行业协会也存在这样的问题,其中一家逾期换届问题。

2.制度不健全、内容滞后和执行落实不到位的问题

具体来讲,就是协会内部治理规范化、制度化,增强协会理事会履职能力和加强社会组织党建工作等,协会治理有待进一步规范。

3.人员不足、能力不足问题

不但是本章选择的两个行业协会,宁夏社会组织普遍面临着专职人员缺乏、人才流失、薪酬待遇偏低、付酬能力弱的现状。只能通过加强人员专业培训,积极开拓承接政府和社会化购买服务,提高自身专业水平和经营能力,才能实现自给自足、

可持续发展。

(四)行业协会总结

随着政府机构改革和职能转变的进行,以及市场经济体制改革的深化,从目前政府改革以及学界倡导的总体来看,未来行业协会发展模式的主流方向是"职业化队伍、专业化服务、民间化运作、市场化导向、国际化标准"。只有顺应上述时代主流,行业协会才能真正发挥作用,有效表达所代表的社会阶层的利益诉求,形成与会员企业、政府部门等利益相关者的良好互动关系,从而维护市场秩序、增进行业利益、提升行业竞争力,并进一步促进市场经济体系的健全和完善。

第五章 宁夏基金会成长与功能测度

第一节 基金会的定义、分类与基本属性

一、基金会的定义

"基金"一词并非中文所固有,而是从英文 fund 或 foundation 转译而来。fund(基金)有三层含义:一是指特别用途的资金,二是指公共来源和用途的资金,三是指特别资金的管理机构。①简言之,在 fund 意义上,基金指的是财产的一种存续形式,"对冲基金""社保基金"等均是其典型形式。foundation 则可理解为 fund 里的一个特殊部分,它具有两层含义:一是指通过捐赠形成的特别资金,二是指用捐款创办的事业,如慈善机构、基金会等。②为区别起见,基金在 fund 意义上使用,基金会则在 foundation 意义上使用。在中国,2004 年颁布实施的《基金会管理条例》中将基金会定义为"利用自然人、法人或者其他社会组织捐赠的财产,以从事公益事业为目的,依法成立的非营利性法人"。

二、基金会的分类

根据不同的分类标准,可以将基金会进行若干种不同的分类。例如美国基金会

---

① 英国培生教育出版有限公司. 朗文当代英语辞典[M]. 北京:外语教学与研究出版社,2004:655.
② 〔英〕特朗博,史蒂文森. 牛津英语大词典:简编本[M]. 上海:上海外语教育出版社,2004:1049.

中心将美国基金会分为私人独立基金会、公司基金会和运作型基金会。中国在2004年颁布的《基金会管理条例》首次以法规的形式对基金会进行了分类,即根据资金来源方式不同将基金会分为公募基金会与非公募基金会。两者的主要区别是,前者主要靠面向社会公众开展的公开募捐活动获得资金以从事公益事业,按照募集资金的地域范围分为全国性公募基金会和地方性公募基金会;后者不得向社会公众开展公开募捐活动,主要依靠接受特定对象的捐赠资金及其增值从事公益事业。[①]

三、基金会的属性

基金会属于社会组织的一种特殊形态,其属性同社会组织有诸多相似性。因此,公益性是基金会的本质属性。非营利性是在公益性基础上形成的基金会的另一个重要属性,体现在基金会的运作管理及其相应的制度规范中。非政府性则是基金会的第三个重要属性。而以公益财产为基础的基金信托性是基金会的第四个重要属性,因此,这也是基金会不同于企业,不同于政府,也不同于一般的非营利组织,是具有公益性、非营利性、非政府性和基金信托性质的特殊的社会组织。正是因为基金会具有上述四个方面的基本属性,尤其是基金的公益信托性,导致其发展、存续演绎出独特的历史轨迹,而且在治理结构和制度规范上形成诸多特征。

第二节 基金会的产权特征和治理结构

一、基金会的产权特征

基金会的性质及其功能在很大程度上依托于资源。政府的公共税收决定了政府作为维持社会秩序的公共机构要为相应的纳税人服务,投资的收益决定了企业作为营利性的机构要不断实现资本的保值与增值。而相对于政府和企业这两个部门来说,基金会的资源构成具有多元化的特征。现在已有的研究表明,几乎大部分国家的基金会在资源上主要有以下三个最基本的来源:第一是慈善捐赠及其会费

---

① 王名.社会组织论纲[M].北京:社会科学文献出版社,2013:201-202.

的收入;第二是政府资助与补贴收入;第三是各种营运性质的收入。然而,尽管存在不同的资金来源,但是相对于政府和企业来说,慈善捐赠是最能体现基金会资源特征的资金来源,慈善捐赠的多少及其在基金会资金构成中的比重,在相当大的程度上决定着基金会的公益性质及其致力于社会公益事业的活动和功能。从某种角度上来说,一个区域的慈善捐赠的规模及其能力,在很大程度上影响和制约着这个区域基金会的发展程度,而源源不断的来自个人、家庭和企业的大量慈善捐赠,则成为基金会不断发展壮大的最重要的社会资源基础。基金会是一种公益性特征极其显著的社会组织。

在法律层面来看,基于捐赠行为的基金会,在产权关系上就存在三个不同的当事人、不同的产权主体及其相互关系;第一,有明确的捐赠人或委托人,享有对捐赠财产的委托权;第二,有明确的受赠人或受托人,享有对受赠财产的受托责任及相应产权;第三,有明确的受益人,享有对受赠财产的最终受益权。在上述基础上,围绕同一财产形成捐赠人、受赠人和受益人之间基于的委托—代理关系。这样,由于捐赠行为的发生以及基于捐赠所形成的三种不同当事人之间的委托—代理关系,出现在基金会这类非营利组织身上的产权,就表现为三种不同的当事人所分别拥有的委托权、受托权和受益权。

为此,笔者同意国内部分学者"公益产权"的概念。所谓公益产权指的是:一种区别于私有产权和国家产权的产权形式,表现为基于慈善捐赠等形成的公益财产,以委托权、受托权、受益权相分离并相互独立的形式存在,由基金会受托管理并按照其公益宗旨提供公共物品或服务,接受社会监督。公益产权的上述定义突出了以慈善捐赠为基础所形成的公益财产,这是基金会等社会组织区别于企业和政府的最为本质的地方。公益财产是公益产权的存在形式,其核心是基于捐赠行为的各种形式的慈善捐赠,也包括各级政府通过拨款、补贴、委托和政府采购等形式提供的公共资金,包括社会组织以减免税等形式获得的优惠待遇,还包括这些组织在运营公益财产的过程当中获得的各种收益。换言之,公益财产中可能包括了前述社会组织的三种主要资金来源,即慈善捐赠、政府资助和运营收入。[1]

---

[1] 王名.社会组织论纲[M].北京:社会科学文献出版社,2013:112–117.

二、社会组织的治理结构

基于上面的基本认知，公益性质的产权揭示了基金会与企业和政府的最为本质的差异在于其产权形成的基础不同。在具备上述特征的产权基础上，社会组织的治理结构究竟具有哪些特征？社会组织到底应该对谁负责？谁才是公益财产真正的监管人？依靠什么来保障受益人的权益？

严格地说，基金会这类特殊的社会组织的利益相关者，概括起来，主要包括：第一，捐赠人；第二，受赠人；第三，受益权人及实际受益人等。上述多个主要的利益相关者，其中既包括基金会自身及其内部员工，也包括与基金会公益财产相关的多元主体。基金会作为公益财产的运作和管理主体承担着一定的公共责任，如同政府及其官员承担一定的公共责任一样。我们把基金会这一类面对着不特定多元利益相关者的社会组织称为公益性质的组织，以区别于政府等公共组织。公益性质的组织在面对不特定多数利益相关者和承担公共责任上，与其他公共组织具有相同的性质，但公益组织不同于基于税收和政府的公共组织，是一种基于捐赠和志愿的特殊性质的公共组织。

公益组织在承担一定的公共责任的同时，由于公益产权的基础而在治理上带有若干重要的先天不足和缺陷，主要表现为所有者缺位、使用权受限、受益主体虚拟化所造成的约束乏力、激励不足和责任不清。要确保基金会这类公益组织向其主要的利益相关者进行有效的问责和交代，以保证其有效的治理，有三个重要的原则：第一，公开透明原则；第二，社会监督原则；第三，独立运作原则。基金会是独立的法人。只有通过充分的授权、独立的运作、专业的管理，使得基金会一方面贯彻公开透明和社会监督的原则，另一方面最大限度地激发和调动组织内部的积极性和自主精神，才能实现基金会的有效治理。

卡耐基所写的《财富的福音》近年来在我国也渐为人所知。《财富的福音》之所以成为经典，是由于它在事实上奠定了20世纪现代基金会的思想基础，而且连其中所提出的具体捐赠领域也基本上被实践证明有持久的价值。一百多年后，盖茨基金会也许可以看成是卡耐基精神的传承者。比尔·盖茨为卡耐基的警句"拥巨富而死者以耻辱终"所打动，因而有现在众所周知的一系列慈善行动，由企业家转身为慈善家。我国当前财富急剧向少数人手中集聚，社会两极分化，各种矛盾尖锐化，与

19世纪末的美国至少在现象上有相同之处。当然我国国情与美国差异甚大,例如造成两极分化的原因并不一定是自由竞争的结果,对卡耐基的某些主张也并不一定认同。但是从《财富的福音》所表达的思想中未尝不能得到某种启示,特别是卡耐基反复强调的几点主张:(1)富人对社会有不可推卸的责任,他和家人应该过"恰如其分"的生活,剩下的余财本该属于社会,理应捐出来造福社会;(2)散财和聚财同样需要高超的经营能力,方能取得最佳的社会效果,在这点上,成功的富人也有责任贡献自己的能力;(3)解决贫富悬殊之道既不能倒退到大家平均受穷的过去,也不能靠单纯的救济扶贫,不能鼓励懒汉,要帮助穷人自立,才有利于社会进步;(4)教育和健康为公益事业的重中之重。最后一点应该视为一切国家繁荣富强,一切社会赖以发达的基础。[1]

而本章所选的阿拉善SEE基金会和宁夏燕宝慈善基金会都有其独到之处,具有典型性和代表性,其治理结构和治理模式均值得关注和研究,本书将在下面的研究中专门讨论这两个基金会,以期获得更多的有关基金会的信息和有效治理的案例。

第三节 基金会实证案例之一:宁夏燕宝慈善基金会

一、宁夏燕宝慈善基金会简介

扶贫济困是中华民族的传统美德,宁夏宝丰集团积极响应国家和自治区扶贫攻坚战略号召,大力发展公益慈善事业,认真履行企业社会责任。2011年1月,公司董事长党彦宝和夫人边海燕共同发起成立家族式非公募基金会——宁夏燕宝慈善基金会,每年将企业利润的10%注入基金会,本着"善心善行、善款善用、善始善终"的宗旨,广泛开展捐资助学、扶贫帮困等公益慈善活动,促进社会和谐进步。按照习近平总书记"扶贫先扶志、扶贫必扶智"等重要指示精神,基金会将教育扶贫确定为扶贫重点,主要对被国家列入连片特困区的宁夏南部山区9县区、5乡镇考入二本及以上大学的学生全部进行奖励资助;对9县区、5乡镇高中生及

---

[1] 资中筠. 财富的归宿——美国现代基金会述评[M]. 北京:生活·读书·新知三联书店,2011:339-340.

宁夏新社会组织的成长性与功能研究
—— 基于政府、企业与社会的视角

其他县区建档立卡贫困户家庭大学生和高职、中职学生进行奖励资助;对本科连读硕士、硕士连读博士的受助学生给予持续性奖励资助。通过"造血式"扶贫,让贫困家庭的孩子依靠知识改变命运,进而改变家庭乃至整个家族的命运,彻底挖断"穷根"。基金会实施的教育扶贫项目既给予经济上的资助,又注重精神上的支持。通过"全覆盖、无差别化"资助,将"助学金"改为"奖学金",既解决了贫困孩子上学难问题,又最大程度保护了他们的自尊心,让他们在平等的环境中学习成长,激励他们求学上进、积极面对人生。同时,也让所有受到资助的孩子心中埋下善的种子,不断将爱心传递下去。基金会还开创了"扶上马、送一程"的就业扶贫新模式,与各大企业签订贫困地区毕业生就业扶贫协议,帮助他们在同等条件下优先就业,并打造"就业"与"创业"两个信息平台,拓宽受助学生就业、创业渠道,让他们尽早实现自我价值、成就人生梦想。目前基金会已累计捐资16.53亿元,资助14.36万名宁夏籍大学生,已有5万余名受助学生毕业走上工作岗位,成为家庭的经济支柱。基金会每年捐资约3亿元,每年资助学生约10万人,每年毕业学生约3万人,每年新增资助约3万人,每年为10万余个困难家庭减轻经济负担,让3万余个家庭有了新的经济增长点。资助的学生覆盖全国500多所院校,是全国资助规模最大、覆盖面最广的教育扶贫项目。善心善行,永无止境。宁夏燕宝慈善基金会致力将公益慈善事业持之以恒发展下去,为国家及地方经济社会发展和脱贫攻坚事业作出更大贡献。

二、宁夏燕宝慈善基金会章程

第一章 总则

第一条 本基金会的名称是"燕宝慈善基金会"。英文译名为"Yan Bao Charity Foundation",缩写为"YBCF"。

第二条 本基金会属于非公募基金会。

第三条 本基金会遵守中华人民共和国宪法、法律、法规和国家政策,践行社会主义核心价值观,遵守社会道德风尚。

本基金会的宗旨:在政府的倡导、支持下,广泛发动、团结有爱心的企业和个人,开展经常性的扶贫济困、助医、助学等慈善活动,通过改善农村、城市社区就医条件,资助贫困学生的教育,促进贫困地区基层医疗、教育事业的健康发展。弘扬爱心文化,奉行以人为本的精神,以慈善事业推动社会和谐和进步。

第四条 本会根据中国共产党章程的规定,设立中国共产党的组织,开展党的活动,为党组织的活动提供必要条件。

第五条 本基金会的原始基金数额为人民币1000万元,来源于党彦宝及边海燕捐赠。

第六条 本基金会的登记管理机关是宁夏回族自治区民政厅。

第七条 本基金会的住所:银川市丽景北街穆斯林商贸城东配楼三楼。

第二章 业务范围

第八条 本基金会公益活动的业务范围:

(一)资助教育、卫生事业;

(二)资助老年福利服务事宜;

(三)救助孤寡病残等弱势群体;

(四)为基金会保值、增值而开展的投资活动;

(五)接受企业和个人的捐赠开展符合本基金会宗旨的项目;

(六)资助和开展其他公益活动。

第三章 组织机构、负责人

第九条 本基金会由5名理事组成理事会。本基金会理事每届任期为5年,任期届满,连选可以连任。

第十条 理事的资格:

(一)承认本基金会的章程,愿意为慈善事业贡献力量的人士;

(二)在本基金会业务领域内有一定影响;

(三)为推动国内慈善爱心事业做出突出贡献的企业、团体负责人、指定代理人及社会各界人士。

第十一条 理事的产生和罢免:

(一)第一届理事由业务主管单位、主要捐赠人、发起人分别提名并共同协商确定。

(二)理事会换届改选时,由业务主管单位、理事会、主要捐赠人共同提名候选人并组织换届领导小组,组织全部候选人共同选举产生新一届理事。

(三)罢免、增补理事应当经理事会表决通过,报业务主管单位审查同意;

(四)理事的选举和罢免结果报登记管理机关备案。

第十二条 理事的权利和义务:

(一)有选举权、被选举权和表决权;

(二)有参加本基金会活动的权利;

(三)有优先获得本基金会服务的权利;

(四)有对本基金会工作的批评权和监督权;

(五)有自由退会的权利;

(六)有遵守章程、执行理事会决议的义务;

(七)有维护本基金会合法权益的义务;

(八)有完成本基金会交办的工作的义务;

(九)有宣传爱心事业、积极筹措社会资金的义务。

第十三条 本基金会的决策机构是理事会。理事会行使下列职权:

(一)制定、修改章程;

(二)选举、罢免理事长、执行副理事长兼会长;

(三)决定重大业务活动计划,包括资金的募集、管理和使用计划;

(四)年度收支预算及决算审定;

(五)制定内部管理制度;

(六)决定设立办事机构、分支机构、代表机构;

(七)决定由会长提名的副会长和各机构主要负责人的聘任;

(八)听取、审议会长的工作报告,检查会长的工作;

(九)决定基金会的分立、合并或终止;

(十)决定其他重大事项。

第十四条 理事会每年召开2次会议。理事会会议由理事长负责召集和主持。有1/3理事提议,必须召开理事会会议。如理事长不能召集,提议理事可推选召集人。

召开理事会会议,理事长或召集人需提前5日通知全体理事、监事。

第十五条　理事会会议须有2/3以上理事出席方能召开；理事会决议须经出席理事过半数通过方为有效。

下列重要事项的决议，须经出席理事表决，2/3以上通过方为有效：

(一)章程的修改；

(二)选举或者罢免理事长、执行副理事长兼会长；

(三)章程规定的重大募捐、投资活动；

(四)基金会的分立、合并。

第十六条　理事会会议应当制作会议记录。形成决议的，应当当场制作会议纪要，并由出席理事审阅、签名。理事会决议违反法律、法规或章程规定，致使基金会遭受损失的，参与决议的理事应当承担责任。但经证明在表决时反对并记载于会议记录的，该理事可免除责任。

第十七条　本基金会设监事1名。监事任期与理事任期相同，期满可以连任。

第十八条　理事、理事的近亲属和基金会财会人员不得任监事。

第十九条　监事的产生和罢免：

(一)监事由主要捐赠人、业务主管单位选派；

(二)登记管理机关根据工作需要选派；

(三)监事的变更依照其产生程序。

第二十条　监事的权利和义务：

监事依照章程规定的程序检查基金会财务和会计资料，监督理事会遵守法律和章程的情况。

监事列席理事会会议，有权向理事会提出质询和建议，并应当向登记管理机关、业务主管单位以及税务、会计主管部门反映情况。

监事应当遵守有关法律法规和基金会章程，忠实履行职责。

第二十一条　在本基金会领取报酬的理事不得超过理事总人数的1/3。监事和未在基金会担任专职工作的理事不得从基金会获取报酬。

第二十二条　本基金会理事遇有个人利益与基金会利益关联时，不得参与相关事宜的决策；基金会理事、监事及其近亲属不得与基金会有任何交易行为。

第二十三条　理事会设理事长、执行副理事长兼会长，从理事中选举产生。

第二十四条 本基金会理事长、执行副理事长兼会长必须符合以下条件：

（一）在本基金会业务领域内有较大影响；

（二）理事长、执行副理事长兼会长最高任职年龄一般不超过70周岁，执行副理事长兼会长为专职；

（三）身体健康，能坚持正常工作；

（四）具有完全民事行为能力。

第二十五条 有下列情形之一的人员，不能担任本基金会的理事长、副理事长：

（一）属于现职国家工作人员的；

（二）因犯罪被判处管制、拘役或者有期徒刑，刑期执行完毕之日起未逾5年的；

（三）因犯罪被判处剥夺政治权利正在执行期间或者曾经被判处剥夺政治权利的；

（四）曾在因违法被撤销登记的基金会担任理事长、副理事长或者秘书长，且对该基金会的违法行为负有个人责任，自该基金会被撤销之日起未逾5年的。

第二十六条 本基金会理事长为基金会法定代表人。本基金会法定代表人不兼任其他组织的法定代表人。

本基金会法定代表人应当由中国内地居民担任。

第二十七条 本基金会的理事长、执行副理事长兼会长每届任期5年，连任一般不超过两届。因特殊情况需要超届连任的，须经理事会特殊程序表决通过，报业务主管单位审查并经登记管理机关批准同意后，方可任职。

第二十八条 本基金会法定代表人在任期间，基金会发生违反《基金会管理条例》和本章程的行为，法定代表人应当承担相关责任。因法定代表人失职，导致基金会发生违法行为或基金会财产损失的，法定代表人应当承担个人责任。

第二十九条 本基金会理事长行使下列职权：

（一）召集和主持理事会会议；

（二）检查理事会决议的落实情况；

（三）代表基金会签署重要文件；

（四）召集和主持基金会重大活动；

（五）提出增聘理事、名誉理事名单。

本基金会执行副理事长兼会长在理事长领导下开展工作。行使下列职权：

（一）主持开展基金会日常工作，组织实施理事会决议；

（二）组织实施基金会年度公益活动计划；

（三）拟订资金的筹集、管理和使用计划；

（四）拟订基金会的内部管理规章制度，报理事会审批；

（五）协调各机构开展工作；

（六）提议聘任或解聘副会长以及财务负责人，由理事会决定；

（七）提议聘任或解聘各机构主要负责人，由理事会决定；

（八）决定各机构专职工作人员聘用；

（九）章程和理事会赋予的其他职权。

第四章　财产的管理和使用

第三十条　本基金会为非公募基金会，本基金会的收入来源于：

（一）自然人、法人或其他组织自愿捐赠；

（二）基金和资产增值收益(投资收益)；

（三）其他合法收入。

第三十一条　本基金会接受捐赠，应当遵守法律法规，符合章程规定的宗旨和公益活动的业务范围。

第三十二条　本基金会的财产及其他收入受法律保护，任何单位、个人不得侵占、私分、挪用。

第三十三条　本基金会根据章程规定的宗旨和公益活动的业务范围使用财产；捐赠协议明确了具体使用方式的捐赠，根据捐赠协议的约定使用。

第三十四条　本基金会接受捐赠的物资无法用于符合本基金会宗旨的用途时，基金会可以依法拍卖或者变卖，所得收入用于捐赠目的。

第三十五条　本基金会财产主要用于：

（一）符合本会章程宗旨的有关慈善公益活动；

（二）按照捐赠人愿意或捐赠协议实施的定向项目；

（三）合法、安全高效的投资活动。

（四）开展爱心工作领域内的交流与合作；

（五）本基金会工作人员工资福利和日常办公经费支出；

（六）其它合法开支。

第三十六条　本基金会的重大募捐、投资活动是指：

（一）一次性捐赠300万元及以上的国内捐赠或资助活动；

（二）接受国内爱心人士捐赠。

第三十七条　本基金会按照合法、安全、有效的原则实现基金的保值、增值。

第三十八条　本基金会每年用于从事章程规定的公益事业支出，不得低于上一年基金余额的8%。

本基金会工作人员工资福利和行政办公支出不超过当年总支出的10%。

第三十九条　本基金会开展公益资助项目，应当向社会公开所开展的公益资助项目种类以及申请、评审程序。

第四十条　捐赠人有权向本基金会查询捐赠财产的使用、管理情况，并提出意见和建议。对于捐赠人的查询，基金会应当及时如实答复。

本基金会违反捐赠协议使用捐赠财产的，捐赠人有权要求基金会遵守捐赠协议或者向人民法院申请撤销捐赠行为、解除捐赠协议。

第四十一条　本基金会可以与受助人签订协议，约定资助方式、资助数额以及资金用途和使用方式。

本基金会有权对资助的使用情况进行监督。受助人未按协议约定使用资助或者有其他违反协议情形的，本基金会有权解除资助协议。

第四十二条　本基金会应当执行国家统一的会计制度，依法进行会计核算、建立健全内部会计监督制度，保证会计资料合法、真实、准确、完整。

本基金会接受税务、会计主管部门依法实施的税务监督和会计监督。

第四十三条　本基金会配备具有专业资格的会计人员。会计不得兼出纳。会计人员调动工作或离职时，必须与接管人员办清交接手续。

第四十四条　本基金会每年1月1日至12月31日为业务及会计年度，每年3月31日前，理事会对下列事项进行审定：

（一）上年度业务报告及经费收支决算；

（二）本年度业务计划及经费收支预算；

(三)财产清册(当年度捐赠者名册及有关资料)。

第四十五条 本基金会进行年检、换届、更换法定代表人以及清算,应当进行财务审计。

第四十六条 本基金会按照《基金会管理条例》规定接受登记管理机关组织的年度检查。

第四十七条 本基金会通过登记管理机关的年度检查后,将年度工作报告在登记管理机关指定的媒体上公布,接受社会公众的查询、监督。

第五章 终止和剩余财产处理

第四十八条 本基金会有以下情形之一,应当终止:

(一)完成章程规定的宗旨的;

(二)无法按照章程规定的宗旨继续从事公益活动的;

(三)基金会发生分立、合并的。

第四十九条 本基金会终止,应在理事会表决通过后15日内,报业务主管单位审查同意。经业务主管单位审查同意后15内,向登记管理机关申请注销登记。

第五十条 本基金会办理注销登记前,应当在登记管理机关、业务主管单位的指导下成立清算组织,完成清算工作。

本基金会应当自清算结束之日起15日内向登记管理机关办理注销登记;在清算期间不开展清算以外的活动。

第五十一条 本基金会注销后的剩余财产,应当在业务主管单位和登记管理机关的监督下,通过以下方式用于公益目的:

(一)剩余资产由国家民政部安排,用于国内公益事业;

(二)医疗救助、扶残、帮困、助学等公益项目;

(三)剩余固定资产委托慈善爱心机构捐赠给国内相关的爱心福利机构。

无法按照上述方式处理的,由登记管理机关组织捐赠给与本基金会性质、宗旨相同的社会公益组织,并向社会公告。

第六章 章程修改

第五十二条 本章程的修改,须经理事会表决通过后15日内,报业务主管单位审查同意。经业务主管单位审查同意后,报登记管理机关核准。

第七章 附则

第五十三条 本章程经二〇一八年六月六日理事会表决通过。

第五十四条 本章程的解释权属于理事会。

第五十五条 本章程自登记管理机关核准之日起生效。

三、宁夏燕宝慈善基金会在宁夏开展的主要慈善项目

宝丰集团向基金会每年捐资5000万元、10年捐资5亿元。主要用于以下助学项目、捐建学校和卫生院等。

(一)助学项目

宁夏燕宝慈善基金会每年出资3000万元,3年共计出资9000万元,用于资助3所本科大学、10所职业技术院校、20所南部山区高中的13500名家庭经济困难的宁夏籍学生完成学业。其中南部山区高中生2600名,每人每月150元;职业院校学生9400名,每人每月200元;大学本科学生1500名,每人每月300元。一年资助10个月,连续资助到完成学业。受助学校名单:宁夏大学、宁夏医科大学、宁夏师范学院、宁夏职业技术学院、宁夏工商职业技术学院、宁夏财经职业技术学院、宁夏建设职业技术学院、宁夏司法警官职业学院、宁夏工业职业学院、宁夏民族职业技术学院、银川科技职业学院、银川市职业教育中心、固原农业学校、固原一中、固原二中、固原回中、固原五中、西吉中学、西吉回中、彭阳一中、彭阳三中、隆德中学、隆德二中、隆德三中、泾源高级中学、海源一中、海原回中、海原三河中学、盐池高级中学、红寺堡中学、同心中学、同心回中、同心豫海回中。

基金会与银行合作,给每个受助学生办理银行卡,按月将资助费打到学生的银行卡上。

(二)捐建学校和卫生院

根据宁夏生态移民工程建设的部署,宁夏燕宝慈善基金会计划用2~3年时间投资1.53亿元,在5000人以上的移民安置区捐建学校和卫生院(卫生服务中心),建筑面积63582平方米。其中:投资1.0676亿元捐建9所农村小学,面积41995平方米。具体学校是:红寺堡区鲁家窑安置区小学、利通区五里坡安置区小学、中卫市康乐安置区小学、中卫市永新回民小学、兴庆区月牙湖安置区小学、灵武市狼皮子

梁安置区小学、平罗县五堆子安置区小学、大武口区隆湖六站安置区小学、渠口农场太阳梁安置区小学。投资4624万元捐建16所卫生院,面积21587平方米。具体卫生院是:利通区五里坡安置区卫生院、红寺堡鲁家窑安置区卫生院、青铜峡市广武安置区卫生院、青铜峡市甘城子安置区卫生院、同心县石狮镇卫生院、盐池县花马池镇卫生院、中卫市康乐安置区卫生院、中宁县宽口井安置区卫生院、中宁县徐套乡卫生院、渠口农场太阳梁安置区卫生院、灵武市狼皮子梁卫生院、贺兰县洪广安置区卫生院、兴庆区月牙湖乡卫生院、平罗县五堆子安置区卫生院、惠农区银善安置区卫生院、大武口区隆湖六站卫生院。①

四、宁夏燕宝慈善基金会的启示

宁夏燕宝慈善基金会给我们带来的启示是最佳捐赠领域的实践。可以说,在西方,一些社区基金会和一些地方性、专业性的小基金会的捐赠领域五花八门,凡是社会生活中想得到的需要都有人捐款支持。因地制宜、见缝插针是社区基金会的特点和优势。而私人大基金会则不然,纵观一个世纪以来名列百名之前的大基金会的关注领域,除了各自的特色外,大多集中在几个领域,与卡耐基列出的"最佳捐赠领域"大体相符。这不是偶然的,而是体现了西方主流精英的思路。首先是教育。这是在绝大部分基金会居首位的领域。美国早期移民远在立国以前,在温饱尚未解决之前就把办学校放在第一位。大基金会重视扶助教育一方面继承了这一传统,同时也体现了20世纪初社会达尔文主义和进步主义思潮的结合:相信优胜劣汰,又相信人可以通过教育提高素质,变劣为优;相信机会平等、自由竞争,同时认为最重要的平等是教育机会平等。大基金会的创办者也相信"知识就是力量",以传播知识为己任。卡耐基如此,半个世纪后振兴福特基金会的盖瑟也是如此,他制定了福特基金会几大工作重点之后说,教育是贯穿所有方面的纽带,因为"归根结底,只有对人的教育——新知识的获得、传播和应用——才能消除人自己设置的对进步的障碍"。②具体的重点随形势而变,但教育是一切之本,教育是一本万利之事,这一思想贯穿始终,直到20世纪末,仍然发出同样的声音。1993年卡耐基基金会汉堡

---

①资料、数据均由宁夏燕宝基金会提供,特此说明。
②The President's Review,The Ford Foundation Annual Report,1956,p.18.

宁夏新社会组织的成长性与功能研究
—— 基于政府、企业与社会的视角

会长总结称:

从长远看,任何一个社会的活力和远景有赖其人民的素质、知识、技能、健康和精力以及人际关系的文明程度。当前正在发生的破坏和损失若能得到防止,必将带来巨大的社会和经济影响,结果是高效能的劳动力、生产率的提高、医疗费用和监狱费用降低,那将解脱多少苦难!如果我们有足够的远见和胆识向我们的儿童,也就是向人类的未来投入责任,那么我们就能使这些宝贵年华所孕育的希望变为现实。

其次是医疗卫生。大基金会的创办者普遍认为贫困的根源是病与愚。洛克菲勒基金会的弗雷德里克·盖茨曾说过:"如果科学和教育是文明的大脑和神经系统,那么健康就是心脏。"[1]他认为疾病不但是人生最大的痛苦,也是人类一切坏事之源,包括贫穷、犯罪、无知、品德恶劣、效率低下等。这样一种把健康的重要性推向极致的思想,究其根源还是与社会达尔主义有关。因为根据竞争和淘汰为社会进步的规律的信念,疾病当然是竞争能力,社会的弱者和渣滓于焉而生。在贫与病之间,盖茨和老洛克菲勒都认为病先于贫。只要人身体健康,加上教育,就能靠自己的力量获得幸福生活。如果大多数人都健康并有文化,社会必然进步,贫穷也可以消除。这不仅是洛克菲勒一家的思想,而是带有普遍性的。[2]

而燕宝基金会的最佳捐赠领域同样选定在教育和医疗领域。上面的内容已有记载。这里再选择一个助力教育阻隔贫困代际传递的案例:

"初中时午饭便宜,4块钱就能吃一顿。高中就贵了,一顿要8块到10块。"家住宁夏固原市原州区和泉村的马强(化名)说,自己最"爱吃"的是米饭和土豆,"肉贵,不常吃。"16岁的马强今年刚考上宁夏固原五中,而大哥马刚(化名)

---

[1] Waldemar A. Nielsen, The Big Foundations, Columbia University Press, 1972, p.5.
[2] 资中筠. 财富的归宿——美国现代公益基金会评述[M]. 北京:生活·读书·新知三联书店, 2011:261-262.

则考上了宁夏大学。马强的父亲因小儿麻痹不能干重活,母亲长年患病,哥俩的学费就成了家里的"老大难"。为筹学费,马强暑假期间去码砖,每天从早上7点干到晚上6点,能挣七八十块,最终还是没能凑够学费。8月15日,还在为学费发愁的马强到学校报到,才得知自己受到资助,"当时松了一口气,能给家里减轻点负担了。"资助马强的便是宁夏燕宝慈善基金会。2011年,燕宝慈善基金会实施第一期捐资助学项目,对宁夏全区1.5万名家庭困难学生进行资助;2013年起实施第二期捐资助学项目,针对被国家列入集中连片特困区的宁夏六盘山9县区、5乡镇考上二本及以上大学的孩子,燕宝慈善基金会实行全覆盖、无差别资助,连续4年,每人每年资助4000元。同时,对9县区、5乡镇高中生,以及其他县区部分建档立卡的贫困家庭高职、中职学生和大学生进行资助。此外,基金会还实施持续性奖励,对本科连读硕士、硕士连读博士的受助学生,每人每年分别奖励8000元和1.6万元。

扶贫既要扶智,也要扶志。不仅要扶知识、扶技术,更要扶信心、扶勇气。"智志双扶"才能真正形成合力,从根本上铲除滋生贫穷的土壤。宁夏六盘山地区9县区、5乡镇并不是所有的孩子都出自贫困家庭,但基金会选择了全覆盖、无差别资助,正如基金会负责人党彦宝说,这种安排就是为了保护贫困孩子的自尊心,不让他们感觉与别人有差别。"我们要尊重每一个孩子,在他们心里埋下爱的种子。"

第四节 基金会实证案例之二:阿拉善SEE基金会

一、阿拉善SEE基金会简介

阿拉善SEE基金会成立于2004年6月5日,是中国首家以社会责任(Society)为己任,以企业家(Entrepreneur)为主体,以保护生态(Ecology)为目标的社会团体。阿拉善SEE基金会的使命是"凝聚企业家精神,留住碧水蓝天",价值观是"敬畏自然,永续发展"。

2008年,阿拉善SEE生态协会发起成立阿拉善SEE基金会(注册名为"北京市

宁夏新社会组织的成长性与功能研究
——基于政府、企业与社会的视角

企业家环保基金会")①,致力于资助和扶持中国民间环保 NGO 的成长,打造企业家、NGO、公众共同参与的社会化保护平台,共同推动生态保护和可持续发展。2014年底,阿拉善 SEE 生态基金会升级为公募基金会,以环保公益行业发展为基石,聚焦荒漠化防治、绿色供应链与污染防治、生态保护与自然教育三个领域。2018 年 10 月,由阿拉善 SEE 生态协会发起成立深圳市阿乐善公益基金会,致力于发挥企业家优势资源和创新精神,以多元的保值增值方式,为公益组织和项目持续输血,获得长期稳定的资金来源。发展至今,阿拉善 SEE 成立了 24 个环保项目中心,企业家会员超过 900 名;直接或间接支持了 550 多家中国民间环保公益机构或个人的工作。阿拉善 SEE 先后获得民政部颁发"全国先进社会组织""北京市社会组织示范基地""中欧十佳绿荫基金会奖""中国社会组织评估等级 5A 级"等荣誉。阿拉善 SEE 基金会是中国最透明基金会之一,在基金会中心网基金会透明指数(FTI)荣获满分,公益支出在北京市满分基金会中排名第一。在《中国慈善蓝皮书》中被评为 2008—2018 中国公益慈善十年十大热点。目前,阿拉善 SEE 已正式启动"一亿棵梭梭""任小米""任鸟飞""卫蓝侠""绿色供应链""创绿家""劲草同行""诺亚方舟""留住长江的微笑""三江源保护"等品牌项目,未来将进一步带动和整合企业家及社会资源投入,号召公众的广泛支持和参与,充分发挥社会化保护平台价值,共同守护碧水蓝天。

二、阿拉善 SEE 生态基金会章程

第一章　总则

第一条　本基金会的名称是北京市企业家环保基金会。

第二条　本基金会具有公开募捐资格。

---

① 阿拉善 SEE 生态基金会,按其性质应归属于从事公益环保事业的非公募基金会,位于内蒙古阿拉善盟。之所以将其放在宁夏非营利组织的研究范畴中,有三点考虑:一是阿拉善 SEE 基金会的发起单位阿拉善 SEE 生态协会距宁夏省会城市银川市只有一山(贺兰山)之隔,且其距银川市只有 2 小时的车程。二是阿拉善在行政区划的历史沿革中,曾数次划归宁夏管理;三是阿拉善 SEE 基金会是一个典型的非公募基金会,该会由大陆、台湾和香港的近百位企业家组成,首任会长由首创集团总经理刘晓光担任,第二任会长由万科公司董事长王石担任,在中国的企业家群体中,影响力比较大,且具有典型性和代表性,故将其纳入到宁夏社会组织的研究范畴中。

第三条 本基金会的宗旨：以开展慈善活动为宗旨，不以营利为目的。从事生态和环境保护工作，推动企业家承担更多的环保责任。

本基金会遵守宪法、法律、法规和国家政策，践行社会主义核心价值观，遵守社会道德风尚。

第四条 本基金会的原始基金数额为人民币捌佰万元，来源于唯一发起人阿拉善SEE生态协会的捐赠。

第五条 本基金会根据中国共产党章程的规定，设立中国共产党的组织，开展党的活动，为党组织的活动提供必要条件。暂不具备单独建立党组织条件的，可以通过建立联合党组织或由上级党组织选派党建工作指导员等方式，指导开展党的工作。本基金会邀请党组织负责人参加或列席本基金会管理层会议。党组织对本基金会重要事项决策、重要业务活动、大额经费开支、接收大额捐赠、开展涉外活动等提出意见。

本基金会的登记管理机关是北京市民政局，业务主管单位是北京市科协技术学会。本基金会接受登记管理机关、党建领导机关及业务主管单位的业务指导和监督管理。

第六条 本基金会的住所：北京市朝阳区来广营朝来高科技产业园创远路36号院3号楼4层。

第二章 业务范围

第七条 本基金会公益活动的业务范围：资助符合本基金会宗旨的有益于环境保护的公益项目和公益活动。

第三章 组织机构、负责人

第八条 本基金会由5~25名理事组成理事会。本基金会理事每届任期为3年，任期届满，连选可以连任。

第九条 理事的资格：

(一)热心基金会所从事的公益事业；

(二)能够尽职尽责，保障捐赠财产的使用符合捐赠人的意愿和基金会的公益目的，保障基金会财产的安全及保值增值；

(三)需为发起人向本基金会推荐的理事候选人。

第十条 理事的产生和罢免：

(一)第一届理事由业务主管单位、主要捐赠人、发起人分别提名并共同协商确定；

(二)理事会换届改选时，由业务主管单位、理事会、主要捐赠人共同提名候选人并组织换届领导小组，组织全部候选人共同选举产生新一届理事；

(三)罢免、增补理事应当经理事会表决通过，报业务主管单位审查同意；

(四)理事的选举和罢免结果报登记管理机关备案；

(五)具有近亲属关系的不得同时在理事会任职。

第十一条 理事的权利和义务：

(一)理事的权利：

1.对理事会权力范围内的事务，理事拥有平等的表达权和表决权；

2.理事有权对提交理事会会议的文件、材料提出质疑，要求说明；

3.理事有权向理事长提出召开临时会议或特别会议的建议；

4.除全职在基金会工作的秘书长外，其他理事不得在基金会领取报酬。

(二)理事的义务：

1.理事有义务了解基金会内部管理的各项政策和项目运作方式，掌握非营利组织的法律制度和外部环境，在理事会会议上充分发表意见，对表决事项行使表决权；

2.理事必须遵守本章程，遵从理事会决议，忠实履行职责，维护基金会及理事会的利益，不得利用在基金会的职权为自己谋取私利，不得侵占、挪用基金会财产，不得从事损害基金会利益的活动；

3.理事在未获得授权的情况下，不能代表基金会理事会或基金会发言；

4.理事有出席理事会的义务，并为议题准备专业性意见和提出与政策相关的建议议题；

5.理事有义务仔细审读基金会的财务报告，谨慎决策资金控制和运作，切实履行公共财产的信托责任；

6.理事有义务掌握基金会的竞争优势、劣势和需求，有义务拓展资源网络，动员社会力量，为基金会及其各项事业的持续发展提供支持。

第十二条 本基金会的决策机构是理事会。理事会行使下列职权：

(一)制定、修改章程；

(二)选举、罢免理事长、副理事长、秘书长;

(三)决定重大业务活动计划,包括资金的募集、管理和使用计划;

(四)年度收支预算及决算审定;

(五)制定内部管理制度;

(六)决定设立办事机构、分支机构或代表机构;

(七)决定由秘书长提名的副秘书长和各机构主要负责人的聘任;

(八)听取、审议秘书长的工作报告,检查秘书长的工作;

(九)决定基金会的分立、合并或终止;

(十)决定其他重大事项。

第十三条 理事会每年召开至少两次会议。理事会会议由理事长负责召集和主持。有 1/3 以上理事提议,必须召开理事会会议。如理事长不能召集,提议理事可推选召集人。召开理事会会议,理事长或召集人需提前 5 日通知全体理事、监事。

第十四条 理事会会议须有 2/3 以上理事出席方能召开;理事会决议须经出席理事过半数通过方为有效。

下列重要事项的决议,须经出席理事表决,2/3 以上通过方为有效:

(一)章程的修改;

(二)选举或者罢免理事长、副理事长、秘书长;

(三)章程规定的重大募捐、投资活动;

(四)基金会的分立、合并。

第十五条 理事会会议应当制作会议记录。形成决议的,应当当场制作会议纪要,并由出席理事审阅、签名。理事会决议违反法律、法规或章程规定,致使基金会遭受损失的,参与决议的理事应当承担责任。但经证明在表决时反对并记载于会议记录的,该理事可免除责任。

第十六条 本基金会设监事 5 名。监事任期与理事任期相同,期满可以连任。

第十七条 理事、理事的近亲属和基金会财会人员不得任监事。

第十八条 监事的产生和罢免:

(一)监事由主要捐赠人、业务主管单位选派;

(二)登记管理机关根据工作需要选派；

(三)监事的变更依照其产生程序。

第十九条　监事的权利和义务：

依照章程规定的程序检查基金会财务和会计资料，监督理事会遵守法律和章程的情况。

监事列席理事会会议，有权向理事会提出质询和建议，并应当向登记管理机关、业务主管单位以及税务、会计主管部门反映情况。

监事应当遵守有关法律法规和基金会章程，忠实履行职责。

第二十条　在本基金会领取报酬的理事不得超过理事总人数的1/3。监事和未在基金会担任专职工作的理事不得从基金会获取报酬。

第二十一条　本基金会理事遇有个人利益与基金会利益关联时，不得参与相关事宜的决策；基金会理事、监事及其近亲属如不得与基金会有任何交易行为。

第二十二条　理事会设理事长、副理事长，从理事中选举产生。

第二十三条　本基金会理事长、副理事长、秘书长必须符合以下条件：

(一)在本基金会业务领域内有较大影响；

(二)理事长、副理事长、秘书长最高任职年龄不超过70周岁，秘书长为专职；身体健康，能坚持正常工作；

(三)具有完全民事行为能力。

第二十四条　有下列情形之一的人员，不能担任本基金会的理事长、副理事长、秘书长：

(一)属于现职国家工作人员的；

(二)因犯罪被判处管制、拘役或者有期徒刑，刑期执行完毕之日起未逾5年的；

(三)因犯罪被判处剥夺政治权利正在执行期间或者曾经被判处剥夺政治权利的；

(四)曾在因违法被撤销登记的基金会担任理事长、副理事长或者秘书长，且对该基金会的违法行为负有个人责任，自该基金会被撤销之日起未逾5年的。

第二十五条　担任本基金会副理事长或者秘书长的香港居民、澳门居民、台湾居民以及外国人，每年在中国内地居留时间不得少于3个月。

第二十六条　本基金会的理事长、副理事长、秘书长每届任期3年，连任不超过两届。因特殊情况需超届连任的,须经理事会特殊程序表决通过,报业务主管单位审查并经登记管理机关批准同意后,方可任职。

第二十七条 本基金会理事长为基金会法定代表人。本基金会法定代表人不得兼任其他组织的法定代表人。本基金会法定代表人应当由中国内地居民担任。本基金会法定代表人在任期间,基金会发生违反《基金会管理条例》和本章程的行为,法定代表人应当承担相关责任。因法定代表人失职,导致基金会发生违法行为或基金会财产损失的,法定代表人应当承担个人责任。

第二十八条 本基金会理事长行使下列职权:

(一)召集并主持理事会会议;

(二)检查理事会决议的落实情况;

(三)代表基金会签署重要文件;

(四)向理事会提出秘书长任免的人选;

(五)决定秘书长提名的副秘书长的任免;

(六)代表理事会向发起人做工作报告;

(七)本章程和理事会赋予的其他权利;

本基金会副理事长、秘书长在理事长领导下开展工作,秘书长行使下列职权:

(一)主持秘书处日常工作,组织实施理事会的决议,完成理事会赋予的工作目标和任务;

(二)向理事会提出本基金会战略与规划的方案;

(三)向理事会提出本基金会工作计划和预算的方案;

(四)决定秘书处内部的管理规章制度;

(五)向理事长提出聘任或解聘副秘书长的提议;

(六)决定除副秘书长以外的秘书处工作人员的任免;

(七)定期向理事长、副理事长、理事会报告工作进展和财务计划的执行情况,以及为实施战略规划所采取的长期行动的进展情况,接受理事长、副理事长、理事和监事的监督和检查;

(八)协助理事长负责理事会、监事会会务;

(九)无条件配合监事会决定的定期和不定期的财务检查;

(十)章程和理事会赋予的其他职权。

第四章　财产的管理和使用

第二十九条　本基金会的收入来源于：

(一)"发起人"的自愿捐赠；

(二)其他自然人、法人或组织的自愿捐赠；

(三)投资收益；

(四)政府财政资助或拨款；

(五)其它合法收入。

第三十条　本基金会接受捐赠，应当遵守法律法规，符合章程规定的宗旨和公益活动的业务范围。

第三十一条　本基金会应当合理设计慈善项目，符合本基金会宗旨和章程的有关规定。优化实施流程，降低运行成本，提高慈善财产使用效益。

第三十二条　本基金会建立健全慈善项目的决策、执行、监督机制，对慈善项目的立项、审查、执行、控制、评估、反馈等环节建立科学、规范、有效的要求，设立项目管理机构，配备专职人员，行使项目管理职责。

第三十三条　本基金会按照公开、公平、公正的原则，确定慈善受益人。本基金会管理人员的利害关系人不得作为受益人。

第三十四条　本基金会开展重大慈善项目，应当由理事会表决通过，且同意的人数不得低于到会理事人数的2/3。

本基金会的重大慈善项目包括：

(一)捐赠(资助)超过500万元的慈善项目；

(二)其他的重大慈善项目。

本基金会开展重大慈善项目之前，应当及时向业务主管单位报备。

第三十五条　项目资金的使用要严格遵守国家财务会计制度的规定，按照捐赠协议专款专用。

慈善项目资金的管理使用要自觉接受财政部门、审计机关、业务主管单位、登记管理机关和社会公众的监督，认真履行信息公开义务，接受社会监督。

第三十六条　本基金会要加强慈善项目档案管理，保存慈善项目的完整信息，做好慈善项目的建档归档工作。

第三十七条 本基金会的财产及其他收入受法律保护,任何单位、个人不得侵占、私分、挪用。

第三十八条 本基金会根据章程规定的宗旨和公益活动的业务范围使用财产;捐赠协议明确了具体使用方式的捐赠,根据捐赠协议的约定使用。

接受捐赠的物资无法用于符合本基金会宗旨的用途时,基金会可以依法拍卖或者变卖,所得收入用于捐赠目的。

第三十九条 本基金会财产主要用于:

(一)业务活动成本;

(二)管理费用;

(三)筹资费用;

(四)资产保值、增值;

(五)理事会决定的其他用途。

第四十条 本基金会的重大募捐、重大资产变动、重大投资、重大交易及往来是指:

(一)一次性募捐超过500万元的活动,属于重大募捐;

(二)一次性超过50万元的投资,属于重大投资活动;

(三)发生50万元的资产变动,属于重大资产变动;

(四)500万元的交易及资金往来,属于重大交易和资金往来;

(五)其他的重大募捐、重大资产变动、重大投资、重大交易及资金往来。

第四十一条 本基金会按照合法、安全、有效的原则实现基金的保值、增值。

第四十二条 本基金会开展慈善活动的年度支出,遵行国家有关法律法规规定。本基金会的管理费用遵行国家有关法律法规规定。

第四十三条 本基金会开展公益资助项目,应当向社会公开所开展的公益资助项目种类以及申请、评审程序。

第四十四条 捐赠人有权向本基金会查询捐赠财产的使用、管理情况,并提出意见和建议。对于捐赠人的查询,基金会应当及时如实答复。

本基金会违反捐赠协议使用捐赠财产的,捐赠人有权要求基金会遵守捐赠协议或者向人民法院申请撤销捐赠行为、解除捐赠协议。

第四十五条　本基金会可以与受助人签订协议,约定资助方式、资助数额以及资金用途和使用方式。本基金会有权对资助的使用情况进行监督。受助人未按协议约定使用资助或者有其他违反协议情形的,本基金会有权解除资助协议。

第四十六条　本基金会应当执行国家统一的会计制度,依法进行会计核算、建立健全内部会计监督制度,保证会计资料合法、真实、准确、完整。

本基金会接受税务、会计主管部门依法实施的税务监督和会计监督。

第四十七条　本基金会配备具有专业资格的会计人员。会计不得兼出纳。会计人员调动工作或离职时,必须与接管人员办清交接手续。

第四十八条　本基金会每年1月1日至12月31日为业务及会计年度,每年3月31日前,理事会对下列事项进行审定:

(一)上年度业务报告及经费收支决算;

(二)本年度业务计划及经费收支预算;

(三)财产清册。

第四十九条　本基金会进行年报、换届、更换法定代表人以及清算,应当进行财务审计。

第五十条　本基金会按照《慈善法》《慈善组织信息公开办法》等法律法规,接受登记管理机关组织的年度报告工作。

第五十一条　本基金会依法履行信息公开义务,将年度工作报告和财务会计报告在登记管理机关指定的媒体上公布,接受社会公众的查询、监督。

第五章　终止和剩余财产处理

第五十二条　本基金会有以下情形之一,应当终止:

(一)出现不可抗力致使本基金会的宗旨无法完成;

(二)完成章程规定的宗旨;

(三)按国家法律法规和政策的规定应终止的;

(四)发起人决定;

(五)因发生分立或合并导致本基金会不再独立存在。

第五十三条　本基金会终止,应在理事会表决通过后15日内,报业务主管单位审查同意。经业务主管单位审查同意后15内,向登记管理机关申请注销登记。

第五十四条 本基金会办理注销登记前,应当在登记管理机关、业务主管单位的指导下成立清算组织,完成清算工作。本基金会应当自清算结束之日起15日内向登记管理机关办理注销登记;在清算期间不开展清算以外的活动。

第五十五条 清算后的剩余财产,应当按照章程的规定转给宗旨相同或者相似的慈善组织,章程未规定的,由民政部门转给相同或者相近的慈善组织,并向社会公告。

第六章 章程修改

第五十六条 本章程的修改,须经本基金会理事会表决通过后15日内,报业务主管单位审查同意。经业务主管单位审查同意后,报登记管理机关核准。

第七章 附则

第五十七条 本章程经2018年11月21日理事会表决通过。

第五十八条 本章程的解释权属于理事会。

第五十九条 本章程自登记管理机关核准之日起生效。

三、阿拉善SEE基金会资助的"一亿棵梭梭"项目

"一亿棵梭梭"项目由阿拉善SEE基金会发起,联合阿拉善盟政府相关部门、当地牧民、合作社,以及民间环保组织、企业家、公众,搭建多方参与平台,共同致力于用10年的时间(2014—2023年)在阿拉善关键生态区种植一亿棵以梭梭为代表的沙生植物,恢复200万亩荒漠植被,从而改善当地生态环境,遏制荒漠化蔓延趋势,借助梭梭的衍生经济价值提升牧民的生活水平。2017年,阿拉善SEE基金会与当地政府、合作社、农牧民等合作开展植被恢复类项目20.7万亩,涉及6个苏木(镇),15个嘎查,94户牧民与2个合作社。截至2017年底,已完成种植以梭梭为代表的沙生植物71.4万亩。在项目开展的过程中,阿拉善SEE基金会积极与当地相关政府部门,如阿拉善盟科技局、科学技术协会、气象局、农牧局等,联合开展形式多样的公益活动,累计公众参与人数达3000人以上。通过开展形式多样的公益活动将环保理念植入人心,并积极推动环境保护的社会化参与。

宁夏新社会组织的成长性与功能研究
——基于政府、企业与社会的视角

（一）项目背景

阿拉善位于内蒙古自治区的最西端，干旱少雨，风大沙多，据专家测算，阿拉善地区的生态会影响周围超过 200 万平方公里的地区，涉及甘肃、宁夏、内蒙古、陕西、山西、河北、北京和天津 8 个省（区、市），可以说，阿拉善地区的生态治理好坏直接影响我国整体环境。

由于自然、地理、历史等原因，阿拉善地区著名的巴丹吉林、腾格里、乌兰布和三大沙漠已在规划区域内多处交汇"握手"，并呈扩张之势。恢复天然生态屏障，阻止三大沙漠"握手"，防治荒漠化已经迫在眉睫。

（二）阿拉善地区的沙尘暴

阿拉善地区历史上曾有的 800 公里的以梭梭林为主体的荒漠植被带已经严重破坏和退化，而荒漠区梭梭的天然更新发展的速度是十分缓慢、艰难的，因此，必须采取人工促进的方式来恢复这片天然生态屏障。随着荒漠化加重，阿拉善地区已经成为我国最大的沙尘源地之一，我国沙尘暴北方的路径和西北路径均通过阿拉善地区，而沙尘暴造成的危害绝不亚于台风和龙卷风。阿拉善地区荒漠化影响着河西走廊、宁夏平原、河套平原三大商品粮基地和西北、华北生态安全，而且还严重威胁东风航天城周边的生态安全，影响辐射范围超过 200 万平方公里，同时流沙进入黄河导致河床抬高，行洪能力下降，有引发洪水的威胁。荒漠化导致阿拉善地区三大沙漠呈"握手"趋势，严重制约当地的经济社会发展，加重了农牧民的贫困化程度，许多地区失去了人畜生存条件，转变传统的生产生活方式已迫在眉睫。荒漠化还导致生物多样性锐减，许多动、植物在迅速消失，或者分布面积、种群数量锐减，一些啮齿类动物的天敌，比如狐狸、狼、秃鹫、鹰等在近几十年内迅速减少甚至基本灭绝，而一些鼠类、昆虫等因缺少天敌制衡大量繁殖而导致的危害则大面积发生。

（三）项目目标

总目标：在重点区域通过种植一亿棵梭梭恢复阿拉善地区的荒漠植被，搭建公众参与公益平台，减缓阿拉善地区荒漠化的进程。具体目标：(1) 种植一亿棵梭梭为阿拉善地区增加 200 万亩植被；(2) 通过建设 1.5 万亩 SEE 公益治沙示范基地，为一亿棵梭梭的实现探索有效的植被恢复方法；(3) 搭建公众参与环保公益项目的平台并探索"公益机构+政府+社区+公众"共同参与的多层次、多部门、多形式的荒漠化防治新模式;(4)探索出适应SEE与"一亿棵梭梭"项目的可持续筹资模式。

(四)阿拉善SEE基金会的解决方案

为了实现"一亿棵梭梭"的理想和规划,SEE与政府、社区、牧民共同努力,寻找既能实现荒漠化防治、生态恢复,又能为牧民增收、改善经济生态循环的模式和机制。在此基础上,SEE通过多形式、多渠道向各类社会团体、企业、个人募集资金,积极探索吸引社会资金投入生态建设的机制,形成合力。具体包括:(1)与当地政府达成共识,统一区域规划,统一操作标准;(2)苏海图社区的成功经验表明,以社区为基础的梭梭林恢复模式是实现可持续的保证,因此,项目要尽量在有社区的地域开展;(3)政府造林资金+SEE管护资金造林模式是确保成活率的有效措施;(4)"梭梭-肉苁蓉"沙产业可以促进项目可持续性。

(五)"一亿棵梭梭"项目区域规划

区域规划基于国家二类地质普查数据,根据选择标准,筛选出绿色区域为梭梭适宜种植区域,目前该区域仅恢复了15万亩/1400万亩。选择标准:年降雨量为50~150毫米;地下水深为3~5米;地形地貌为半固定沙地;植被盖度小于30%;社区基础为有常住户。

(六)公众参与

"一亿棵梭梭"项目向社会发布以后,借助SEE公募的力量,通过开展如"穿越贺兰山""五一春种"等大型体验、募捐活动,不仅一如既往得到了SEE会员的支持,还得到了线上网友及线下公众的广泛关注与支持。公众参与方式主要集中在线上募捐参与及现场活动开展两种方式。

四、阿拉善SEE基金会的启示

阿拉善SEE基金会是一个企业家自愿捐款、自发成立的治理荒漠化的环保组织基金会,已有近十年的历史了,从不足百人发起创立,至今先后有近四百名企业家参与了捐助活动,其中一些人已经连续保持十年不间断的捐款,千万元的资金不但在腾格里沙漠地区发挥了对大自然的保护作用,也逐步用于资助全国的环保组织与环保行动。基金会正准备变成资助全国性的企业家环保组织,进一步推动对中国逐步恶化的自然环境的治理与保护。

1976年10月8日,哈耶克在澳大利亚新南威尔士悉尼公共事务研究所做的

宁夏新社会组织的成长性与功能研究
——基于政府、企业与社会的视角

《民主向何处去》的讲座中说:"民主概念有一种含义,也就是我所谓的那种原初且真正的含义。正因为民主有这样一种含义,我才把它视为一种值得为之奋斗的崇高价值。事实证明,民主并不像人们曾经希望的那样是一种可以阻止专制和压制的特定手段。不过,作为一种能够使任何多数否弃它所不喜欢的政府的约定性安排,民主却有着不可估量的价值。"正如第四届阿拉善SEE生态协会章程委员会主席任志强所讲:"阿拉善SEE生态协会用一种民主制度的方式,让数百名大小不同的企业家完全处于平等的地位,统一于一个自我制订的章程的约束之下,共同为一个环保的行动而努力,这无疑在中国的社会组织建设中开创了一个先例。它既不是一个政府机构的公权组织,也不是一个私有股权的经济组织,而是一个企业家自愿出资、自愿投入时间与精力、自愿支持中国荒漠化治理与环保的公益组织。这就必须将被授予了决定权的管理者置于民主权利的约束之下,公开透明地接受会员的监督和社会的监督。这样才能让这个组织活得更长、走得更远。"

阿拉善SEE生态协会是一个非常有研究价值的范例,"我会将阿拉善写在我的墓志铭上。"企业家刘晓光曾说。阿拉善是刘晓光的精神伊甸园,也是刘晓光的光。更为重要的是,让他的个人理想,蜕变成"中国企业家一个群体的梦"。下面的这首诗代表了中国企业家刘晓光的理想,同时也是一个SEE发起人的梦想。

逝去的终将逝去/我们拒绝迷途/诺亚方舟不会搁浅!/这个地球需要改变/我们的生存环境需要美丽的容颜/做一个无名英雄吧/大地用青翠为我们加冕。

那"中国企业家一个群体的梦"又是什么呢?通过下面这首《阿拉善宣言》,我们更能感受到企业家群体创办SEE的价值趋向与理想主义情怀。

为什么我们这些企业家要从五湖四海来到阿拉善沙漠?为什么我们要成立一个"阿拉善SEE"来参与中国治理沙尘暴的事业?因为我们心中有希望和梦想。我们希望中国经济愈来愈发达,人民愈来愈富裕,我们希望人与人之间更加友好和善,我们希望中华大地山清水秀,一片生机勃勃,我们希望世界人民共同生活在一个美丽的地球村上,我们梦想一个人人有机会实现自己心愿的大同世界。

第五章 宁夏基金会成长与功能测度

中国的现代化进程,使中国社会走上了和平发展之路,中国经济得以持续增长,人民物质生活水平得以稳步提高,中国社会得以全面进步,中华民族进入了全新的发展时期。回顾中华民族百年苦难的历史,我们为我们的时代感到骄傲和自豪,我们极为珍惜历史给予我们的自由创新与和平发展的大好机会,我们愿意本着建设性的态度,理性地面对我们遇到的诸多困难和问题,在发展的进程中逐一将其解决。

我们认识到,在中国经济持续高速增长的同时,我们的一些对自然不友好的思想方式、生产方式和生活方式,正在日渐毁坏与我们唇齿相依的自然环境。我们过去所取得的那些经济成就中,有不少是建立在巨大的环境成本之上的。空气和水污染、江河湖泊枯竭、洪灾旱灾频繁发生,森林面积缩小、草场退化、生物多样性锐减、土地荒漠化、沙尘暴兴起,这些问题影响到百姓生命财产的安全,影响到我们企业经营的环境,影响到社会的稳定,影响到中华民族的生存根基。自然环境是人类的依托,如果自然环境被我们彻底破坏了,我们的一切梦想和追求也就失去了依托。在生态环境日趋恶化的今天,我们不得不问自己一个问题:我能为环境质量改善做点什么?

由于人口众多,资源稀缺,环境容量小,企业科技积累较低,中国的现代化进程将持续面临环境资源的压力。经济与生态的双重压力,要求我们企业家自觉地将企业发展和环境保护共同纳入视野,要求我们积极寻求经济增长与环境保护的统一,要求我们努力探寻中国新的现代化道路。新的时代新的问题新的责任,要求我们不断超越自己身上的不足和局限,要求我们培育起新的价值观、新的理想、新的人格、新的行为规范。

基于这样的自觉和共识,我们这些来自不同区域、不同行业、不同所有制的企业家们自觉地汇合于阿拉善沙漠,共同签署本宣言。我们大家将各尽所能,努力使"阿拉善SEE生态协会"得到中国社会和世界的认可,使之发展成为中国治理沙尘暴最重要的环境公益机构。我们愿为本宣言所倡导的愿望和梦想而真诚努力。

第六章　宁夏社会企业成长与功能测度

何谓社会企业？社会企业与传统的企业到底区别何在？宁夏有无社会企业？宁夏社会企业的规模到底有多大？其定义和属性又该如何界定？可否在宁夏找到一个既具有社会企业特点，又在全国具有影响力的这样一个范例？带着这些疑问，我们开始本章的研究。

第一节　社会企业的内涵

一、社会企业的定义

社会企业旨在解决社会问题、增进公众福利，而非追求自身利润最大化的企业。投资者拥有企业所有权，企业采用商业模式进行运作并获取资源，投资者在收回投资之后也不再参与分红，盈余再投资于企业或社区发展。[1]

二、社会企业的属性特征

社会企业具有以下三个属性特征。第一个特征企业倾向。直接为市场生产产品或者提供服务。从企业性质来讲，社会企业具备一般性企业所具有的三个基本属

---

[1] https://baike.so.com/doc/5581043-5793923.html.

性:经济性、营利性和独立性。在资金来源上,社会企业是以市场为基础,经营收入是其主要资金来源。与一般性企业一致,社会企业完全具备上述三个特征。第二个特征:社会目标。除了开发股东的善意之举外,为解决传统的非营利组织在资金来源上面临的紧张局面,非营利组织开始尝试通过经营性活动来创造利润。但与普通企业不同,社会企业的目标并不是单一的利润创造,而是在利润和社会目标之间寻求一种平衡,实现社会目标与经济目标的统一。第三个特征:社会所有权。社会企业是自主性组织,其治理结构和所有权结构通常建立在利益相关群体参与或者代表利益相关群体的受托人或董事参与的基础上。在所有权上,它不隶属于任何组织和个人,任何组织和个人都没有权利对社会企业的资产进行处置。因此,与一般企业用利润回报股东相比,社会企业的资产和利润,不能进行分配,只能留存用于其自身发展。[①]

表6-1 社会企业、传统非营利组织与营利组织的比较[②]

组织类型	组织目标	价值创造	资金来源	利润分配	活动典型示例
传统非营利组织	社会目标	社会价值	捐赠为基础,政府补助和捐款	无营利,资金运用主要针对特定地区和特定群体	扶助弱势群体,提供服务等
社会企业	营利并实现其社会目标	社会价值	市场为基础,经营收入是其主要资金来源,不排除募集资金	发展社会服务或投资于企业本身	为弱势群体创造培训、就业机会;鼓励公众参与;提高环保意识;提倡可持续消费等
		经济价值			
营利组织	营利,也有社会目标	经济价值	投资银行、风险投资家、其他的投资资金	股东和投资者	生产产品提供服务

①②转引自张京泽等."黄河善谷"背景下的红寺堡区慈善产业发展[C]//红寺堡生态移民区域发展新视角.银川:宁夏人民出版社,2013:312-314.

三、社会企业家精神

社会企业是为了解决社会问题,其本质上是由社会企业家创办的,社会企业家同样也具有类似企业的企业家精神,我们称之为"社会企业家精神",那么社会企业家到底是怎样的一群人呢？我们用 3A 来做一个简单的概括,社会企业家是一群具有 3A 特质的人。这 3A 分别是:Aim——驱动力,以更公平、更有效、更可持续地解决社会问题为目标导向;Approach——创新力,为达到资源的优化配置和有效利用而进行的模式、机制、工具和方法的创新;Action——执行力,组织和团队实施创新解决方案、达成社会目标的执行能力。①

社会企业由其属性和特征可以看出:其创新性与可持续性不可模仿,所以同一般的企业共性不一致,个性化非常强,因此,我们难以用组织的共性特征描述其内部治理体系,为了破解这一问题,本章选择了一个具有宁夏本土化的典型的社会企业的案例为实证,从而进行社会企业的成长和功能测度。

第二节　社会企业典型案例：宁夏惠民小额信贷

一、宁夏惠民小额信贷的由来

宁夏南部山区地处黄土高原与风沙干旱地带,在恶劣的自然环境下,脱贫成为农村社区发展的瓶颈。为了摆脱贫困,当地社区居民开始探索脱贫发展之路。于是,1996 年沙地资源开发协会——一个草根性的 NGO 组织在宁夏盐池诞生,1998 年该协会更名为宁夏南部山区农村发展中心,2002 年,该机构正式更名为宁夏扶贫与环境改造中心（简称"宁夏 CEPA"）。②宁夏 CEPA 是一个活跃在中国西部最贫困、自然环境最恶劣地区,以帮助和支持穷人、改造环境为己任的非营利组织。

宁夏 CEPA 的发展在很大程度上得益于国际性合作项目的推动。盐池县位于

---

①王平.社会企业家是怎样炼成的——友成基金会理事长王平在中国社会创业家年会暨社创之星总决赛开启论坛上的开幕演讲,2015-06-02.(内部资料,友成文集)
②宁夏扶贫与环境改造中心（以下简称"中心"）是由宁夏回族自治区扶贫办公室主管的,在宁夏回族自治区民政厅正式登记注册（宁民政字第 060081 号）的,以帮助和支持穷人、改造环境为主要使命的非政府组织。它是中国民促会、中国社会工作协会社会公益工作委员会的会员单位。

宁夏东部，是中国沙漠化最严重的地区之一，也是中国政府确定的重点贫困县之一。1997年，宁夏CEPA的前身与国际非营利组织爱德基金会首次合作。在爱德基金会的资助下，宁夏CEPA开展了"爱德盐池县沙地治理与社区综合发展"项目，该项目由爱德基金会(资金来自德国EED)资助，共分为3期，总投资3100万元，其中爱德基金会援助1410万元，其余部分为政府配套和农民自筹（见表6-2）。

表6-2 盐池县沙地治理与社区综合发展项目

项目内容	项目措施	关注的主要问题
涉及环境改善(造林、种草、围栏)和生产条件改善(打井、平地、建畜棚)	通过制定建立在广大农户需求基础上的参与式村级发展规划	目标群体有组织地参与到项目及发展自我的行动中来
生活条件改善(饮水、沼气等);能力建设(建立组织、培训);教育项目(失学儿童重返校园、危校重建);小额信贷	成立协会、项目实施及小额信贷等农民自我发展组织；推行以公开、民主、公正为目标的社区管理制度，来实现环境、生产、生活、教育等条件的改善	发展资源高效率地到达贫困人口，实现均衡受益；能力优先、项目人群和社区发展能力得到提升

宁夏CEPA发展的一个关键点是成功地实施了盐池小额信贷项目。盐池小额信贷始于"爱德盐池县沙地治理与社区综合发展"项目的子项目，后在多方支持下，参照孟加拉乡村银行(GB)模式，运用参与式扶贫的方法，并结合盐池实际和当地农户的信贷需求而精心设计的。2000年，盐池小额信贷从宁夏南部山区农村发展中心(宁夏CEPA的前身)独立出来，在民政部门注册成立了盐池县妇女发展协会，协会下设小额信贷中心，经过近13年的努力，形成了适合盐池本地的小额信贷模式。2008年，经自治区金融办批准，通过工商部门注册成立了"宁夏惠民小额信贷有限公司"，这是中国公益性小额信贷机构中第一家获得批准成立公司的机构。它下设盐池和同心两个小额信贷中心。

二、宁夏惠民小额信贷模式及功能测度

(一)小额信贷

小额信贷在全球反贫困事业中发挥了重要作用。但早期的小额信贷主要由非

宁夏新社会组织的成长性与功能研究
—— 基于政府、企业与社会的视角

营利组织承担,这种模式由于不能实现机构自身的财务可持续发展而影响了服务的覆盖面和服务深度。20世纪90年代以后,一些小额信贷机构开始按照商业逻辑开展小额信贷服务。这种模式虽然保证了机构财务的可持续,但其对股东利益最大化的追逐往往又会导致其偏离服务的目标。如何处理好机构的社会目标与其经济目标的平衡,是困扰小额信贷可持续发展所面临的主要问题。

为平衡双重目标约束,引入社会企业这一新型的组织形态。换言之,作为社会企业的小额信贷需要在经营过程中遵守企业的规则,讲究成本核算、内部治理和风险控制,但其终极目标并不是机构或股东利益最大化,而是要通过机构的可持续发展来推动扶贫目标在更大范围和更深层次上的实现。将企业的社会理性与其经济理性从目标和手段上进行适度分离,是社会企业制度的设计逻辑,也是其取得成功的重要经验。

(二)宁夏惠民小额信贷的注册资本和运营资本

宁夏惠民小额信贷其成立之初的注册资本金为2000万元;其中盐池妇女发展协会790万元,宁夏扶贫与环境改造中心100万元,爱德基金会188万元,嘉道理基金会300万元,宁夏绿海苜蓿草产业有限公司322万元,宁夏众工电器工程有限公司300万元(见图6-1)。

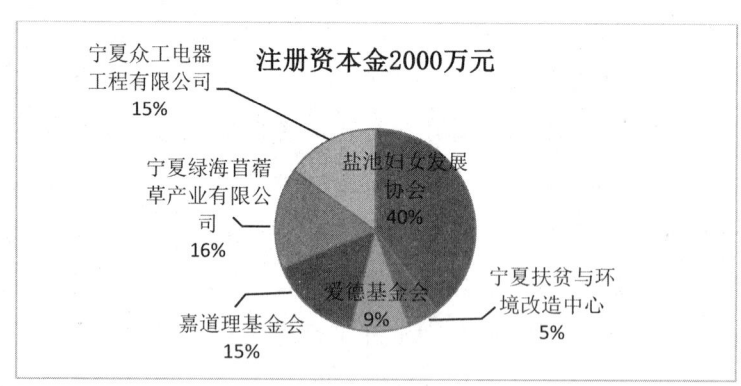

图6-1 宁夏惠民小额信贷注册资本金构成

由图6-1可以看出:盐池妇女发展协会、宁夏扶贫与环境改造中心、爱德基金会、嘉道理基金会4家非营利组织合资1378万元,占注册总资本的69%。宁夏绿海苜蓿草产业有限公司和宁夏众工电器工程有限公司合资622万元,仅占总资本的

31%。由此可见,从性质上讲,惠民盐池小额信贷的控股权在四家非营利组织,保证了其社会目标的实现,而2家与社会目标相关的公司型组织在实现社会目标的同时,也希望能够实现其商业目标。因此,盐池惠民小额信贷从根本上讲是一家社会企业,同时很好地控制了商业目标和社会目标的实现。

宁夏惠民小额信贷在成立之初的运营资本除了上述的注册资本金外,国家开发银行给予了5年期的信贷1000万元,因而其运营资本金构成如图6-2。4家非营利组织1378万,2家公司622万元,国开行1000万元。

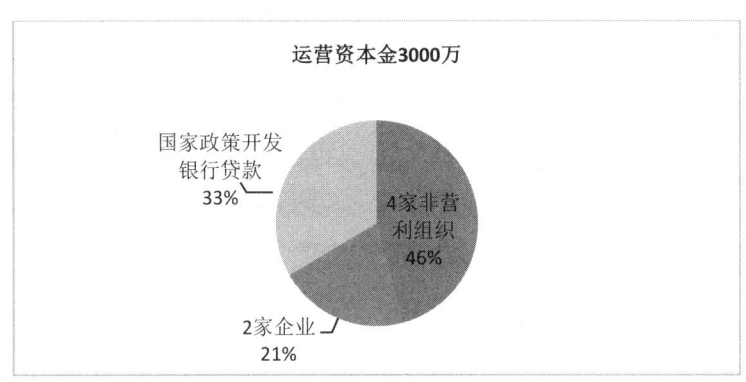

图6-2 宁夏惠民小额信贷运营资本金构成

由图6-2可以看出:宁夏惠民小额信贷运营资本占比中:4家非营利组织占比46%,国开行占比33%,2家企业占比21%。由此可见:宁夏惠民小额信贷是政府、企业和社会共同构建的社会企业。

(三)宁夏惠民小额信贷运作的制度设计

宁夏惠民小额信贷运作的制度设计可以从小额信贷管理机制和小额信贷管理内容两个方面来设计。小额信贷管理机制又从信贷对象、信贷用途、联保机制、贷款额度、运管费、信贷周期及还款方式、风险保证金和附加8个条款进行规定(见表6-3)。

(四)宁夏惠民小额信贷的操作程序

宁夏惠民小额信贷的操作程序可以从操作程序、具体内容两个方面来设计。小额信贷操作程序又从申请、调查摸底、成立村级小额信贷组织、小额信贷培训、客户申请、审核、审批、发放贷款、村组例会和总结9个条款进行规定(见表6-4)。

表6-3 "宁夏惠民小额信贷"的制度设计

小额信贷管理机制	小额信贷管理内容
信贷对象	具有完全民事行为能力的、常年、长期居住在当地农村且具有生产、经营能力的农村贫困妇女
信贷用途	贷款客户根据自身的技能和优势选择经营项目,资金用于自我选择的、有利于环境改善的生产经营性创收项目
联保机制	以自然村为单位成立信贷村组,每个村组由若干个联保小组组成,4~7户自愿组成平等互助、连带担保的小组。组员作为丙方,通过村组(乙方)从"中心"(甲方)获得贷款
贷款额度	基础贷款,根据农户实际需求申请贷款,第一轮最高额以2000元为限,以后每轮增加500~1000元（一年期贷款的增加额为1000元）,逐轮滚动,5000元为最高;发展性贷款,面向经过几轮信贷且有良好信用的基本客户,最高限额为5000元
运管费	包括贷款利息和村组活动资金。每季度交纳,按贷款额度每年11.4%(其中:利息为10.2%,1.2%属于村组运作活动资金)的比例交纳
信贷周期及还款方式	每轮贷款周期为半年至一年(新村组为半年);采取一次性发放贷款的方式,按季度交纳运管费,期满时一次性还清本金
风险保证金	贷款后一个月开始,每次村组会议存入贷款额度的1%,一轮结束时需存足贷款额的5%的个人自由存储资金(一年期贷款,需存足贷款额的10%个人自由存储资金)
附加条款	每月召开一次村组例会,进行收放贷款、培训和文化娱乐等活动

表6-4 "宁夏惠民小额信贷"操作程序[①]

操作程序	具体内容
申请	由村级向公司提出贷款申请
调查摸底	通过召开乡村干部座谈会、村民(妇女)座谈会,以及走访农户等方式,对目标村的贫困状况、地貌、村庄的基本情况、农户的基本情况进行调查摸底
成立村级小额信贷组织	由4~7户农户组成联保小组,以自然村为单位由3~7个小组组成村级信贷大组
小额信贷培训	对申请小额信贷的农户进行培训。同时,审核信贷小组、讨论完善并制定村组考勤与考核的管理制度,帮助组员制定经营计划

---

① 彭婧,李东林.宁夏盐池小额贷款的实践——社会企业视角[J].中国非营利评论,2010(2).

续表

操作程序	具体内容
客户申请	贷款农户首先向村组提交贷款申请,再由村组汇总农户贷款信息后向公司提交村组申请
审核	村组大组长、推广员、协调员逐级审核上报
审批	经理审批
发放贷款	村组大组长、推广员、协调员负责鉴定贷款合同,发放贷款
村组例会	开展村组活动、项目经营跟踪服务和调查、农业技术指导、发放报刊和农户家庭记账本、组织扫盲学习等
总结	推广员对各村的每轮贷款进行经验总结,并对下轮贷款提出初步意见
下轮贷款的准备	推广员将上轮贷款工作中存在的问题予以适度解决,并对下轮贷款工作做好准备

三、宁夏惠民小额信贷社会企业的经验及启示

上述宁夏惠民小额信贷模式实践表明,惠民小额信贷企业化转型非但没有使其偏离精准扶贫目标,反而因为服务能力的精准而使扶贫目标在更大范围和更深程度上得到实现,在面向农村服务微小的社会目标与机构自身的商业可持续目标之间,形成了某种程度的兼容和互动,其具体做法有如下经验启示[①]:

(一)开展规模经营,降低单位运营成本

服务规模偏小是导致很多小额信贷机构运营成本高,经营难以为继的一个主要原因。这也是为什么国际上可持续的小额信贷机构绝大部分都分布在贫困、低收入人口众多的发展中国家和地区,且通常都具有较大规模。宁夏惠民小额信贷则充分利用正式化、合法化转型所带来的制度优势和融资优势,以连锁经营方式突破单一县域目标客户群体过小而带来的规模扩张约束。

(二)寻求政府及相关金融机构的包容和支持

宁夏惠民小额信贷1996年即已启动,但由于缺乏相关金融政策的支持,其业务扩张一直受到自有资本和外部融资困难的困扰和限制。2007年,宁夏自治区金

[①] 谢丽霜等.社会企业视角下的小额信贷可持续发展研究——以盐池小额信贷转型实践为例[J].宁夏社会科学,2012(4).

宁夏新社会组织的成长性与功能研究
—— 基于政府、企业与社会的视角

融办将其纳入地方金融体系建设并予以支持之后才得以扭转。国家开发银行和地方政府融资平台分别先后向其注入8000万元抵押担保贷款。由此可见，政府和区域制度环境对小额信贷的包容和支持非常重要。宁夏惠民小额信贷在平衡双重目标约束的过程中，充分利用了这一优势，寻求并获得政府和整个金融体系的支持。

（三）对GB模式进行本土化改良和创新

小额信贷的服务对象是生活在社会底层的没有抵押担保能力的穷人和贫困妇女，这使其具有较高的贷款风险。盐池小额信贷在借鉴孟加拉国GB模式的同时，还从成本核算、可持续发展、农户需求出发对其进行因地制宜的改良和创新。例如，利用熟人社会特有的人际信任及声誉机制促成融资契约的达成与实施，是GB模式小额信贷的突出特点，也是其取得成功的主要原因。宁夏惠民小额信贷在借鉴这一模式，建立联保小组并以自然村为单位组建自组织性质的信贷村组的同时，还结合每月一次的信贷村组例会，组织开展各类文化娱乐活动，以加强信贷村组成员间的互动与互信，进一步夯实人际信任及声誉机制的作用基础。除此之外，宁夏小额信贷近年来还积极寻求与政府的合作，将机构的可持续发展与当地政府的反贫困项目（如生态移民工程）、精准扶贫支持项目结合起来，努力争取承接更多的来自政策性金融机构和政府财政支农资金的委托贷款，这一点也与GB模式有所不同。这些本土化改良和创新，极大地增强了宁夏惠民小额信贷的地方适应性。

（四）建立有效率的内部治理机制

具体体现在：除了一般的构建公司法人治理结构与加强组织的制度化建设之外，还采取本土化的人员聘用策略，机构招聘的信贷员全部为当地农村的回乡青年，他们每天的工作就是走村串户，搜集贷款农户关于贷款资格、资金投向、贷款使用情况、用途真实性及还款能力等方面的信息。同时，科学设计组织流程，下设两个小额信贷中心，每个中心下设中心主任、协调员、推广员（即信贷员）等三个组织层级并通过报告制度保证层级间的信息畅通，从而形成了以信贷员为纽带的灵活、便捷、高效的小额信贷运作机制。

（五）坚持公益资本控股

转型为小额信贷公司之后，很多企业看中宁夏惠民小额信贷的盈利能力和发展潜力而有意投资加盟，但为了保持公益资本控股，宁夏惠民小额信贷对那些只强调高成长率和最大限度价值回报的企业资本一直不予接受。到目前为止,宁夏惠民小额信贷只吸收了两家企业入股,占公司注册资本金的31%,公益资本一直保持控股地位,其中,盐池妇女发展协会占40%,为公司第一大股东,嘉道理基金会、爱得基金会、宁夏扶贫与环境改造中心等三家非政府机构分别占15%、9%和5%。

(六)坚持面向贫困地区,以贫困、低收入人口为主要服务对象

坚持小额放贷,让更多农户受益。机构在资金规模扩大之后,仍然坚持"微贷惠民"的价值理念,强调"客户量达到一定数量之后资金才能达到相应的水平",如1000万的贷款,应该贷给2000个农户而不是1000个农户,并据此设计业绩考核制度,对信贷员负责的客户数量和贷款数额进行监督。坚持微利基础上的可持续发展。转型后的宁夏惠民小额信贷并没有以股东利益最大化为首要目标,而是将企业化运作得到的更多利润用于支持机构的各项社会公益活动。譬如规定公司必须每年保证将15%的费用用于支持客户能力建设,组织借款农户参加各种活动等。

第七章 政府、企业与社会：银川阅海湾CBD案例

第一节 阅海湾CBD楼宇经济中的政府职能、问题及优化

一、CBD楼宇经济的内涵、经济发展模式与一般政府职能

(一)楼宇经济的内涵

楼宇经济是一种新兴经济形态，是一个复合的经济概念，国内外目前都没有对楼宇经济形成统一定义。有学者总结提炼出"城市经济发展到一定阶段涌现出来的一种集约型、高密度的特色产业组织模式，以非住宅楼为载体，通过出租或出售引进企业，从而形成新税源，推动区域经济发展"[1]。也有学者将楼宇经济阐述为"一种对城市经济发展具有较强带动作用的经济形态，以商务楼或工业楼宇为载体，重点发展现代服务业，具有高集聚、高效益的特点"[2]。综上所述，笔者对楼宇经济的概念总结如下：楼宇经济是一种经济现象，当城市和社会经济发展到一定阶段时候，楼宇经济现象便自然形成。从本质上看，楼宇经济的发展观念体现一种空间思维，它依托"楼宇"，变"平面经济"为"立体经济"，提高原有空间使用率和产出率，增加就

---

[1] 李耀东,李耀平,李毅.方兴未艾的楼宇经济[J].经济问题探索,2004(8).
[2] 毕波,吴晓雷.城市楼宇经济空间布局的研究与思考[J].规划师,2006(2).

业、税收,促进当地经济社会发展。

(二)楼宇经济发展模式

根据中央商务区楼宇经济发展主体的不同,可分为政府主导型、政府引导型、政府参与型。①

1.政府主导型

主要是指在楼宇经济发展中,地方政府发挥主导作用,在区域规划、产业布局等方面进行干预和扶持,实现产业要素集聚,打造楼宇经济。在这种模式下,政府主要提供公共产品或准公共产品:一是基础设施及配套,包含公共交通、通信、网络、供水、供电、供暖等生活设施,以及酒店、会展、餐饮、娱乐等配套;二是发挥组织者作用,由政府通过征地拆迁"从无到有"按照发展规划建设楼宇群,或者是按照规划整合原有较为分散的楼宇群,由政府实现产业转移与资源配置的有机结合。

2.政府引导型

这种模式也可以被称为多元合作型模式,即楼宇经济发展由政府、楼宇开发企业、入驻企业、物业、中介组织等共同参与,其中政府通过决策的制定与政策的出台来发挥引导、规范、提升作用,在增加楼宇经济发展活力的同时,健全楼宇运行机制,及时校正市场失灵,是目前楼宇经济发展中最普遍的政府职能模式。例如政府制定出台财政扶持、税收优惠、人才引进、物业减免等方面的政策,打造政策高地;形成楼宇经济发展计划,制定楼宇经济发展标准,对设施老旧、效益低下的楼宇及时进行"腾笼换鸟"等。

3.政府参与型

这种模式一般多见于楼宇经济发展成熟阶段。楼宇经济发展成熟期的发展主要由市场和企业之间的互动来推进,政府扮演调控与支撑的辅助角色,主要是在出现市场失灵的情况下,发挥管理服务职能,及时调配各项资源,并不直接参与楼宇经济发展。

(三)楼宇经济中的一般政府职能

政府职能,是国家行政机关依法管理公共事务时所承担的职责和所具有的功

---

①梁志勇. 产业集群发展与政府经济职能定位[J]. 大连干部学刊,2006(5).

宁夏新社会组织的成长性与功能研究
——基于政府、企业与社会的视角

能。政府职能包括政治、经济、文化、社会保障四个方面。楼宇经济是一种市场经济形态，楼宇经济中的政府职能，主要是指经济职能。马斯格雷夫将政府经济职能归纳为：配置、稳定和分配。配置功能指的是分配公共资源；稳定功能强调税收、公共支出和国债的利用，管理短期经济需求，提高社会资源的使用效率；分配功能强调公权对社会个体收入进行再分配。具体来说，将楼宇经济发展中的政府职能分为调控、扶持、服务三个方面。调控包括制定楼宇经济产业布局及楼宇经济产业发展规划，维护经济市场秩序，维护行业自律，引导楼宇经济集聚健康发展。扶持主要是政府制定出台优惠政策，或设立产业发展专项资金。服务包括完善软硬件配套、加大人才引进及培育力度，建立与楼宇经济发展相适应的服务平台体系，为企业沟通交流搭建平台，降低信息交换成本，定期为企业提供咨询服务，定期开展人才交流会等。

在我国，绝大多数的中央商务区楼宇经济发展模式均是政府主导或政府引导，政府是楼宇经济发展的主要力量，而中央商务区管委会或服务中心作为具体推进者，需要与当地政府做好统筹协调。中央商务区管委会或服务中心主要履行制定政策、出台法律法规等职能，以此来规避楼宇经济的"市场失灵"。

（四）分析楼宇经济政府职能的工具：公共管理"三圈理论"

公共管理"三圈理论"认为，制定公共政策或实现战略规划，必须考虑三个问题：首先，政策或规划实施是否具有公共价值，公共利益是否在实施过程中得到了重视，此项为"价值"（V）；其次，为实现政策目标或规划目标而投入的资源条件是否达到一定要求，此项为"能力"（C）；最后，是否获得政策或目标所涉及的利益相关方的支持与配合，此项为"支持"（S）[①]。"价值""能力""支持"三要素以三个圈构成了理论框架和分析模型，如图7-1。

理论上来讲，好的政策或规划应该是价值、能力、支持的统一，即三圈重合区域。但现实中，由于客观和主观因素影响，很难实现三因素的统一。三因素相交形成的区域，分别有以下六种。耐克区（V+C+S），三个因素统一的理想模式；梦想区（V），即只位于价值区，缺乏实施的能力和相关方支持，只能停留在蓝图阶段；梦想实现

[①] 李巍. 长沙市楼宇经济发展中的政府职能研究[D]. 长沙：湖南大学，2015.

第七章 政府、企业与社会：银川阅海湾CBD案例

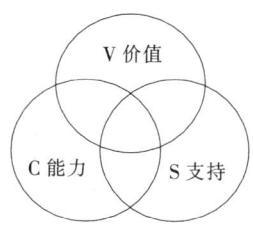

图 7-1 公共管理"三圈理论"示意图

区(V+C)，位于价值和能力两个圈重叠部分，因缺乏支持而暂时无法实施；风险项目区(V+S)，位于价值和支持两个圈交叠部分，因组织实施能力不足而具有风险；别人的梦想区(S)，只位于支持区，没有公共价值和组织能力；噩梦区(C+S)，这是最不理想的一种情况，有广泛支持和强大的组织能力，但没有价值，实施政策或项目会造成极大损失。

(五)楼宇经济政府职能"三圈理论"的内涵

1.楼宇经济政府职能"价值圈"内涵

银川阅海湾中央商务区作为区、市承载现代服务业的重要平台，发展楼宇经济的主要目的就是增加区域经济效益、提高土地使用率、优化产业结构、培育完整产业链、实现集约聚集发展，使得"价值"最大化。同时，在制定楼宇经济发展政策的时候，必须进行充分调查分析，有效利用有限资源，兼顾楼宇经济利益相关方如企业、社会、第三方组织等利益，这样政策制定和实施才会因为得到支持而更有价值，从而推动楼宇经济发展。

2.楼宇经济政府职能"能力圈"内涵

楼宇经济政府职能具有"价值"，还需要政府有"能力"去具体实施。这里的能力包括不限于人才、资金、资本、技术、信息等。"能力"决定了"支持"的强度，虽然与"价值"没有直接相关关系，但优秀的"能力"能实现楼宇经济发展的最佳效益，体现了政府职能的"价值"。

3.楼宇经济政府职能"支持圈"内涵

政府为了更好地推进楼宇经济发展，在发挥政府职能时要获得楼宇经济利益相关者的充分支持。楼宇经济发展涉及政府、企业、社会等多个主体，政府职能需要依靠政府来发挥，但职能发挥能否发挥实效离不开其他主体的支持。多个主体，各

宁夏新社会组织的成长性与功能研究
——基于政府、企业与社会的视角

有各的利益出发点,政府的主要任务就是找到利益平衡点,或者取得大部分的支持,才能保证顺利执行相关职能或政策。

二、阅海湾中央商务区楼宇经济发展中的政府职能履行

(一)发展楼宇经济的政府主要部门及职能内容

2011年8月18日,银川市机构编制委员会同意设置银川阅海湾中央商务区服务中心,为银川市政府直属正处级事业单位,由银川市金凤区政府代管。

1.政府主要部门

(1)运作模式。园区实行"市区共建,以区为主,责任明晰,独立运行,市场运作、自负盈亏"的运作模式。市区共建是指银川市、金凤区共同负责商务区的规划建设、土地运作、招商引资、项目服务、政策优惠等工作;以区为主是指主要由金凤区承担资金运作、征地拆迁安置、基础设施建设、招商引资、项目服务、政策落实等具体工作;责任明晰是指银川市主要负责规划审批、土地挂牌、工程管理、资金配套、政策制定等宏观管理工作,金凤区负责具体组织实施;独立运行是指商务区内的规划、土地、建设、资金、政策等单独运行管理;市场运作是指商务区内的企业总部项目、商务中心区项目和部分基础设施建设项目全部采取市场化运作方式,政府不参与投资,只进行宏观管理;自负盈亏是指商务区管委会财务收支自求平衡,即商务区土地收益专项用于土地征用、拆迁、安置、补助奖励和基础设施建设,不足部分由服务中心自筹,政府不再增加投入。

(2)管理体制。商务区实行领导小组领导下的管委会负责制,银川市政府成立银川阅海湾中央商务区建设管理领导小组,市长兼任领导小组组长,主管建设副市长、金凤区党委书记、金凤区区长兼任领导小组副组长;市发改、财政、规划、土地、建设、住房保障、园林、水务、交通、城管、商务、消防、经济合作、工商、税务、电力等部门负责人及金凤区分管副区长为领导小组成员。

2.职能内容

(1)银川市级层面。主要有市发改委、财政局、商务局、经合局、市场监督管理局、税务局、人力资源社会保障局和统计局,以及与楼宇的建设、运营有关的国土资源局、规划局、城管局、交通运输局等(见表7-1)。

表 7-1 主要负责楼宇经济的部门及职能①

部门	主要工作内容	职能分类
发改委	负责统筹制定服务业发展规划和产业政策,以及统计考核	调控
财政局	负责资金投入以支持建设重大基础设施、公共服务平台和集聚区发展,贯彻促进服务业发展的财税政策	扶持、服务
经合局、商务局	负责楼宇招商,组织招商活动,对接企业	
场监督管理局	负责办理工商注册、变更、企业年审等	调控
税务局	负责办理税务登记、变更,组织企业依法依规纳税	
统计局	负责建立统计制度,规范统计范围,完善统计方法	
人力资源社会保障局、组织部	负责现代服务业人才引进,支持建立人才培育基地	服务

(2)金凤区层面。金凤区级部门与银川市级相关部门工作内容基本一致,金凤区层面负责组织落实。

(3)银川阅海湾中央商务区服务中心层面。下设综合办公室、规划建设土地部、经济合作部三个职能部门。2014年12月31日,银川阅海湾中央商务区代表金凤区政府出资注册成立银川阅海湾投资开发有限责任公司,其性质为国有独资公司,具有独立法人资格。2017年6月1日,银川阅海湾中央商务区服务中心独立出资成立银川阅海湾产业发展有限公司(见图7-2)。

银川阅海湾中央商务区服务中心的行政机构和国有企业各司其职,共同承担园区楼宇经济发展中的调控、扶持、服务职能(见表7-2)。

(二)政府发展楼宇经济的职能履行现状

1.调控职能履行现状

(1)规划布局:银川市在城市空间布局方面,有银川"十三五"规划纲要和《银川都市圈建设实施方案》《阅海经济区空间发展战略规划》等,其中《阅海经济区空间发展战略规划》于2016年10月25日获批实施。在产业发展布局方面,2017年10

---

① http://www.yinchuan.gov.cn/.(资料来源:银川市人民政府门户网站)

宁夏新社会组织的成长性与功能研究
——基于政府、企业与社会的视角

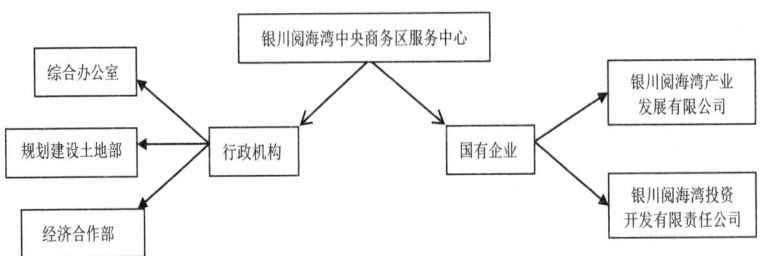

图 7-2　银川阅海湾中央商务区机构组成

表 7-2　银川阅海湾中央商务区职能部门职责表[①]

名称	职能分类	主要职责
综合办公室	服务	负责接待参观、保洁、安保、车辆管理、后勤保障及党建、党风廉政、精神文明建设等工作
规划建设土地部	调控、服务	负责组织编制总体规划和专项规划；负责建设项目的规划审核、报批；负责入驻企业项目、建设方案进行审核并督促实施；负责基础设施的招投标、建设、管理及供水、供电、供暖、绿化、亮化、环境卫生等公共设施的管理；负责商务区内基础设施的安全生产工作；负责建设项目用地指标的审核，提出土地出让意见，负责组织建设项目的土地挂牌
经济合作部	扶持、服务	负责招商引资和产业发展；负责商务区招商引资项目的产业规划、项目编制、宣传策划和信息发布；负责招商引资重点项目的评估、推介、洽谈和协调工作；负责招商引资和合作项目的接待；负责投资项目的审核，协助入驻企业办理规划、土地、工商注册、税务登记等手续；负责建成项目产业促进、招商引资和跟踪服务；负责建成项目的发展规划、统计分析、品牌创建、企业文化建设等工作
银川阅海湾产业发展有限公司	服务	负责商务区宣传策划，举办比赛、会展、文艺等活动，为园区营造良好营商环境
银川阅海湾投资开发有限责任公司	扶持	负责阅海湾商务区范围内基础设施及商业项目的投融资与运营

① http://www.yuehaiwan.com/.(资料来源：银川阅海湾中央商务区官网)

月,《银川市促进服务业加快发展的意见》(银政办发〔2017〕198号)出台,提到"以发挥金融服务实体经济作用为核心,持续实施'金融强市'战略。发挥好阅海湾中央商务区和丝路经济园的辐射带动作用,着力打造区域性金融集聚区、总部经济区和楼宇经济示范区",从产业发展上明确了楼宇经济的发展目标和主导方向。

(2)金凤区层面,金凤区"十三五"规划纲要提出"以银川阅海湾中央商务区现代服务产业集聚区为核心,以大阅城、金凤万达、火车站等商业集聚区为节点,以城市公共服务及生活配套服务为支撑,大力发展金融产业、总部经济、商贸流通、服务贸易及医疗等优势服务业"。

(3)银川阅海湾中央商务区服务中心层面,主要是对园区内进行产业规划,2012年编制了《银川阅海湾产业发展战略规划》,2016年编制了《银川阅海湾中央商务区产业升级专项实施规划》,结合发展实际,将园区的产业定位确定为现代金融、总部经济、服务外包、电子商务、文化创意。

2.市场监管职能履行现状

主要对重点楼宇的跟踪分析,提前介入、分类施策、个性服务、逐案优化,促进楼宇尽快投入使用。"定制楼宇"提总量。目前"定制楼宇"项目有两个,即绿地中心和正丰未来中心。依托绿地中心,打造一个集电竞产业研发基地、电竞产业示范中心、电竞场馆、电竞周边以及其他类别商品的多元化、泛娱乐化的新型公园。依托正丰未来中心,借助阅海湾商务区文交所挂牌契机,正在组织筛选一批底蕴深厚、资源丰富的优秀文化企业入驻正丰未来中心。"腾笼换鸟"创增量。实行园区企业入驻"动态"管理,全面清退纳税贡献低的企业十余家,清退面积约2000平方米,提高了楼宇产出效益;根据来访客商需要,有针对性向客商进行楼宇推介,以资产置换、策划改造等市场行为,使闲置楼宇、效益偏低楼宇"枯木逢春",全面提升楼宇的有效利用率。

3.扶持职能履行现状

(1)银川市、金凤区层面,出台了《银川市鼓励发展总部经济暂行办法》,并针对金融、大数据、电子商务、旅游等现代服务业,按照产业类型分别制定了相关的优惠政策。

(2)银川阅海湾中央商务区服务中心层面,制定了房租减免、企业所得税减免、城市配套费减免、免费提供人才公寓等政策,还可以根据项目情况享受"一事一议"政策。下表为银川市以及银川阅海湾中央商务区现行的与楼宇经济发展相关的部分政策(见表7-3)。

表7-3 楼宇经济相关政策

层级	类别	文件名称
银川市	人才引进	《银川市引进高层次人才暂行办法》 《银川市关于激发人才活力服务创新驱动发展的若干意见》
	总部经济	《银川市鼓励发展总部经济暂行办法》
	金融业	《银川市促进金融发展若干实施细则》 《关于"金融强市"战略的实施意见》 《银川市促进股权投资类创业企业发展暂行办法》 《银川市促进股权投资发展实施细则》
	文化、旅游业	《银川市关于建设运动休闲城市的意见》 《银川市关于推进文化旅游发展的若干意见》
	会展业	《银川市人民政府关于促进会展业发展的若干意见》 《银川市鼓励会展业发展暂行办法》
	现代物流业	《银川市人民政府关于加快促进区域性物流中心建设发展的若干政策》 《加快培育物流配送骨干企业发展的若干政策》
阅海湾中央商务区服务中心		《中共银川市委、银川市人民政府关于银川阅海湾中央商务区建设发展的意见》 《关于推进阅海湾中央商务区产业发展政策》 《银川阅海湾中央商务区免费为企业提供办公用房的公告》 《银川阅海湾中央商务区入区项目管理制度》 《银川阅海湾中央商务区引进人才暂行办法》 《银川阅海湾中央商务区企业服务制度》 《银川阅海湾中央商务区"楼长"管理服务制度》

4.服务职能履行现状

此项职能履行主要由银川阅海湾中央商务区服务中心具体承担。组建楼宇服务团队。线下实行"楼长制",由园区主要领导担任楼宇总楼长,下设执行楼长、属地楼长,联合各楼宇物业和阅海湾产业发展公司商管部。目前,主要在企业登记注册、帮助企业申请政府性优惠政策方面提供服务,日后还将在融入税务、工商注册、党建等服务功能;线上"智慧楼宇",依托现有的"智慧楼宇"信息管理系统,对楼宇资源状况、楼宇分布、经营管理状况等各类信息实现动态监测,打破楼宇间信息孤岛和数据壁垒,实现信息实时共享。

健全楼宇配套设施。建设完善餐饮、休闲、娱乐、购物、停车等配套;配套发展商务酒店、城市候机楼等商务设施;设立人才公寓,免费为入驻企业开放会议室、健身房、足球场、网球场等文体设施。截至目前,园区内投运的13栋楼宇有6个已经配备餐厅,CBD保险大厦开立了健身房,"Y-BOX阅海湾智能无人超市"为企业白领提供了全新的智慧消费体验;阅海湾商务区内首家五星级酒店银川喜来登酒店将于9月28日开业,建信财产保险有限公司等十余家公司近30人入驻人才公寓;地下交通工程预计2018年9月可以投入使用,将改善园区道路交通问题。

三、阅海湾中央商务区楼宇经济中政府职能履行存在的问题及成因分析

(一)楼宇经济发展中政府职能存在的问题

以下由政府职能角度出发,从公共管理"三圈理论"的"价值圈""能力圈""支持圈"三个维度得出导致楼宇经济发展不足的一些问题。

1."价值圈"角度存在的问题

(1)政策扶持手段单一。对园区内楼宇政策扶持手段比较单一,主要是财政奖励,虽然也制定了针对重点企业、高端人才、楼宇业主和物管部门的政策,但奖励形式还是财政补贴,与丝路经济园、TMT、iBi等园区招商政策相比,没有差异化的政策优势。

(2)政策扶持力度较弱。阅海湾中央商务区实行封闭运行管理,银川市级税收地方留成部分全额返还园区用于发展建设,也就是说园区可以自己制定出台扶持政策,以此增加对企业的吸附力。但由于园区自身的财政资金有限且还要用于基础设施建设、园区运营维护等多方面,对楼宇经济扶持的力度不够大,因此对楼宇经济发展促进推动作用非常有限。

(3)政策连续性不足。对于企业来说,除了要考虑政策扶持力度和扶持手段,政策的稳定性连续性也非常重要。楼宇经济是新兴的经济形态,由于相关职能部门领导的变动更替,对楼宇经济的发展思路不一样,导致楼宇经济相关配套产业政策不能保持稳定性和连续性。

2."能力圈"角度存在的问题

(1)楼宇经济布局不合理。银川市早期发展的商务楼宇大多是自发形成的,因兴庆区是银川市的老城区,经济发展起步较早,成熟的商务楼宇多集中在兴庆区。目前,除了阅海湾中央商务区,银川市现在较为成熟的楼宇集群有6个(见表7-4),主要分布在新华街、北京路和经济开发区,不同类型或相同类型楼宇集群在功能定位、产业方向、政策设计等方面趋同,造成同质化、低水平竞争等不利于楼宇经济发展。

表7-4 6个楼宇集群项目情况

序号	楼宇群代表项目	开盘时间	建筑面积(平方米)	业态
1	青春财富中心	2011年9月	40000	酒店、办公
2	紫荆花商务中心	2010年12月	210000	酒店、办公、商业、公寓
3	亘元财富汇	2010年11月	170000	办公
4	韦斯德商务中心	2010年8月	45000	办公、商住
5	瑞银财富中心	2010年4月	110000	办公、商业、住宅
6	银川国际贸易中心	2008年10月	150000	商业、公寓

(2)楼宇经济发展定位不明确。阅海湾中央商务区现有《银川阅海湾产业发展战略规划》《银川阅海湾中央商务区产业升级专项实施规划》,但因为是规划,所以更偏向于发展目标和思路,务实少,务虚多,缺少楼宇经济相关的专项规划和实施方案,使得园区楼宇经济发展长期处于单体写字楼建设的初级阶段,无法形成完整的商务环境和良好的聚集效应。目前,园区内封顶楼宇21个项目54栋,由大型央企或国企自持自用的办公楼6个,其余15个楼宇均为由非公企业自主开发建设的综合性楼宇(见表7-5)。阅海湾中央商务区服务中心对这些楼宇从开发、建设、招

商、运营缺失必要的引导和参与,而企业对楼宇的定位开发不明确,建成后过多看重入驻率,而不关注入驻企业的业态、规模和档次,入驻企业普遍是承担销售、贸易的企业,大中型国企、上市公司总部较少,致使楼宇税收单位产出价值偏低,楼宇产业结构层次处于价值链中低端。

表 7-5　封顶楼宇投建单位情况

序号	项目名称	投建单位	企业性质
1	银帝大厦	宁夏银帝房地产开发有限公司	民企
2	新华联综合体	银川新华联房地产开发有限公司	民企
3	银基大厦	宁夏银基房地产开发有限责任公司	民企
4	鸿丰大厦	宁夏鸿丰房地产开发有限责任公司	民企
5	宁阳大厦	宁夏宁阳房地产开发有限公司	民企
6	恒盛大厦	宁夏四季鲜置业有限责任公司	民企
7	华城大厦	宁夏华城实业开发有限公司	民企
8	正丰金城广场	宁夏正丰房地产开发有限公司	民企
9	住宅燕赵大厦	宁夏住宅发展有限公司	民企
10	力德财富大厦	宁夏海越置业有限公司	民企
11	汇丰大厦	银川汇丰物资贸易有限责任公司	民企
12	庆华国际酒店及商务办公楼	宁夏庆华煤化有限公司	民企
13	银川新天地商业综合体	宁夏北方置业开发有限公司	民企
14	海悦星大厦	银川田永成美容有限责任公司	民企
15	宁夏路桥集团总部办公楼	宁夏路桥工程股份有限公司	民企
16	烟草大厦	中国烟草总公司宁夏回族自治区公司	央企
17	中国大唐办公楼	中国大唐集团公司宁夏分公司	央企
18	宁夏建筑设计研究院商务办公楼	宁夏建筑设计研究院有限公司	国企
19	CBD 金融中心	银川阅海湾投资开发有限公司	国企
20	CBD 保险大厦		国企
21	CBD 投资大厦	宁夏电力投资集团有限公司	国企

3.楼宇供给存在结构性矛盾

园区内已封顶楼宇中空置商业办公面积约 508160 平方米(见表 7-6),可以说现有的楼宇供给量完全可以满足有意向入驻园区企业的办公需求,但园区内部分楼宇自封顶以来空置或停工达1~2年之久。一方面由于经济下行压力大,企业运营成本增加,投资置业都非常谨慎,对办公场地的新增或更换需要不大;另一方面,能够满足大型企业或总部企业办公需求的楼宇却严重不足。也就是说,园区的楼宇供给出现了结构性的矛盾。目前园区的空置楼宇大多是因为楼宇设计不够合理、配套严重不足、产权分散等原因被区内外优质企业拒之门外。

表7-6 封顶楼宇空置情况

序号	楼宇名称	面积(平方米)	楼宇现状
1	恒盛大厦	40000	水已通,电、暖尚未安装,消防未验收,室内为毛坯房,空置超过1年
2	庆华国际酒店及商务办公楼	92500	因企业资金问题封顶但处于停工,空置超过1年
3	华城大厦	55250	因企业资金问题封顶但处于停工,空置超过1年
4	汇丰大厦	39000	办理竣工验收手续,空置超过1年
5	宁阳大厦	56000	办理竣工验收手续,空置超过1年
6	银川新天地	41000	因企业资金问题封顶但处于停工,空置超过1年
7	海悦星大厦	49000	因企业资金问题封顶但处于停工,空置超过1年
8	燕赵大厦	48000	进行外装
9	力德财富大厦	87030	局部内装,2018年年底投入使用

4."支持圈"角度存在的问题

(1)服务企业力度不强。同银川市其他区域楼宇相比,商务区内新建楼宇多,在硬件条件上有了很大改善,但也存在功能定位不明确、会议、娱乐、停车等配套不完善等问题。目前,园区楼宇缺少专业化的物业管理团队,日常的物业管理质量与水平参差不齐,无法满足高档写字楼、总部型企业所需的高品质服务。服务企业方式技术水平不高,"智慧园区"等信息平台建设刚刚起步,网络技术、信息分析技术等现代服务技术实际应用不足,楼宇经济管理平台、金融信息服务平台等还停留在蓝图阶段,并未投入实际使用。

(2)楼宇经济人才引进不足。政府楼宇经济管理人才不多。众所周知,我国行政管理体制改革远远落后于经济体制改革,以及公务员"好进难出、好上难下"的弊病,政府中很多公务员循规蹈矩,创新意识不强,主动学习能力不足,愿意潜心研究"楼宇经济"的干部很少。产业发展人才不多。受高等学府较少、高学历人才外流、地域经济落后等客观因素影响,银川市对人才的吸引集聚力较为薄弱,而仅靠企业吸引培育人才远远无法满足楼宇经济发展,需要政府制定人才引进或专业培养计划[1]。

(3)市场、社会等其他组织参与不够。银川阅海湾中央商务区楼宇经济发展主力是政府,市场或企业、社会等其他组织较少或者根本没有参与其中。目前,相关政府机构已经意识到要鼓励市场、企业、社会等利益相关方更多参与楼宇经济发展,但因企业"逐利"本性、社会组织发育不足等问题,园区现有的所属国有企业、商会、行业协会并未发挥应有的效用。

(二)楼宇经济发展中政府职能存在问题的成因分析

1."价值圈"角度的成因分析

政策工具理论认为政策工具的科学选取是保障政策实现其预期目标的关键。因此,为推动楼宇经济发展制定的政策,必须要保证政策的目标合理,手段科学。现有的楼宇经济政策,无论是银川市、金凤区政策,还是园区自行制定执行的政策,主要还是依靠财政补贴来兑现,但对如何充分发挥货币奖励对企业的最大政策激励效应、如何确定补贴额度等,都还是仅以企业年营业收入和年税收为测算依据,缺乏科学客观的政策制定及执行依据,也就使得政策缺乏针对性和前瞻性。

2."能力圈"角度的成因分析

(1)楼宇经济政府职能较为分散。一是楼宇经济虽然受到银川市、金凤区政府的重视,并由银川市和金凤区发改、财政、税务等相关部门共同负责推进,因此涉及楼宇经济的政府职能分散在各个部门,缺失一个强有力的统一推进机

---

[1]王国平.发展楼宇经济转变发展方式——在全市楼宇(总部)大会上的讲话材料汇编[M].2008:3-4.

宁夏新社会组织的成长性与功能研究
——基于政府、企业与社会的视角

构,一方面增加了企业的行政成本,另一方面也导致各职能部门各自为政,易产生九龙治水的局面,而更大的问题是较为分散的政府职能部门容易出现"信息孤岛",部门之间沟通协调不畅,不利于统筹推进楼宇经济发展。二是银川阅海湾中央商务区服务中心政府职能有限。服务中心现实行领导小组领导下的管委会负责制,但市级领导小组来自各个职能部门,同样存在职能分散的问题,同时随着小组成员近几年具体人员岗位变动,领导小组已无法发挥实际作用。银川阅海湾中央商务区服务中心实为议事协调机构,也就是说重要权限在市级,基本职能则在区一级,政府职能的展开依赖于其他层次机构配合或是更高层次的政府机构配合,与同级甚至是高级政府部门工作对接存在困难,行政权限不足制约效能发挥。

(2)楼宇经济发展理念滞后。楼宇经济可以说是城镇化的产物,政府对城市的经营管理经营可以说是伴随着城镇化发展而逐步积累完善的,对楼宇经济发展亦是如此。对于银川市来说,正处于城镇化快速发展阶段,对楼宇经济的认识还不够充分到位以及对楼宇经济的管理服务经验不足,使得政府在楼宇经济发展中应发挥的职能作用不明确,更看重楼宇经济带来的固定资产投资和财税收入增加,对如何做好楼宇经济规划布局和管理服务没有足够重视。

3. "支持圈"角度的成因分析

银川阅海湾中央商务区楼宇经济发展中政府、市场与社会还未形成良好互动。一是没有真正实现"政企分离"。成立了投资开发公司、产业公司负责园区项目建设及运营,但2家公司国有独资的企业性质,以及与服务中心合并办公的方式都造成了"政企分离"不彻底。二是商务区内市场机制发育不成熟。一些准公共物品和公共服务本可以通过市场化运作的方式进行外包,但目前仍由服务中心"大包大揽"直接供给,未能实现资源高效配置。三是商务区内社会组织力量薄弱。虽然近年来园区成立了银川阅海湾中央商务区商会,该商会在招商及与企业加强联系方面发挥了重要作用,但与较为成熟的商会、行业协会相比,专业化、整体水平和运作方式尚不能满足高端商务的要求。

四、政府职能优化建议

(一) 政府职能"价值圈"的优化对策

1.强化财税支持政策

目前,银川市的楼宇经济政策主要是财政补贴,而且因为暂未形成专门针对鼓励楼宇经济发展的政策办法,现执行的主要还是按产业类型对金融、电商、云计算、通航、新能源等重点发展产业进行财税扶持,对列入《西部大开发产业目录》的产业减按15%税率征收企业所得税。优惠政策不明确,对楼宇经济的扶持力度自然就弱化了。银川市应结合民族区域自治和先行先试的优势,在财政支持、基础配套、公共服务、人才支撑等方面研究制定有别于其他地区的优惠政策来鼓励楼宇经济的发展,对国内外知名企业、地区公司总部等,可给予政策倾斜。银川阅海湾中央商务区实行封闭运行管理,可以返还的税收作为资金池,建立"楼宇经济发展专项资金",可对园区楼宇开发商、入驻企业、楼宇物业、中介招商等,在三年内,将企业或个人缴纳税收银川市级留成部分的50%~80%以奖励的形式返还[1]。

2.创新金融扶持政策

2015年设立了阅海湾中央商务区发展专项资金,资本金为2.5亿元,现增值保值达5.4亿元。发展专项资金主要用于园区内股权投资、融资租赁、贷款贴息、引进高端人才奖励及配套基础设施建设,应充分发挥金融工具的杠杆作用,撬动楼宇经济发展的一池春水。一方面对于园区内有一定发展后劲、辐射带动能力较强的入驻企业,提供股权投资、融资租赁、贷款贴息、一次性拨付创业扶持资金或提供创业贷款等金融服务,用以支持企业发展。另一方面以发展专项资金为资金池,通过让渡全部或者部分商业利益,或者采取承担部分风险的方式,引导社会资本有阶段参股、跟进投资,放大财政资金的政策效果,实现财政政策金融化。同时,与海阅资本、银川市股权投资服务中心有限公司、西部担保等政府性投融资平台建立合作关系,定期开展专题培训、项目对接会等,帮助企业解决融资难、融资贵的问题[2]。

---

[1] 尹晨,许晓茜.非传统CBD楼宇经济发展方略[J].城市问题,2008(11).
[2] 梁朝晖.关于政府设立引导基金发展楼宇经济的构想[J].天津经济,2011,32(08):27-32,39.

(二)政府职能"能力圈"的优化对策

1.做好楼宇经济总体规划

这个主要涉及的是银川市层面的政府职能。从资源承载力、城市定位和城市经济社会发展需求三个方面出发,在《银川都市圈建设实施方案》《银川阅海湾中央商务区发展战略规划》《阅海经济区(丝路经济园)发展规划》的框架内,编制银川市楼宇经济发展三年或五年发展规划,建议将商务区确立为银川市的楼宇经济聚集区,积极引进全国性金融、文化、旅游、电商等各类现代服务业机构来商务区设立总部、区域总部或分支机构,通过资产置换、财政补助等形式逐步引导现有的现代服务业机构、政府单位等搬迁至商务区。

2.做好楼宇业态发展规划

银川阅海湾中央商务区服务中心要进一步制定细化《楼宇经济发展实施方案》,重点明确楼宇业态和发展方式,着力打造金融、文化、旅游、电商等主导产业品牌楼宇,积极引导相近、相似产业集聚发展,打造一批总部大厦、金融大厦、电竞大厦、文旅大厦等特色楼宇,统筹协调园区内楼宇在不同产业领域或相近领域招商运营,避免园区内的楼宇定位雷同、恶性竞争、重复建设[1]。同时盘活存量资源。针对现有楼宇资源,协助楼宇产权单位制定楼宇整合、改造、提升方案,政策支持企业利用自主改造、合作、基金并购等形式,在存量资产改造升级方面开展"资产+资本"的对接合作,提高楼宇使用率和单位产值。

3.管理服务能力

楼宇经济发展涉及较多的公共事务和公共部门,需要多个政府部门加强协调配合。根据已经设立的银川阅海湾中央商务区建设发展领导小组,统一好牵头负责部门,建立职能互补、协调有序的市、区两级统筹发展机制。重点是打通市、区职能阻梗,建立大部制工作体系。首先,对参与楼宇经济的各部门职能范围和工作内容进行再梳理和明确,有职能交叉或模糊的部分要进行职能增减,对相应职能机构要进行精简和重组,对可以依法下放给服务中心的职权,要及时放权,加强商务区服务中心的行政管理权限。其次,由条块状权利划分向扁平化转变,实现职能部

---

[1]陈栋.首府楼宇经济呼唤孕育"掘金地"[N].华新时报,2007-02-14.

门之间高效的横向沟通,具体即常规问题由各职能部门办理,综合性问题上会协商解决[①]。

4.评价调控能力

(1)楼宇标准制定。楼宇的品质和运营模式决定了产业的品质。要解决商业地产引导调控乏力、行业自律不足、市场竞争无序的问题,切实提升楼宇对产业的集聚效应,必须建立一套引导、调控、监测、评价的系统规则,同时强化服务职能,楼宇市场的规范化、管理服务的标准化势在必行。在充分参考国际通行惯例、借鉴相关行业标准的基础上,结合银川市实际,应由银川市政府制定发布商务写字楼地方标准——《商务写字楼等级划分》及《写字楼物业服务等级划分》。此后,围绕打造楼宇服务品牌,激活楼宇"标准化+"效应,加快推进楼宇标准体系建设,用标准化理念指导楼宇的分类管理、市场的规范服务,在楼市引导调控、楼宇行业自律培育、楼宇政务服务体系建设上进行务实探索。

(2)启动楼宇评级。楼宇及楼宇物业标准制定出台后,则可启动商务写字楼等级评定工作,邀请专家及政府监督员、社会媒体全程参与,通过资格预审、专家抽选、书面复核、现场评测、满意度调查、暗访、综合评定、结果公示、评后复核等环节,在全市范围内对参评楼宇进行评星定级并公开授牌,打造品牌楼宇,指引本地楼宇经济发展方向和重点。

(三)政府职能"支持圈"的优化对策

1.思想支持

(1)创新招商思路。要逐渐从"招商引资"向"选商择资"过渡,加快建立区域间的楼宇经济分工协调发展机制,形成政府、中介、业主、物业合同协作、联动招商的工作体系。坚持以商引商和项目招商,充分发挥已入驻企业的集聚效应进行产业链招商;与戴德梁行等知名中介机构、各地商会及楼宇物业建立合作关系,及时了解楼宇企业最新消息。

(2)打造特色楼宇。对于新建楼宇,政府要参与到楼宇建设开发中,对于楼宇招商产业定位、出租出售进行有效引导;对现有楼宇资源,协助楼宇产权单位制定楼

[①] 陈强红.中心城区楼宇经济转型发展的政府作用研究[D].宁波:宁波大学,2012.

宁夏新社会组织的成长性与功能研究
——基于政府、企业与社会的视角

宇整合、改造、提升方案，政策支持企业利用自主改造、合作、基金并购等形式，在存量资产改造升级方面开展"资产+资本"的对接合作，提高楼宇使用率和单位产值[1]。

2.服务支持

建立企业服务站，先期要做到"党务、政务、社务"进楼宇，后期将协调工商、税务等职能部门在企业服务站设置咨询电话、临时办公点，放置宣传手册等。定期召开由商务区、企业参加的联席会议，互通信息，解决问题；举办"白领课堂""白领沙龙"等活动，积极开展开办"楼宇经济高层论坛"，组织专家咨询等活动。依托"智慧银川"和"智慧阅海湾"项目建设，建立完善阅海湾中央商务区智慧园区楼宇经济系统，构建一个全网络服务平台，搭建3D园区展示平台、园区经济管理平台、移动数据展示平台、数据服务平台四个核心应用平台，服务于园区各类应用环境中的实际使用情况[2]。

3.组织支持

一是政府要扮演好楼宇经济"守夜人"的角色。对于银川阅海湾中央商务区服务中心，要划清职责边界，管住管好楼宇经济市场失灵的地方，在制定规划、出台政策、提供公共产品及公共服务、规范市场规则和营造制度环境等方面更多地发挥自身职能。深化2家全资子公司银川阅海湾产业发展有限公司、银川阅海湾投资开发有限责任公司的市场化改革，积极发展混合所有制经营，做到"政企分离"。二是引入非营利组织，加强自治管理。学者莱斯特·M.萨拉蒙认为，在非营利组织和政府部门之间建立一个关系网，将二者联系起来，政府出资提供的服务，非营利组织所占的比重要远大于政府本身[3]。由行业领军企业或第三方社会组织发起成立楼宇商会、协会和楼宇物业管理协会等非营利组织，搭建可提供投资融资、技术服务、人才交流等服务功能的企业交流平台，在信息互换、利益纠纷、维护合法权益等方面形成行业自律和沟通协商机制。

---

[1]陶海波,丁元.楼宇经济集聚发展的理论研究[J].时代经贸,2010(2):5-6.
[2]中国普天."智慧阅海湾"建设与发展规划[R].2013:229.
[3]莱斯特·M.萨拉蒙.公共服务中的伙伴关系——现代福利国家中政府与非营利组织的关系[M].北京:商务印刷馆,2008:53-57.

4.人才支持

加强楼宇经济及相关现代服务业人才队伍建设。积极鼓励各级各类人才到银川就业、创业,要设立专项资金进行奖励和补贴。要制定实施人才专项培育工程,加快培养本地人才队伍。要充分发挥各类智库和第三方机构的智力支持作用,借力破题。要争取从楼宇经济发达地区交流优秀干部到市县任职挂职,提升地方领导干部管理水平。

第二节　阅海湾CBD楼宇经济中企业社会责任[①]履行、问题及优化

一、阅海湾CBD楼宇经济发展背景与现状

(一)阅海湾CBD楼宇经济发展背景

银川阅海湾中央商务区占地4320亩,规划建筑面积520万平方米,概算投资500亿元,以"生态CBD、丝路经贸区"为形象定位,以"生态化、数字化、现代化、国际化"为发展定位。自2011年启动建设以来,商务区坚持建设与招商并举,管理与服务并重,高起点规划、高标准建设,高质量招商,高效率管理,现代化滨水型生态商务区雏形初显,基本形成了总部经济、现代金融、跨境电商、文化旅游等多业态运营模式。

银川阅海湾中央商务区楼宇经济发展在区域环境、发展定位、产业政策等方面有比较优势,具体体现在:一是区位优势。金凤区地处银川市中心,是银川市发展势头最快的区域。位于金凤区的银川阅海湾中央商务区是发展现代服务业的重要平台,目前辖区基础设施完善,自然环境优美,景观水道秀丽,总部经济、金融保险、智慧产业、文化旅游等轻资产、新业态蓬勃发展,人流、物流、资金流、信息流顺畅流通,为发展楼宇经济提供了良好的先决条件。二是环境优势。银川阅海湾中央商务

[①] 企业社会责任(Corporate social responsibility,简称CSR)是指企业在创造利润、对股东和员工承担法律责任的同时,还要承担对消费者、社区和环境的责任,企业的社会责任要求企业必须超越把利润作为唯一目标的传统理念,强调要在生产过程中对人的价值的关注,强调对环境、消费者、对社会的贡献。

宁夏新社会组织的成长性与功能研究
——基于政府、企业与社会的视角

区作为西部高端滨水生态型中央商务区,西南两面临水,与素有银川绿肾之称、面积达2万亩的阅海湿地相接,湖泊碧波迷蒙,空气清新宜人。三是政策优势。入驻阅海湾中央商务区,除了享受自治区、银川市、金凤区相关优惠政策外,还可根据项目情况享受减免房租、城市配套费全免、免费人才公寓、"直通车"服务、"一事一议"等方式灵活、合作共赢的政策优惠。四是服务优势。银川市民大厅与银川阅海湾中央商务区相距仅一路之隔,银川市民大厅内设置办事窗口500余个,可办理审批及公共服务事项400余项,可为入驻企业提供"一站式"的政务服务,助力企业发展。

(二)阅海湾CBD楼宇经济发展现状

截至目前,运营楼宇有13个,建筑面积约30万平方米。13栋楼宇分别是宁夏建筑设计研究院办公楼、中国大唐办公楼、路桥集团总部办公楼、CBD金融中心、CBD保险大厦、"全球汇"展示中心、银基大厦、鸿丰大厦、CBD投资大厦、天元金融大厦、烟草大厦、银帝大厦、无线电博物馆(见表7-7)。其中CBD金融中心、CBD保险大厦、"全球汇"展示中心、CBD投资大厦为商务区负责招商楼宇,累计引进企业1330家,涉及金融、电商、文化、旅游、咨询、信息科技等类型企业。国际国内500强企业11个,代表企业有绿地集团、工商银行、中国大唐、中国移动、华电国际、新华保险等;全国总部或区域性总部50个,代表企业有银川新华联房地产开发有限公司、中国石油化工股份有限公司宁夏石油分公司、中国烟草总公司宁夏回族自治区公司、宁夏建筑设计研究院有限公司、宁夏电力投资集团有限公司、宁夏正丰建设集团、建信财产保险有限公司、华融西部开发投资股份有限公司、山东高速宁夏产业发展有限公司、银川碧桂园房地产开发有限公司。

表7-7 银川阅海湾中央商务区已投入运营楼宇情况

序号	楼宇名称	建筑面积(平方米)	实际入驻企业数量	年税收(亿元)	主导产业
1	宁夏建筑设计研究院商务办公楼	4.26万	7	1.2	建筑设计、城市规划、工程测量等
2	中国大唐办公楼	2.56万	4	1.1	能源类
3	宁夏路桥集团总部办公楼	1.29万	6	1.4	路政工程

续表

序号	楼宇名称	建筑面积（平方米）	实际入驻企业数量	年税收（亿元）	主导产业
4	CBD 金融中心	1.9 万	41	12	金融类及中介服务类
5	CBD 保险大厦	3.19 万	32	1.3	金融、文化、旅游、科技
6	CBD 投资大厦	1.6 万	23	0.91	金融、信息科技
7	银基大厦	3.25 万	9	1.43	智慧产业、信息科技
8	鸿丰大厦	3.25 万	4	1.36	金融、房地产、中介服务
9	展示中心	2.1 万	7	0.54	电子商务、商贸服务
10	天元金融大厦	1.5 万	5	暂无	金融类及配套服务
11	烟草大厦	2.3 万	15	暂无	商贸、信息科技、中介服务
12	无线电博物馆	1.5 万	3	暂无	信息科技
13	银帝大厦	1.3 万	5	暂无	文化

二、阅海湾 CBD 中的企业社会责任履行

阅海湾中央商务区楼宇经济中的上市企业数量有限，目前可以见到的公开披露的企业社会责任报告资料非常有限，本部分内容仅以其中的大唐电信 2017 年度企业社会责任报告为例。①

（一）报告主题：创造无限沟通——大唐电信科技产业集团 2017 年企业社会责任报告

（二）报告编写说明

1.报告简介

本报告是大唐电信科技产业集团向社会发布的第八份企业社会责任报告，本着真实、客观的原则，重点披露集团 2017 年度争做优秀企业公民，促进经济、社会

---

①以下部分资料和图表来源于大唐电信 2017 年度企业社会责任报告。

和环境可持续发展的有关信息。

2.时间范围

报告时间范围为2017年1月1日至2017年12月31日,部分内容超出上述时间范围。

3.编制依据

全球报告倡议组织《可持续发展报告指南(G4)》;国务院国资委《关于中央企业履行社会责任的指导意见》;《关于国有企业更好履行社会责任的指导意见》;中华人民共和国国家标准《GB/T 36001-2015社会责任报告编写指南》;中国社会科学院《中国企业社会责任报告编制指南》;国际标准化组织《ISO26000:社会责任指南》。

4.组织范围

如无特别说明,本报告所有案例与数据均来源于大唐电信科技产业集团及其在中国境内的全资、控股子公司。2008年,大唐电信科技产业集团投资中芯国际集成电路有限公司(简称"中芯国际"),成为其最大股东。为保持相关数据的延续性,除特别说明外,本报告暂不包含中芯国际的相关数据。

5.数据来源

本报告的数据与案例收集主要通过大唐电信科技产业集团内部相关统计报表、所属各单位报送的企业社会责任实践案例。如无特别说明,本报告所示金额均以人民币列示。

(三)社会责任理念与管理

1.社会责任理念

办好企业,实现客户满意、员工幸福、股东信赖、自身科学发展是大唐电信集团的首要责任;带动行业共同进步,提升产业链综合竞争优势,是大唐电信集团义不容辞的产业责任;贯彻"创新型国家"战略,积极探索中央企业在高科技领域实现创新发展的模式与道路,保障国家信息安全,实现国有资产保值增值是大唐电信集团对国家的庄严承诺;完善科技创新、高端定位和轻型工业化模式,探索中国企业提升全球市场地位的有效路径,做优秀企业公民,是大唐电信集团自觉肩负的社会责任。

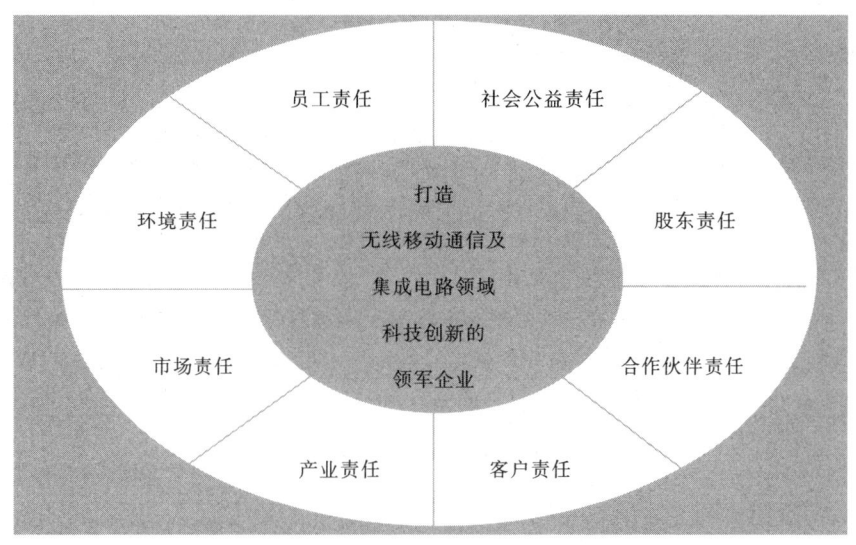

图 7-3 大唐电信集团社会责任模型

2.社会责任管理

大唐电信集团将社会责任理念一以贯之,努力推进社会责任培训,加强社会责任理论研究,积极开展对标分析,明确社会责任议题,加强社会责任治理,完善社会责任管理体系,不断改进和创新社会责任工作,逐步建立自我学习、自我管理、持续改进的集团社会责任动态发展机制。从 2011 年开始,大唐电信集团每年对外发布社会责任报告,本报告是大唐电信集团对外发布的第八份社会责任报告。

3.责任沟通

大唐电信集团积极传播社会责任理念与实践,不断加强与利益相关方的沟通与对话,坚持从利益相关方视角,积极回应社会关切,不断增进企业内部员工和外部利益相关方的价值创造,努力实现与各利益相关方共同发展、和谐共赢。

(四)聚焦核心技术突破,履行产业责任

2017 年,大唐电信集团面对国际国内经济发展的复杂形势,积极直面问题和挑战,以调整产业结构和培育核心能力为抓手,更加注重提升经济效益,整体发展脚步更趋稳健,发展基础更加扎实。以 5G 为代表的新一代信息通信技术创新,是全球经济增长的主要引擎之一,带动高新技术、信息服务、先进制造业快速发展,是全

表 7-8　大唐责任沟通机制

相关方名称	沟通机制及方式	基本要求
国务院国有资产监督委员会	政策法规和规章制度、工作会议、定期汇报、业绩考核	国有企业保值增值、依法依规经营、提升管理、防范经营风险、做优做强业主
工业与信息化部、科学技术部、国家发展和改革委	政策法规和规章制度、工作会议、定期汇报	依法依规经营、提升管理、科技创新、防范经营风险、做优做强业主
地方政府	专题会议汇报和信息保送、战略合作、高层会晤	遵守法律法规、执行国家政策、依法诚信经营、签署战略合作协议
战略合作伙伴	战略合作协议、定期会晤	优势互补、合作共赢
客户	合同协议、互相沟通、访谈、信息反馈	提供高效规范服务、满足客户需求
供应商	招投标、商业谈判、合同执行和业务函电沟通	坚持平等、诚信、互利等协商原则、良好合作关系
所属单位	工作会议、高层沟通、日常业务往来函电	提供正确决策、科学管理、提高效率
员工	职工监事、职代会、征求合理化建议、培训、日常工作沟通	权益保障、职业发展、教育培训、薪酬福利、健康安全
工会组织	职工代表大会、重大决策参与权、工会代表与联络人定期沟通、	符合工会组织的要求、尊重劳动权利、维护职工合法权益
非政府组织	参与会议活动、提供必要支持	参与支持社团活动、遵守章程
社会公众	信息披露、新闻发布、履行中央企业责任、公益慈善、员工志愿活动	灾害救援、积极参与公益活动、环境保护

球科技竞争的制高点。作为第三代移动通信国际标准 TD-SCDMA 的提出者，核心知识产权的拥有者，产业化推动者和设备市场领先者，以及第四代移动通信国际标准 TD-LTE-Advanced 核心基础专利的拥有者，大唐电信集团凭借在 3G、4G 发展中积累的丰富经验，已经在 5G 发展的标准化、技术试验、生态构建以及商用推进等方面做了全面的布局。大唐电信集团把握 5G 标准化竞争主动权，深入参与 5G 标准化工作，成为 3GPP 大规模天线、车联网、非正交多址接入等关键技术的联合报告人，是 ITU 5G 技术评估组组长单位。2017 年，大唐电信集团以产业发展为导向，持续优化专利结构，加强 5G 等重点产业领域的专利布局，为争取 5G 国际标准话语

权提供重要助力。当年新增全球专利申请超过3000件,获得授权超过1700件。至2017年底,已累计拥有全球专利申请超过2.8万件,保持全球3G/4G/5G移动通信标准的重要专利权人地位;提交5G标准提案超过4000个,其中近2000个提案已通过审核进入5G标准,在大规模天线、非正交多址接入、超密集组网等5G关键无线技术领域提案数量位居全球前列。2017年12月底,3GPP第78次TSG RAN全会正式发布了5G NSA(Non-Standalone,非独立组网)方案,即5G Release15早期版本。

美国圣地亚哥时间2018年6月13日20:18,3GPP 5G NR标准SA(Standalone,独立组网)方案在3GPP第80次TSG RAN全会正式完成并发布,标志着首个真正完整意义的国际5G标准(即5G Release15完整版本)正式出炉。大唐电信集团在大规模天线、超密集组网、移动性管理、车联网、新型多址接入技术、信道编码等关键技术以及5G TDD空口传输与网络架构等系统设计领域作出重要贡献。

(五)重视市场,对客户负责

大唐电信集团积极响应国家频谱规划和验证,业内首家推出3.5G和4.9G全频段试验产品,实现混合组网;针对芯片和仪表等产业短板,推出首款国产5G信号分析仪,支持多家厂商产品验证;前瞻5G垂直应用,在业界最早提出车联网LTE-V概念和技术体系,推动LTEV2X在车联网领域的标准化,在业界首家推出基于自主芯片的车载模组商用产品,取得车联网知识产权、产品研发、示范区建设的全面领先。同时,集团承建中国移动5G北京(昌平)试验网和湖北试验网,在5G正式商用前奠定扎实的市场基础。截止到2017年底,集团旗下大唐移动通信设备有限公司(简称"大唐移动")LTE主设备累计落地4万站;在配套产品方面,大唐移动位置模块市场占有率超过50%。在特通领域,各相关单位北斗安全、特通大数据应用、公安消防应急指挥、时频同步及特种光通信设备、综合终端等项目延续了稳健的发展态势,较好的完成阶段性任务,保持并巩固市场地位。

案例7-1 自动驾驶车辆的"顺风耳"

2017年11月,大唐发布业界首款具有自主知识产权的LTE-V商用通信模组,该通信模组帮助实现车与车、车与路侧、车与人之间的无线互通,不仅能够解决传统雷达、摄像头的视觉盲区问题,还能在车辆之间共享更为丰富的传感信息,是自动驾驶车辆的"顺风耳",可有效帮助客户快速实现汽车前装系统的智能化和网联化的集成应用开发,为推动自动驾驶车辆产业落地奠定技术基础。

案例7-2 动中通应急指挥车驰援九寨沟地震灾区

2017年8月8日晚21时19分,四川阿坝州九寨沟县发生7.0级地震,震源深度20千米。地震导致当地电力、道路、通信系统等中断。大唐电信集团旗下电信科学技术第一研究所有限公司研制的动中通应急通信指挥车,在工信部及四川省通信管理局的统一部署下,紧急驰援地震灾区,抵达震中履行现场应急调度指挥任务。动中通应急通信指挥车作为现场应急通信抢险指挥中心,切实为工信部、四川省通管局等开展应急通信调度指挥提供了强有力的技术手段保障。

(六)关爱员工成长

大唐电信集团恪守《劳动法》《劳动合同法》等法律法规和相关国际劳工公约,依法与员工签订劳动合同,保障员工平等就业,尊重员工人权,保障员工个人信息和隐私,禁止强迫劳动。集团始终坚持"以人为本"的管理理念,重视人才的吸引、激励和保留,努力为员工提供良好的职业发展平台、有竞争力的薪酬和福利待遇。

一是推动建立健全反映劳动力市场供求关系和企业经济效益的工资决定及正常增长机制,强化以岗位价值和业绩贡献为衡量标准的薪酬体系,全面提升收入分配管理水平。

二是深入开展多元化中长期激励实践,促进员工价值创造,鼓励增量价值分享,不断完善与企业发展相匹配的全面激励体系,有效发挥薪酬体系在人才吸引、保留和激励管理中的重要作用。

三是集团除为员工缴纳"五险一金"(即养老保险、医疗保险、失业保险、工伤保险、生育保险和住房公积金),还建立了企业年金、补充医疗保险、意外伤害保险、重大疾病保险、子女补充医疗保险等保障制度,搭建了员工"微福利"管理平台和"大健康"福利体系,增强了员工的获得感和幸福感。

四是集团还为员工安排年度体检、带薪年假、公共健身平台等多项福利措施,鼓励员工平衡好工作与生活的关系,给员工提供良好的工作环境和生活保障。

(七)促民生,关注社会和谐发展

产业扶贫:增强造血能力。大唐电信集团在河南省周口市沈丘县投资建设"云呼叫中心",于2015年3月建成运营。截止到2017年底,集团旗下大唐高鸿数据网络技术股份有限公司(简称"高鸿股份")共投入11750万元,建成的坐席数超过1000席,培训、安排当地就业人员1000多名,培养本地基层管理人员40多名。同时,加快建设服务外包产业园,孵化更多的同类企业,进一步推动当地产业结构转型升级,促进当地经济发展。

教育扶贫:扶智+扶志并举。2017年6月1日,设立"大唐电信集团博士后工作站凯旺电子分站",这是沈丘县的第一个博士后工作站,有利于提高企业的电子科研、生产技术和经营管理水平,为沈丘县产业集聚区持续、快速、健康发展注入强劲动力。在沈丘开展教育扶智工程,其核心内容是沈丘籍生源报考大唐电信集团旗下大唐大学研究生院,同等条件下可获优先录取。

(八)报告结语

实施社会责任管理是大唐电信集团适应全球企业发展潮流,提升企业竞争力和影响力的重要举措。作为中国高科技领域科技创新的领军企业,大唐电信集团学习和借鉴国际一流企业的先进管理经验,把履行社会责任作为提升企业综合实力的重要途径,积极应对各种机遇和挑战,推进企业科学发展,为打造信息通信领域具有特色和独特竞争力的企业集团,推动民族高科技产业高速发展和真正实现"中国创造"而不懈努力。[①]

第三节 阅海湾CBD楼宇经济中社会组织责任履行、问题及优化

一、阅海湾CBD楼宇经济中社会组织及责任履行

美国学者莱维特提出了第三部门概念,第三部门就是介于政府部门与私人部

[①] 以上部分资料和图表来源于大唐电信2017年度企业社会责任报告。

宁夏新社会组织的成长性与功能研究
——基于政府、企业与社会的视角

门之间的社会组织，它们擅长做好政府与私人部门"不愿做也做不好"的工作。西方国家的第三部门已经成为经济和社会发展的中坚力量，在我国，伴随着市场经济发展与改革开放的不断深入，第三部门也在逐渐发展成熟，这为中央商务区引入社会力量参与楼宇经济发展提供了可能。

目前，在银川阅海湾中央商务区所处的发展阶段，大部分的发展资源仍然由政府掌握，与政府相比，市场或企业处于弱势，如何处理好政府与市场或企业的关系，是园区发展建设中面临的一个重大问题。一方面，政府需要通过不断完善市场体系与法律法规来保证企业的不断成长。另一方面，企业也可以通过成立互助性的组织来保证促进自身的不断成长，例如商会。商会引导行业会员守法、依法经营，自觉培育市场经营秩序，建立良好的品牌形象，为会员企业的发展争取更多的政策支持。商会的本质是承接政府转换下来的部分职能，这使得商会一面为政府服务，一面又向政府分权，如行业规划制定、行业数字统计等都可以由商会、协会承担。同时，商会或协会还通过将各行业的信息、资料统计提供给政府相关决策部门参考，从而参与制定行业规划。

银川阅海湾中央商务区与服务中心有合作关系的社会组织有两家，分别是银川阅海湾中央商务区企业家联合会和阅海湾同心荟。银川阅海湾中央商务区企业家联合会于 2017 年 3 月成立，可为会员企业及个人提供信息咨询、技术支持、项目申报、融资对接、法律维权、商务合作、学术交流、教育培训等多项服务，并利用资源优势，协助银川阅海湾中央商务区对外招商、宣传推介，截至目前，为园区引入二次招商企业 17 个。2018 年 11 月成立"银川市金凤区阅海湾企业家联合会党支部"，并获授牌。阅海湾同心荟为银川市新社会阶层人士的组织团体，是一个半官方的行业协会，受银川阅海湾中央商务区党工委的直接领导，成立于 2018 年 11 月，是新社会阶层人士彼此学习交流的平台和综合服务平台。现有新的社会阶层人士 44 人，设会长 1 名，副会长 3 名，秘书长和副秘书长各 1 名。

二、阅海湾 CBD 楼宇经济中社会组织存在问题及成因

尽管社会组织在银川阅海湾中央商务区发展建设中发挥了积极作用，然而，不论从社会组织服务能力还是数量规模来看皆处于一个低水平阶段，还存在以下问题：

(一)社会组织服务手段的缺乏

这主要表现在社会组织缺乏必要的进行社会管理与公共服务的资源获得机制。以银川阅海湾中央商务区企业家联合会为例,行业商会认为"政府有关部门授权不充分或者工作不支持"是目前面临的主要困难。同时,行业商会、协会缺乏独立运行的机制,如行业调查、行业之间的信用评议、执业资格评审等诸多服务项目都跳不出政府职能部门的框架。政府不转移职能,商会就没有服务手段,企业也不会理睬。

(二)社会工作者人才的缺乏

人力资源的缺乏也是阻碍社会组织发展的一个大障碍。社会组织所必需的专业知识和技术专职人才都严重匮乏,懂专业、会管理、善协调的综合性人才,尤其是年富力强的人才较少。出现这种问题一方面是由于社会组织属于公益组织,所从事的都是非营利性的活动,因而很难给从业人员很高的工作福利待遇,这就难以吸引大专院校的人才尤其是一些年轻人进入。

(三)扶持培育政策缺乏力度

尽管这些年从中央到地方陆续出台了一些培育和扶持社会组织的政策措施,但总体而言,在商务区的各类优惠政策中,缺乏与社会组织发展目标相配套的扶持政策,在税收优惠、财政资助、人事管理、社会保险、承接政府转移职能以及参与提供公共服务等方面,缺乏完善、具体的政策规定。

三、阅海湾 CBD 楼宇经济中社会组织优化

(一)正确认识和把握社会组织的发展

应看到社会组织大发展的世界趋势与时代潮流,它是中国改革开放、民主法治建设进步的必然产物。社会组织的发展,在提供社会服务、反映诉求、规范行为等方面有着积极的社会作用。因此,必须要对社会组织的发展积极创造条件,加大培育和扶持力度,引导社会组织健康发展,充分发挥其积极作用。同时也要看到社会组织的发展成熟需要有个过程,在社会组织发展壮大过程中如果引导和监管不到位,也会导致一些社会组织违法违规或违反章程规定的活动出现,扰乱经济和社会秩序,影响社会和谐稳定。

(二)加大培育和扶持社会组织发展的政策力度

首先,加快政府职能转变,建立健全政府购买社会组织服务机制。政府职能转

变是推动社会组织发展的关键。要建立健全政府购买社会组织服务机制,研究出台政府购买社会组织服务具体实施办法,明确政府向社会组织购买服务的范围、实施时间表、实施方案以及监督、考核和问责规定,探索设立政府向社会组织购买服务专项资金。其次,要完善税收优惠与费用减免政策,出台具体明确的税费优惠和减免政策并落实到位,通过税收优惠与费用减免政策,调动社会组织提供公共服务的积极性。再次,要积极发展社会组织培育中心,为社会组织的发展提供活动场所、政策咨询、项目策划、能力培养及日常办公、财务托管、后勤综合管理等服务。最后,鼓励社会组织加强人才建设。加大对社会组织人才培训力度,提高现有从业人员的业务水平;建立健全社会组织工作人员工资、职称、保险、福利等方面政策法规,解决社会组织及从业人员实际困难。

(三)加强自身建设,健全内部治理结构

首先,优化社会组织内部治理。一方面必须以法律为依据、以章程为核心、以行规行约为指导,建立健全社会组织的内部法人治理结构;另一方面建立和完善议事、选举、机构、财务、人事等各项内部管理制度,有效发挥权力机构、执行机构和监督机构的职能作用。其次,加强和改进党建工作。研究和探索在社会组织中建立党组织的有效形式,改进党组织在社会团体中的工作方式,充分发挥党组织在社会团体中的应有作用。

第四节　阅海湾 CBD 楼宇经济中的政府、企业与社会关系的重塑

一、CBD 楼宇经济中的政府、企业与社会关系

在经济动能转换、产业转型升级的大背景下,发展楼宇经济成为城市突破土地资源限制,优化拓展发展空间,促进高附加值产业集聚,培育经济持续增长动能的重要选择。要发展楼宇经济,政府介入是非常有必要的,但楼宇经济发展中政府"职能错配",没有充分发挥市场、社会的作用,则会违背市场规律、阻碍经济发展。

(一)政府与企业

政府和企业是现代社会两大最有力量的公共机构,两者之间的关系从合作到

竞争,从友好到对立。在传统意义上,政府与企业的相互地位通常被认为是管制与被管制的关系,政府处于绝对的主导地位。政府在应对企业中行使着一系列重要的权力,范围从征税到规章。反之,企业依赖于宪法的保护,并在充当创造收入、就业和物质生活标准的基本角色中依赖公众支持。现代政府与企业的关系应该是相互的、互动的,诚如邓泽宏、何应龙认为,政府与企业之间具有五重关系:规制和服从的关系、催化和反应的关系、示范和跟从的关系、认同和归依的关系、合作伙伴关系。伴随楼宇经济进一步发展,社会经济的主体必将由企业组织担任,而政府也必然将重心从过去的关起门严加管制转变为建立和保障更广阔的市场环境以促进企业良性发展。

(二)政府与社会

随着社会组织承担起部分公共物品的供给,并承接在政府职能转变过程中剥离出来的不属于政府的职能,社会组织与政府之间的关系也在发生很多变化。按照社会组织与政府关系的紧密程度依次减弱排序,社会组织与政府的关系主要存在三种模式:

1. 父子模式

政府为"父",社会组织是"子"。这是社会组织与政府关系中最为亲密的一种模式。这一模式中的社会组织又可以分为两类:一类是行业协会类组织,另一类是枢纽型社会服务类组织。前者的独立性更强,后者的独立性较弱,对政府的资金和政策有很高的依赖性。

2. 依附模式

这类社会组织虽然不是直接从政府内部产生,却是在政府的密切关注或直接扶持下产生的,其工作也主要是承担政府赋予的某些社会公共服务职能。

3. 独立模式

这种模式的社会组织具有较强的独立性和自主性,与政府的关系相对松散,没有政府的直接注资,政策性优待也非常有限。这类模式的社会组织与政府的互动关系简单地说就是"政府出钱,社会组织出力"。

(三)企业与社会

企业与社会关系主要体现的是企业的内外部环境、企业影响力、企业社会责任

宁夏新社会组织的成长性与功能研究
—— 基于政府、企业与社会的视角

与商业道德伦理等。

1.企业影响力

企业活动对于社会具有一定的影响力,它主要有两种层次。浅层次上是指可见的即期社会变化的直接原因,如企业拓展市场、推出新产品、聘用或解聘劳动者等;深层次上是企业通过一个行业持续积累的增长来改变社会,在这一层次上企业影响力造成了许多间接的、不可见的以及不可知的影响。这种影响力也是企业和社会之间联系日益紧密的结果之一。

2.企业道德与伦理

企业的道德责任是企业所肩负的对自己、对同道和对社会的道德义务的自觉承担。现代社会要求企业不仅追求经济效益还要讲道德,人权问题、消费者权益、公众的期望对企业来说都变得越来越突出和重要。

3.企业社会责任

企业承担社会责任的根本目的在于企业与社会的关系,同时政府具有社会公共利益的维护人和公共事务的管理者的双重身份,在政府、企业与社会三者之间建立合理的关系是构建中国企业社会责任监管机制的基本前提条件。对社会而言,企业社会责任能有力地推动社会物质文明与精神文明的进步,使社会走向和谐与繁荣。

二、CBD 楼宇经济中政府、企业与社会关系经验借鉴

(一)拉·德方斯政府授权开发公司开发管理

拉·德方斯的开发主体都是代表着政府权力的开发公司。开发公司以完成政府任务为目的,拥有发展控制权,对土地、交通和道路基础设施管理负责,但本身并不参与城市更新,只提供相应设施。商业、工业及建筑业的发展则由私人部门来完成,也就是说城市开发公司在城市更新过程中应起抛砖引玉的作用,用少量的投资吸引私人部门对城市进行大量投资,繁荣地方经济。地方经济得以发展之时,开发公司即完成其使命,退出城市更新与开发。到了 20 世纪 70 年代,为度过石油危机的严重影响时期,同时解决拉·德方斯自身开发策略上的问题,在政府发挥其巨大的推动和主导作用的大力支持下,拉·德芳斯公共管理机构大刀阔斧进行改革和探索,终于取得可喜成果。

(二)深圳福田 CBD 大力支持行业协会发展

深圳福田 CBD 占地面积 11.8 平方公里,1988 年完成规划,1989 年启动市政建设。目前世界 500 强 3 家,中国 500 强 10 家,世界 500 强投资企业 120 家,上市公司 40 家,营收百亿以上 31 家,纳税亿元以上 113 家,亿元楼 76 栋,专业服务、金融为主的生产性服务业 3201 家,占比 47.5%。深圳福田中央商务区实施"大经济、大文化、大环境、大服务"战略,建设行业服务平台化。设立行业协会支持多项措施,举办行业协会间学术探讨与人才交流活动,引导协会参与国家相关行业政策制定等。致力于实现从中央商务区到中央活动区的发展,注重行业协会的引领作用,以纽约湾、东京湾、旧金山湾等国际湾区为标杆。

三、CBD 楼宇经济中政府、企业与社会关系的重塑

传统的 CBD 楼宇经济发展过于强调注重政府主治,以至于政府的过于强势压制了楼宇经济中企业、社会的力量。为更好地强化市场作用和发挥政府的服务职能,构建政府、市场和社会的互动合作机制是重要途径。具体而言,需要着重考虑 CBD 楼宇经济中政府与市场关系的重构、第三方社会力量的引入以及三方的联动。

(一)政府与市场关系的重构

关于政府与市场的关系问题,在现代经济社会发展中始终是一个颇具争议的问题,也一直是经济学、政治学等学术领域关注的重点。党的十八届三中全会提出市场在资源配置中起决定性作用,同时更好发挥政府作用的重要突破,是对国内外经济社会发展长期历史经验的总结,更是为深化改革的方向和目标指明了方向。为此,CBD 楼宇经济发展中需要进一步梳理政府与市场的关系,理清 CBD 楼宇经济发展不同阶段政府职能与市场作用的关系,着力解决使市场发挥资源配置的决定作用,让政府更好地发挥服务经济和宏观调控的作用,保障公平竞争、弥补市场失灵,探索向市场导向、企业需求为主的 CBD 楼宇经济发展模式。

首先,正确定位政府与市场之间的关系。基于政府失灵导致资源未得到充分利用,市场失灵导致的垄断、信息不对称等方面问题的存在,通过政府与市场相互配合实现经济的正常运行达到帕累托最优,两者间的关系不是此消彼长的竞争关系,而是互补共生的合作关系。

其次,CBD 楼宇经济发展过程中的市场化运作方式。传统模式下,公共服务、园

宁夏新社会组织的成长性与功能研究
——基于政府、企业与社会的视角

区市政公用事业等基础设施都由政府直接提供与经营，企业对其没有真正参与权和自主权。随着城镇化推进与开发区的空间扩张，虽然园区对公共事业的投入不断增加，但仍无法跟上人口、规模增长所造成的资金缺口、监管不足，开发区在财政资源有限的状态下需要处理企业、公民对园区公共服务质量、多样性不断提高的要求，因而把目光转向市场领域，建立公共物品供给的多渠道投资机制，不失为弥补政府单一财政投入缺口和不足的有效方式。

最后，政府为园区市场提供制度保障。制度的供给是政府无法推卸的重要职责，而政府对市场更多的应该是起到有效监管的作用，而不是过多地插手具体的经济事务，改变了本应该是自己的"裁判员"身份转而变成"运动员"，最终实现通过提供制度保障和法律约束来保证要素在市场的自由流动。当前，需更多地注重园区的市场监管、经济结构调节，进一步激发CBD楼宇经济的活力和创新力，致力于构建服务型政府。

(二)政府同第三方社会力量的合作

美国学者莱维特最早于1973年提出了第三部门的概念，相较于之前人们将社会组织非公即私的分类，第三部门正是介于政府部门与私人部门之间的社会组织，而它们从事的正是政府与私人部门"不愿做，做不好"的事务。伴随着市场经济发展与改革开放的不断深入，我国的第三部门也持续的发展壮大，在分担政府压力、缓解社会矛盾等方面都发挥着愈发积极的作用。我国第三部门自身的不断成熟，为CBD楼宇经济发展引入第三部门的社会力量参与治理提供了可能。

一方面，第三部门能够通过提供公共物品与服务，弥补政府的缺陷。现如今第三部门已经在教育培训、医疗健康、环境保护、社会服务等方面进入社会公共部门的核心领域，填补政府转型时期社会事务领域的精力不足、资金缺口等问题，为CBD解决一些过去单纯注重经济高速发展而被忽视的边缘性问题。另一方面，第三部门可以发挥协调作用，促进CBD社会环境的稳定。社会力量的引入有利于提升CBD事务的公众参与度，充分利用过去园区闲置未利用的各种资源，增加园区资源运用的透明度。

(三)政府、市场和社会的联动

CBD楼宇经济发展应该构建一个政府-市场-社会多元主体间的网络化治理，

避免 CBD 管理机构由于承担过多的公共事务管理而影响到其宏观调控与经济职能的发挥,真正使政府克服过去政府主治的非均衡以及社会参与不足的问题。

一是需要明确各方的利益诉求。政府、市场与社会在治理目标中所希望获得的结果一般各不相同,通过对园区的治理实现经济效益与民生事业的改善是管委会等管理机构存在和发展的基本目标,也是政府公共性的基本体现。对于市场和社会两个重要领域而言,园区企业能够获得良好的发展环境实现投资效益和利润的最优是其入驻 CBD 的根本因素,园区中企业与管理机构的工作人员、居民等在内的全体公民更加关注其权益的保护和发展,希望获得较好的社会保障,提高生活质量和水平。在这样的背景下,让不同行为主体明晰其参与园区事务的介入标准、参与程序、责任机制等基本目标和要求,逐步实现多方联动,不失为一个更好实现各方利益诉求的有效途径。

二是协商共治。明确的合作目标需要通过有效的合作方法来达成,协商共治就是一种保障多元治理主体间相对民主的方式。回到 CBD 楼宇经济发展中,一方面政府通过履行其职责,实现公共治理有效化、社会化是园区协商民主中的首要环节,应该充分整合园区具有企业多、社会组织多的资源特点,逐步完善以园区为平台、社会组织为载体、园区居民为支撑的政区合作、区企合作、区民合作方式。另一方面,市场与社会要以理性务实、合作共赢的态度积极参与到治理中,有效承接园区内社区服务、社区决策等相关的自治事务。

第八章 "黄河善谷"战略构想与宁夏"慈善产业"发展

"黄河善谷"是宁夏回族自治区政府2010年提出的战略构想,其战略目标是为了解决宁夏西海固贫困人口而实施的生态大移民的创新实践,其现实问题是从宁夏西吉、海原和固原六盘山区搬迁来的生态移民中,残疾和贫困人群比例高,在移民集中地吴忠市这种情况尤为突出。按照传统的解决模式——政府支持和社会捐助结合,很难从根本上解决这一问题。经过充分调研和讨论,宁夏创新思维,提出打造"黄河善谷"的战略构想,通过慈善与产业结合,将传统的救助型、补助型输血慈善,转变为现代的产业型、发展型造血慈善,让残疾和贫困人口通过就业和自身努力改变生活现状。[1]

第一节 "黄河善谷"与"慈善产业"内涵

何谓"黄河善谷"?"黄河善谷"是一个形象化的概念,是宁夏回族自治区党委、政府从宁夏区情出发,顺应社会企业发展潮流,本质上是解决民生问题,走适合宁

---

[1] 张成军.关于宁夏"黄河善谷"建设的几点思考[J].社团管理研究,2012(1).

夏区情的慈善兴业、扶贫、富民之路而做出的一项重大战略决策。它不仅仅是关于社会建设的战略决策，而是把社会建设与经济建设有机结合，把社会目标、民生目标与经济目标有机统一而提出的重大战略决策。宁夏"黄河善谷"既寓意现代慈善的创新地、聚集区，也包含慈善政策创新地和产业特区之实，用专业术语来讲，就是大力兴办社会企业，用可持续的造血方式来解决六盘山生态移民所带来的一系列社会问题。[1]

如何理解"慈善产业"？在学术界一般把政府称作第一部门，企业是第二部门，社会组织是第三部门。而慈善机构则是第三部门中最重要组成部分，国内在这方面有专门的《慈善法》。三个部门相互联系，相互支持，共同搭建了社会有序运行的框架结构。自20世纪80年代之后，随着社会经济的发展，西方国家慈善组织面临着政府资助削减、工作日趋复杂、行业竞争加剧等问题。为了解决资金来源问题，慈善组织开始转向企业和企业家学习，尝试运用企业经营的方法和工具实现社会目标，社会企业的概念便应运而生。按照社会企业联盟的定义，社会企业是指为了社会目的而进行商业活动的组织。综上所述，笔者认为针对宁夏沿黄经济区提出的"慈善产业"这一概念，本质上就是社会企业在空间上（慈善产业园）的集聚，是众多企业在产业政策和社会目标的吸引下，有意识地聚合的结果。这些企业同时具备了社会企业的特征，即社会目标与企业倾向兼顾。一方面，通过生产经营活动创造利润；另一方面，不仅仅满足于单纯的利润创造，同时把为残疾人创造就业、扶危济困等社会责任作为企业的发展目标。

第二节 "黄河善谷"构想与基本内容

一、"黄河善谷"构想提出的历史背景

这一构想提出于2010年，当时宁夏经济社会呈现出持续、健康、快速发展的良好态势，但受自然条件和发展基础的制约，当时仍有100多万贫困人口、40多万残疾人口、35万群众生活在不适宜居住的环境中。为加快改善和保障民生，解决残

---

[1] 吴玉才.长河大爱：宁夏黄河善谷吴忠慈善产业发展理论与实践[M].银川：宁夏人民出版社，2011：98.

宁夏新社会组织的成长性与功能研究
——基于政府、企业与社会的视角

疾人等困难群体的生活和发展问题,宁夏在立足现代慈善,顺应西部大开发和东部产业西移趋势,把握现代企业公益战略选择本质需求,提出了打造宁夏"黄河善谷"的构想,旨在依托沿黄经济区建设,在中部干旱带和南部山区引入现代慈善新理念和新模式,拓展现代慈善创新发展之路,通过慈善兴业与生态移民、扶贫开发有机结合,把社会目标、民生目标与经济目标有机统一,聚集慈善资源,发展慈善产业,带动地方经济发展,走出一条具有宁夏特色的慈善兴业、慈善扶贫、慈善富民之路。

二、"黄河善谷"构想的基本内容

"黄河善谷"的构想与基本内容可以用"一个平台、六大产业园区和八大工程"来概括。

(一)搭建一个慈善资源平台

其基本含义是创造各种条件,争取民政部支持,使宁夏成为黄河善谷慈善博览会的主办地之一,为国内外公益慈善组织、乐善企业、爱心人士提供一个慈善资源有效对接和交流合作的平台,为慈善资源利用效益最大化提供最便宜的通道。

(二)建设六大慈善产业园区

利用"黄河善谷"的集群效应,树立"造血式"、可持续慈善理念,坚持点上突破,先行先试,按照一次规划,逐年实施的思路,在中部干旱带和南部山区建设红寺堡区弘德、利通区立德、海原县厚德、同心县同德、原州区圆德、西吉县吉德六大慈善园。

(三)实施八大慈善促进工程

坚持高标准、高起点,突出宁夏慈善特色,全面实施推进慈善园区建设,开展慈善城市创建、培育社会组织、加强弱势群体救助、政策法规创新、体制机制创新、人才队伍建设、慈善文化建设等"八大工程",着力加强和创新社会管理,加速破解社会难题和突出民生问题,基本解决残疾人、贫困人口生存、生活、发展等突出问题,初步构建宁夏慈善事业可持续发展体系。

第三节 "黄河善谷"实施的具体路径

一、"黄河善谷"建设的基本思路

其基本思路主要由以下五个方面构成。第一是以当代慈善理念——社会企业的思想为先导。坚持瞄准现代慈善前沿,顺应社会企业发展趋势,打破传统的慈善发展模式,把慈善事业的推进与经济建设的发展有机联结起来,吸引来自国内外慈善家、社会企业家来宁夏投资兴业行善,吸引公益慈善组织和项目落户宁夏慈善产业园区,走可持续发展的现代社会企业之路。第二是在国家相关部委支持下,以慈善立法和创新社会政策为保证,多方构建现代慈善政策体系,引导企业在园区内开办社会企业。第三是根据区域慈善指数的概念,创建慈善城市,弘扬慈善文化,注重全民参与,激发全社会的慈善热情,让慈善成为全社会公民的自觉行为。第四是以慈善园区为平台支撑。通过建立慈善园区来发展社会企业,落实慈善优惠政策,提供良好的社会企业环境,使园区成为推动慈善创新发展的平台区。第五是由点上突破、以点到面为基本工作路径。[1]

二、"黄河善谷"本身蕴含的六大关系

(一)第一层关系:社会建设与经济建设的关系

建设"黄河善谷"的首要目标是解决突出的民生问题,属于社会建设范畴。但是,也必须认识到,在欠发达地区发展慈善事业,进行社会建设,解决突出民生问题,更要坚持发展是第一要务,必须要有强大的经济基础作后盾。过去一段时间,我们在经济建设中过多强调经济目标,弱化了社会建设,而"黄河善谷"的优势就在于把社会目标和经济目标用社会企业这个形式有机联结融为一体,统一起来,在发展慈善事业的社会建设进程中推动经济建设又好又快发展,用经济建设的成果推动社会目标更快更好地实现。所以,"黄河善谷"建设,是社会建设与经济建设的黏合剂、助推器,是二者的统一体。

(二)第二层关系:慈善事业与产业发展的关系

一是社会建设范畴的慈善事业与经济建设范畴的产业发展的关系,如前所述,

---

[1] 张成军.关于宁夏"黄河善谷"建设的几点思考[J].社团管理研究,2012(1).

宁夏新社会组织的成长性与功能研究
—— 基于政府、企业与社会的视角

慈善事业离不开产业经济的快速发展,唯有依靠产业发展推动慈善事业,才能从根本上解决突出的民生问题。同时,在产业经济发展中,"慈善"不能是旁观者,而应是参与者、助推者,要把慈善事业融入到产业发展中,为产业发展贡献力量。二是现代慈善事业的一个趋势就是运用产业化、市场化手段来发展,即社会企业的模式,实现由传统的捐赠救助向实施慈善项目和产业化转型,吸引企业投资兴建社会企业、福利企业,构建新型产业体系,辐射带动其他产业发展,形成现代慈善的新的社会产业集群。

(三)招"善"与招商的关系

招"善"是一种社会活动,是以引进公益慈善资源和力量实现扶贫济困、助老助孤助残等社会目标。而招商从完全意义上讲,是一种经济活动,实现的是经济目标。宁夏作为西部欠发达省区,吸引企业来投资兴业是一项长期的历史任务,是推动宁夏经济社会发展不可或缺的路径。把招商和招"善"有机联结起来,通过招"善"引资,为有社会责任感的企业到宁夏投资兴业、行"善"搭建平台,走慈善兴业之路,推动宁夏产业发展,为从根本上解决突出民生问题打好基础,是一条科学的可行的推动经济社会又好又快发展的路径。

(四)招"善"推动经济发展与政府投入更多财政解决民生问题的关系

通过招"善"推动经济发展,目的是要解决民生问题。在推动"黄河善谷"建设中,各级政府一开始就要有这方面的明确思路,既要做出承诺,又要有制度保证,要在制定优惠的招"善"、招商政策的同时,制定相应的财政政策,保证财政以更大比例实施民生事业。要两项政策并举。

(五)引进企业投资兴业和培育与引进公益慈善组织、慈善项目的关系

既要积极引进企业投资兴业行善,同时要采取切实措施吸引公益慈善组织和项目落地。公益慈善组织是慈善事业的重要力量,是社会创新的率先实践者,是夯实"黄河善谷"基础不可或缺的力量,必须高度重视。大力培育发展公益慈善组织是"黄河善谷"建设的题中应有之义,各级政府责无旁贷。

(六)慈善园区建设与慈善城市建设的关系

慈善园区是聚集和承载慈善创新的核心区,打造"黄河善谷"要以慈善园区为支撑。同时,也要大力推进慈善城市建设,通过积极开展各项慈善活动,提高全民现

代慈善意识,营造浓厚的慈善文化氛围。①

三、"黄河善谷"建设的具体路径

(一)推进配套政策创新

政策创新是确保"黄河善谷"建设健康持续发展的关键所在,是"黄河善谷"建设的保障性平台。政府各级相关部门要研究创新政策法规,重点在涉及土地、财政、税收、资源供给、创业就业、工商登记、残疾人就业、福利企业和社会企业资格认定、企业社会责任承担、慈善基金规范管理、公益人才培训、志愿者激励、公益组织培育扶持、政府购买服务等方面出台更加优惠政策。自治区政策研究部门要积极协调业务部门,坚持政策先行,做好规划安排,加强调查研究,逐年配套完善,逐步建立起"黄河善谷"建设的配套政策体系。

(二)推进慈善园区建设

慈善园区建设是实现"输血慈善"向"造血慈善"转变和持续发展的有力支撑,是"黄河善谷"建设的核心任务。慈善工业园区主要吸引国内外具有公益战略选择的大型企业入驻;慈善创业园区配合全民创业行动,以吸纳生态移民和弱势群体入园为主;社会慈善企业园区,以各类社会慈善企业为入园主体,以《宁夏回族自治区慈善事业促进条例》为依据创新性推进;老年产业园区是为应对老龄化进程加快而作出的战略公益选择。依据自治区产业发展的总体布局,抓好慈善园区规划。慈善园区建设要贯彻"从点上抓起、点上突破、逐步推开"的原则。

(三)全面推进慈善城市创建

慈善城市建设既是推进慈善事业全民化、社会化的重要抓手,也是社会主义精神文明建设、社会主义核心价值体系建设的重要载体,是社会建设的创新性工作。自治区要提出《宁夏回族自治区创建慈善城市意见》,全面启动慈善城市创建活动。各地各部门要把推动慈善城市创建工作纳入文明城市、文明单位、文明行业评比指标体系,共同部署,统一考评。各地要在所辖社区大力开展争创"慈善社区"活动,建立完善"慈善人物""慈善之星"和各项慈善指标体系档案,为创建慈善城市打牢基础。自治区每年对慈善城市创建活动进行检查验收和评比表彰。

---

①张其度.把慈善产业打造成助推经济社会发展的新引擎——关于我区"黄河善谷"建设情况的调研报告[C]//2014年宁夏社会学学术年会论文集.2015.

(四)推进慈善组织培育工作

公益慈善组织是慈善事业发展的基础力量。大力培育发展慈善组织是激活民间和社会活力,推动慈善事业发展的基础工作。各级政府要下大力抓好各类公益组织发展培育工作。特别是对社区公益慈善组织要降低门槛,简化程序,支持鼓励其充分发展。充分发挥孵化中心作用,加强各类慈善公益组织孵化培训。积极引进国内外大型公益慈善组织,发挥提升引领作用。

(五)推进专业人才建设工作

依托区内高等院校、研究机构和大型公益慈善组织,设置公益慈善专业学科及其他各类培训课程,推动慈善从业人员的职业培训工作,造就一批慈善理论研究人才、高级管理人才、项目运作人才、专业服务人才、宣传推广人才,不断壮大慈善工作队伍,为确保慈善事业健康发展提供人力资源支撑。建立志愿者人才库,完善志愿者注册管理、教育培训、时间积累、绩效评估、奖励表彰等相关制度,鼓励各界人士参与社区和各领域的公益活动,推动志愿服务广泛、深入、持久开展,满足社会各方面的需求。

(六)推进慈善文化建设工作

创建宁夏"黄河善谷"信息平台,将其打造成宁夏慈善事业和"黄河善谷"权威的展示窗口和交流平台,扩大公众对"黄河善谷"的认知度。在区内报刊、广播、电视、网络等各大媒体设置"黄河善谷"专栏,大力宣传"黄河善谷"建设成就和慈善人物的先进事迹,大力营造扶贫济困、诚信友爱、互帮互助、奉献社会的良好风尚。鼓励媒体免费制作、播出、刊登公益慈善广告。各地要积极推动慈善月、慈善日等多种形式的慈善宣传活动,积极推动现代慈善理念和慈善文化进机关、进企业、进学校、进社区,在全区形成全民慈善、快乐慈善、宽容慈善、法制慈善的浓厚氛围。①

第四节 "黄河善谷"取得的成效及存在的问题

一、"黄河善谷"取得的成效

(一)促进"黄河善谷"建设的政策法规体系的构建初步完善

为推进"黄河善谷"的建设,宁夏在现有国家政策的基础上,先后起草完成了多

---

① 张成军.关于宁夏"黄河善谷"建设的几点思考[J].社团管理研究,2012(1).

项政策法规并颁布实施。主要包括《宁夏回族自治区慈善事业促进条例》《宁夏"黄河善谷"建设规划(2012—2020)》《宁夏慈善园区招善引资优惠政策》《财政支持慈善园区建设20条优惠政策》《慈善园区建设联席会议制度》《人民银行银川中心支行支持黄河善谷建设意见》《宁夏回族自治区慈善组织业务活动指引(试行)》《关于深入开展慈善城市创建活动的指导意见》《宁夏回族自治区慈善组织业务活动指引(试行)》等。

(二)"核心平台"慈善园区建设初步构建

截至2015年底,六大慈善产业园区基础设施投入共计49.46亿元,建成标准厂房270个,入园企业落地392个,其中,运营企业240个,累计完成投资354.5亿元,实现工业生产总值458.5亿元,解决残疾等贫困群体就业近2万人。投资和服务环境不断优化,各园区基础设施建设中均考虑了园区公共服务设施和相应配套,慈善园区的保障性住房已建成4489套,还规划了图书室、教育培训中心等系列公共服务设施,吉德儿童福利院、敬老院、文化活动中心项目已启动。入园企业通过不同方式积极参与公益慈善事业,积极开展助学、助残、扶贫等慈善活动,累计捐资捐物928万元,及时有效地救助帮扶了特殊困难群体。

(三)以"可持续造血型慈善"为核心理念初步形成

在民政部《关于加强和创新慈善超市建设的意见》文指导下,六大慈善产业园及地方政府动员社会各方力量,加强慈善超市、慈善药店、慈善社区、慈善医院、慈善学校等基层慈善实体入手,构建慈善救助的基础框架,建成了集经常性困难群体帮扶救助、社会捐赠接收发放、慈善文化理念宣传、慈善志愿服务活动为一体的各类基层慈善实体208家,初步形成了全区以慈善超市等基层慈善实体为依托的慈善救助工作体系,直接受益人群6.2万人,资金总量143万元。

(四)慈善城市建设取得初步成效

在2015年8月举办的第三届中国城市公益慈善指数发布会上,慈善园区所在地的吴忠、中卫、银川、固原、石嘴山5个地级市全部入榜,成为全国唯一一个慈善城市省域全覆盖的省区。[1]

---

[1] 李保华."黄河善谷"引领宁夏慈善事业快速发展[J].中国民政,2015(11).

二、"黄河善谷"存在的问题

一是部分地方思想不够解放,对发展慈善产业的认识不够深刻,对建设"黄河善谷"的思路不够清晰,等待观望,犹疑不前。

二是自治区党委、政府已于 2010 出台《关于促进宁夏慈善事业发展的意见》,自治区人大于 2011 年颁布《慈善事业促进条例》。但有些地方对《意见》和《条例》学习领会不够,具体工作缺乏基本遵循,不能从政策法规层面把握慈善事业和慈善产业发展的重点,工作推进乏力。

三是"黄河善谷"建设的总体规划还没有正式出台,慈善园区建设规划与"黄河金岸"建设的总体规划急需协调对接。目前已经规划建设的六个慈善产业园区与已有的工业园区和产业发展还需要做好衔接配套。

四是慈善园区建设普遍面临土地利用需求猛增、与全区土地利用总体规划冲突、审批时间较长等问题。

五是急需制定关于社会慈善企业的具体认定和管理办法。由于国家层面当时尚未出台有关慈善的法律,因此,在事关社会慈善企业的认定及税收优惠方面还存在条(国家税务总局)块(宁夏地方政府)的意见存在分歧,难以达成共识。

六是各地鼓励慈善产业发展和支持慈善园区建设的政策不统一。吴忠市 2011 年出台"十大优惠政策",对招商引善、引资发挥了重要作用。固原市和海原县正在酝酿出台新的优惠政策。但各地优惠条件差异较大,不利于慈善园区整体规划、合理布局、重大项目和产业协调配套,也容易造成重复建设、重复投资和恶性竞争。所以,急需从自治区层面出台全区统一的优惠政策。①

第五节　国际经验与政策建议

一、国际经验

(一)英国发展社会企业的经验

英国政府向来支持社会企业的发展,认为社会企业有助于解决因失业、歧视、

---

① 张其度.把慈善产业打造成助推经济社会发展的新引擎——关于我区"黄河善谷"建设情况的调研报告[C]//2014 年度宁夏社会学会学术年会论文集. 2015.

第八章 "黄河善谷"战略构想与宁夏"慈善产业"发展

低技术、低收入、居住环境恶劣、高犯罪率、患病及家庭破裂等弱势群体所面临的社会排挤及社会孤立等问题,并致力于建立一个强大、永续及社会融合的经济体系。英国政府发展社会企业主要是从如下几个方面着手的:

一是用法律明确社会企业的法律地位。2004年,英国政府通过了《公司(审计、调查和社区企业)法令》,该法令将社会企业定位于社区利益公司。社区利益公司并不属于慈善组织,其必须遵循的规定有:资产锁定,即社区利益公司一般不能以少于其全部市场价值的价格来转让利润或资产;社区利益公司监管机构设定上限来保护社区资产;除了年度账目之外,社区利益公司还必须提交一份社区利益年报。

二是成立专门管理部门,支持社会企业的发展。2004年,英国政府成立了社区利益公司管理局,以此来管理社区利益公司。其主要职责是:考虑和审批成立社区利益公司的申请;确保社区利益公司履行其法律责任,调查投诉。此后,英国政府又成立了第三部门办公室,并专设了社会企业和融资租赁,该部门的设立主要是为社会企业提供广泛的支持,特别是融资方面的支持。

三是实施了"社会企业行动计划",推动社会企业进一步发展。2006年,英国政府通过了《社会企业行动计划:勇攀高峰》的法案,该法案表明政府不创造社会企业,但是可以与社会企业或代表社会企业的团体合作。具体而言,该法案主要从培育社会企业文化、加强对社会企业的信息与咨询服务、提供给社会企业恰当的金融服务以及让社会企业更多地参与政府合作四个方面来进一步促进社会企业的发展。其中显著的一点就是英国政府把社会企业纳入政府购买公共服务的主体之一,并且社会企业与公共部门的合作已趋于常规化、法制化。

四是政府出台了细致合理的税收政策,以此保障社会企业的良性发展。针对社会企业的税收优惠,英国政府贸易工业部和海关总署组织了专门的社会企业税收优惠评估,以此来确保税收政策的合理。在实际运作中,英国政府利用税收优惠政策来鼓励各类市场主体来对社会企业投资,特别是那些非最优选择的投资。例如为鼓励对小型社会企业的投资,政府提供了20%的所得税减免和各种资本收益减税的优惠。[1]

---

[1] 转引自张京泽等. "黄河善谷"背景下的红寺堡区慈善产业发展[C]//红寺堡生态移民区域发展新视角. 银川:宁夏人民出版社,2013:312-314.

(二)日本发展社会企业的经验

社会企业在日本的真正兴起是在 2000 年后,在日本主流价值观发生变化、非营利组织(以下称 NPO)发展遭遇瓶颈和政府推行"新公共(New Public)"政策等因素的共同推动下,日本的社会企业逐渐积聚了发展的动力。其具体措施为:

一是出台《特定非营利活动促进法》,赋予了市民活动团体以法人资格,允许其在社会福利领域开展营利活动。

二是推行"新公共"政策。日本政府于 2009 年宣布"新公共"的政策导向,指由市民或 NPO 等社会组织作为公共服务的提供主体,政府只在制度保障等方面为其发展创造条件。"新公共"政策的出台转变了以往单纯依赖政府解决社会问题的传统模式,使社会各阶层都参与到社会治理的行列,这不仅分摊了社会福利费用、减轻了国家财政负担,而且也缓解了社会对国民福利匮乏的担忧。

三是开展"新公共支援项目"。2009 年,日本内阁部推出"新公共"政策后,制定了以社会企业为受赠主体,未来十年内将其捐赠规模增加十倍的政策目标,为社会企业的成长保驾护航。2011 年,内阁部开展"新公共支援项目",计划两年内向各都道府县(日本行政区划的总称)提供 87.5 亿日元的基金,基金为新公共的实施主体,包括 NPO 法人、民间自发性非营利组织等符合新公共导向的社会企业提供资金支持。为确保上述工作的透明、公平与效果,在各都道府县还设置了官民共建运营委员会。

四是除了"新公共支援项目",内阁部以推进社会企业的建立和人才培养为目标,2009 年到 2011 年,共计投入 70 亿日元展开"区域社会就业促进项目"。内阁部以招标的方式,从社会企业中选定 12 类组织,以增加就业和提升社会企业的人才质量为内容,开展以下两项工作:第一,向社会企业家提供孵化支持。以每人 300 万日元为限,被选中的社会企业家将获得一笔"创业资助金;第二,为初创社会企业提供人才支持——在地区社会企业中工作六周以上的人员,可以获得内阁部发放的 10 万日元月薪补助。

五是推进社会企业认知度,聚焦人才培养。日本经济产业省从 2007 年 9 月起,每年召开一次"社会企业研究会",研究会设立了由社会企业从业者、学者、中间知识机构、金融机构、大型企业等组成的专门委员会,针对日本社会企业的现状、发展和问题,开展专题研究。此外,经济产业省承接的2010年地区新成长产业创造促进项目也设立了"社会企业推进研究会",该会同样由社会企业从业者和有关专家构成,主要探讨社会企业的发展战略及方向。[①]

(三)美国发展社会企业的经验

美国政府一向奉行"自由放任"的政策,在发展社会企业方面也是如此,美国政府主要是设立管理机构,以便于社会企业的发展,直接的支持则很少,但是公民社会所提供的支持却为数不少。具体来说,美国发展社会企业的主要做法集中在以下几点:

一是依法治理。社会企业作为公益慈善事业的一部分,其健康发展的先决条件是法治,美国各级政府对社会企业的管理贯穿了法治原则。在联邦层面,以《国内税收法典》为核心法律,其他法律的规定均与税法相关条款保持一致;各州之间由于《非营利法人机构法范本》等标准法律范本的制定和普遍实施也消弭了大量分歧。另外,具体负责监管事项的各项政府机构均有法有规可依,制度建设比较完善。最后,管理和执法过程依照法定程序,官员的自由裁量空间极小,且对政府执法或者其他决定有异议的组织有上诉渠道。

二是公众参与。社会企业是一种新型公益组织,更是自治组织,需要公众的广泛参与。这一方面为社会企业提供源源不断的智力支持,另一方面也有助于社会企业消费主体的形成,便于社会企业的持续发展。公众参与不仅表现为普通选民与议员和官员的沟通,更表现为有组织的"公众精英群体"的有序参与。这种有序参与通过四种民间组织实现:一是重要公益慈善组织的全国性代表机构,如"独立部门组织";二是州或地方层级的各种非营利组织协会;三是美国律师协会等专业团体;四是研究型、智库组织,如美国法律研究所等。

三是公开透明。无数的事实证明,不管是纯公益性的慈善组织还是社会企业,公开透明是其资金链的生存法则,是实现公众监督的最佳途径,在提高慈善组织透明度的各种做法中,美国政府采取的最重要的措施是从1999年其全面实行的联邦税务局年度报表制度,公众可以通过多种途径获悉报表全部内容。公开透明对于商

[①] 金仁仙.日本社会企业发展战略及其借鉴意义[J].企业管理,2015(3):114-115.

宁夏新社会组织的成长性与功能研究
—— 基于政府、企业与社会的视角

业运作的慈善组织来说,既可以了解其经营的状况,也可以知道其社会项目的投资情况,便于公众对其监督,这样可以很好地防范社会企业的"目标置换"的问题,保证社会企业的社会目标的优先性。①

(四)国际经验的启示

一是制定社会企业的相关法律规范。英、日、美三国持续开展制度改革与创新的做法值得我们参考。社会企业普遍存在着资金不足、不得不高度依靠政府等问题,严重影响了运营效率。在此情况下,为社会企业创建良好环境,使其摆脱政府依存,强化其独立创新的能力,是英、日、美政府持续更新第三部门支持方案的重要目标。近年来,中国政府意识到社会企业在国家发展中的重要作用,开始探寻其发展之路。宁夏政府在"黄河善谷"建设方面应当注意以下三点:其一,明确社会企业的定义、活动范围和衡量标准;其二,降低社会企业的注册登记门槛,完善评估体系;其三,注意理论联系实际,在制度设计上,将"自上而下"与"自下而上"紧密结合,使政策真正落到实处。

二是明确社会企业定位,提高公共认知。明确社会企业的角色,提高公众对社会企业的认同,对于促进社会企业的发展具有重要意义。目前中国民众普遍不了解社会企业,这使社会企业的发展缺乏强有力的群众基础,为了让社会企业在公共服务领域发挥更大的作用,我们应在现有的社会组织形态的基础上,明确社会企业的概念和定位,同时有必要借助传统媒体和新媒体开展广泛宣传,提升社会企业的认知度,加强政府、企业、市民及社会企业之间的联系与互动。

三是促进信息公开,强化行业自律。民众的信任是社会企业生存和发展的基础,在公共服务领域,人们更愿意信赖政府而对社会企业心存疑虑,拥有官方背景的社会组织更易获得社会信任。但是"官民二重性"也带来许多弊端,其中之一就是这种组织提供的服务具有迎合政府偏好而忽视社区居民需求的倾向,长期来看较易失去当地居民的信任和支持。

四是政策扶持,创新机制。社会企业的发展离不开政府的支持,英、日、美三国的扶持政策可以在以下方面给我们带来启示。第一,税收政策倾斜。目前,中国尚处

---

① 转引自张京泽等.《黄河善谷》背景下的红寺堡区慈善产业发展[C]//红寺堡生态移民区域发展新视角. 银川:宁夏人民出版社,2013:312-314.

于社会企业发展的初级阶段,应完善财税支持政策并扩大税收优惠的种类和范围。第二,促进人才集聚。宁夏的社会企业普遍对优秀人才的吸引力不足,为使年轻人投身于社会公益事业,并将其视为实现个人价值的平台,政府应在就业和福利保障政策等方面给予引导和支持。第三,成立行业协会等服务机构,推动社会企业成长。近年来,宁夏的民间组织数量急速增加,但是以促进社会企业发展为目的的服务机构寥寥无几。为更好地发挥社会企业的巨大作用,可以考虑成立行业协会或自律组织等机构,通过设立专项补助金等方式,积极推进社会企业的组织建设,推动社会公益事业的整体发展。

五是通过社会企业提升国家的软实力。社会企业可以立足国内,面向国际,积极开展针对发展中国家的社会开发、反贫困等人道主义活动,这对于增强国民凝聚力、提升国家软实力具有重要的战略意义。

二、建议与反思

(一)政策建议

综上所述并结合国际国内经验,为进一步推进"黄河善谷"建设,笔者认为应关注以下几个政策层面:

1.政策层面

凭借2016年3月通过的《中华人民共和国慈善法》,开展对社会慈善企业的认定和管理办法,规范和促进宁夏社会慈善企业发展。制定统一的自治区《关于鼓励和支持慈善产业发展和慈善园区建设的优惠政策》,加大招商引资、引善力度,鼓励和支持慈善产业健康持续发展。按照《慈善事业促进条例》规定,研究设立"宁夏慈善奖",制定该奖的具体认定、评比、奖励办法。明确社会企业定位,提高公共认知。加强政府、企业、市民及社会企业之间的联系与互动。

2.基础设施建设层面

按照统筹兼顾、适度超前、优化网络、提升水平的原则,打造以交通、水利、电力为主的园区基础设施架构,形成以公路、铁路为主的综合交通运输体系。以完善园区服务功能为核心,建成比较完备的人居、道路、通信、供排水、供电、供热和集污处理、防灾减灾等基础设施。以规划为先导,将慈善工业园区打造为经济发展高地。科学编制规划,体现前瞻性。园区规划的编制要立足长远,做到"一次规划,长远收益"。园区规划应与城镇总体规划、土地利用规划、交通规划等做好衔接。按照"功能布局细化,产业定位实化"的要求,做好园区的产业布局,明确产业发展重点,优化产业园区空间。严格执行规划,凸显权威性。园区要严格按照发展规划来推进园区开发、按照建设规划完善园区基础设施、按照产业规划布局产业项目,努力做到园区功能要分类、产业要分区、区块要衔接、整体要协调。坚决防止随意变更调整规划,坚决杜绝肆意违反规划。

3.优化发展环境层面

第一,优化服务环境。减少行政审批项目和环节,对确需要保留的审批事项要公开规则,简化程序,减少环节,规范操作,全面提速园区办事效率。集中行政审批权限,改进市场准入、投资审批制度,除保留少数国家明令前置审批外,其余的可采取核准。园区管委会全程为企业代办入园手续,对入园项目采取"一企一议""一事一议"的办法,做到特事特办、急事急办、跟踪服务。进一步健全监督制约机制,加强对干部的管理、教育,特别是与园区建设直接联系的行政执法人员,加强培训考核,防止人为因素影响园区服务环境。第二,优化生活环境。逐步在园区内设立金融服务、商贸物流中心、职工住房、文教卫体、公共交通等设施以及治安、消防等机构。建设企业服务中心、培训体系,积极改善园区企业和员工的工作、生活环境。第三,优化用人环境。建立园区雇佣派遣制度,劳动监管部门在园区内设立劳务派遣中心,对入园企业所需员工,由劳务派遣中心统一招聘、统一培训、统一派遣。完善企业员工的社会保障制度,加大园区企业员工养老保险、工伤保险、医疗保险的参保力度,切实解决园区企业员工的后顾之忧。应努力引进科研院所的专业人才,鼓励其到园区创业,为园区发展服务。

(二)反思

从学术的角度,有三个问题值得反思。

一是有关"慈善城市"的提法,这一提法本由"黄河善谷"的实施措施而来,最早学界提出的是城市慈善指数的概念,后"慈善之城"由广州市民政局、广州市精神文明建设委员会率先提出,并于2017年1月27日颁布《深化"羊城慈善为民"行动创建全国"慈善之城"2017—2020年行动方案》。慈善城市是否是一个科学的概念?应该如何评估?世界范围有无慈善城市的说法?有待学界进一步的探讨和研究。

二是慈善产业的提法是否是一个科学的概念？慈善能否与产业结合？到底应该如何结合？国际国内是否有成功的先例？从历史发展的角度来看，无论宁夏"黄河善谷"这一案例是否成功，但毕竟它是针对宁夏生态移民扶贫的实际情况提出的一个构想，从正反两个方面来总结，对于我们深刻认识慈善这一概念的内涵都有着十分深刻的意义。因此，本章标题中的慈善产业加注了引号。因为慈善与产业本身就是一对矛盾，慈善为目的、产业为手段，还是产业为目的、慈善为手段？如果不加以明确，二者的关系很难处理，这是否也是为何"黄河善谷"前期进展比较有效，而后期动力不足呢？慈善产业的概念和理念本身是否存在先天不足呢？值得学者认真思考。

三是在欠发达地区，如何推进社会企业的发展？慈善是一个社会奢侈品，本就是一个地区社会经济高度发达的产物，如美国、英国、日本和德国等普遍发达。在欠发达地区社会企业发展本身就是一个难题，完全依托政府的推动是否可行？结果是否有效？在世界范围内欠发达地区，如亚洲的孟加拉国在这方面曾有过成功的先例，孟加拉国经济学家尤努斯创办的格莱珉银行在这方面有过成功的案例。宁夏扶贫与环境改造中心也是一个在欠发达地区运用社会企业理念创办社会企业的一个非常好的典范。如何在欠发达地区创办和推广社会企业，的确是一个值得研究的课题，如果能够总结出一个成功的范式，其对未来欠发达地区的发展有着深远的意义。

第九章 公共服务购买：政府与社会组织的契约合作关系

第一节 问题的提出

20世纪70年代末以来，行政改革的目标瞄准在如何控制和降低政府的行政成本，提高政府的行政效率，以及提高公共服务的质量和水平。政府购买服务便是行政改革过程中出现的政府治理的新元素，也是反映政府社会治理能力的一个显著标志。围绕政府购买服务，学术界展开了比较激烈的讨论，取得了较为丰硕的研究成果。总体来看，这些研究成果主要围绕着"什么是政府购买公共服务、政府为什么要采取购买的方式提供公共服务、政府怎样购买公共服务"三大问题，重点研究了四个领域，即政府购买公共服务的内涵与本质属性、政府购买公共服务的理论依据、政府购买公共服务的过程、政府购买公共服务的实践与经验教训。然而，由于这种模式运行的时间较短，在政府的政策制定和评估监管方面还存在着许多突出问题，比较关键的是两个问题：一是在政府向社会组织购买公共服务这一政策的执行中，怎样才能避免政府与相关组织因权钱交易而形成的"非道德联盟"？二是如何才能控制和避免上述风险？这两个问题

第九章 公共服务购买：政府与社会组织的契约合作关系

背后指向同一个目标，在学术上可以理解为如何监管与评估政府向社会组织购买公共服务。

在回答这两个问题之前，首先需要理解政府购买公共性服务和一般的政府采购有什么不同。笔者认为政府购买公共性的服务，具体是指由"非政府"的服务供应方向社会公众提供公共服务，而由政府按照市场的价格支付相关费用，购买该种服务方式，从而实现政府履行公共服务职能的行为。而依据《政府采购法》，政府采购分为两类，即货物和服务。服务和货物有很大的不同，货物可以根据规格、技术标准来衡量。而服务的核心是服务提供方提供的智力和体力，既可以有统一的标准，但也一定是因人而异，因此如何测度与监管评估，是一个技术上公认的难题，在测度的标准上争议较大，很难达成共识或测度成本较高，在操作方面脱离目前政府与社会可以承受的现实。所以，政府推行向社会力量购买公共服务，必须且应该建立社会认可的公共服务的制度和标准。政府向社会购买公共服务前还要做绩效和风险评估，这两条是所有服务的基础，如果没有建立起来，风险就会很大。为什么政府购买公共服务会存在风险？究竟存在什么样的风险？笔者倾向于清华大学于安教授的观点："社会力量提供服务的数量、质量和成本与政府提供的相比，具有灵活性和不确定性，有可能效率更高，也有可能不尽如人意。比如，英国推行公共服务社会化的一项重要措施是把国营铁路交给了公司经营，结果铁路的事故率上升了。因为对服务供应方来说，唯利是图的商业本性和公共服务的持续性要求存在内在冲突。服务质量的稳定性、可靠性程度也受市场价格变动的影响。还有另一种可能是政府与服务提供商形成'非道德联盟'，增加受益人的负担。这些都属于社会力量承担公共服务的风险。"

1982年12月4日第五届全国人民代表大会第五次会议通过的《中华人民共和国宪法》第一百一十一条规定："城市和农村居民按居住地区设立的居民委员会或者村民委员会是基层群众性自治组织。"《中华人民共和国城市居民委员会组织法》第二条进一步规定："居民委员会是居民自我管理、自我教育、自我服务的基层群众性自治组织"。《宪法》和《组织法》明确了城市居民委员会的性质。自《宪法》和《组织法》颁布实施以来，居委会在城市基层社区建设和服务中发挥着越来越重要的作用。但随着行政改革的深化和地方经济的发展，各种名义的"行政工作"进社区,居委会组织原有的功能已不断弱化甚至消失,转而成为一个政府的派出机构,承担着大量行政性工作和任务。居委会自治组织目前存在的"法"外运转、"错"位运转的不正常现象成为建立服务型政府以及社会服务公共化的障碍。究其原因,一方面源于地方政府面临公共支出的压力和提供公共服务的低效率和垄断性;另一方面是居民日益增加的服务需求以及需求的多样性。为解决这一矛盾,各级地方政府都在尝试政府管理创新,推进地方政府职能转变、建设服务型政府。近年来,上海、北京、宁波和无锡等大中城市出现了许多政府向社区居委会购买公共服务,通过契约合作的模式来解决这一问题。

第二节 公共服务购买的内涵与理论依据

一、政府购买公共服务的定义

当前,政府购买公共服务作为政府提供公共服务的一种新理念,正被我国各级地方政府日益广泛地实践于社会公共服务的多个领域,其中主要集中在养老服务、社区公共卫生服务等。政府购买服务是社会福利体系中一个有特色的方面,政府首先向社会公布公共服务的预算,并公布政府购买服务的价格、服务的数量和与服务要求相关的各项质量指标,那些从事社会公共服务的社会组织将通过投标的方式,在中标后拿到政府购买服务的拨款,并按照政府的要求完成服务。简言之,即政府将原来由其直接举办的为社会发展和人民生活提供服务的事项交给有资质的社会组织来完成,并根据社会组织提供服务的数量和质量,按照一定的标准进行评估后支付服务费用,这是一种"政府承担、定项委托、契约管理、评估兑现"的新型的政府提供公共服务的方式,其核心意义在于公共服务提供的契约化。政府与社会组织之间构成平等、独立的契约双方。

二、政府购买公共服务的理论依据

(一)多中心治理理论

多中心治理思想代表着一种新的公共管理理念和模式,即多个主体对公共事务的共同参与。多中心治理理论主张下放管理社会的权利,如下放给地方政府和社会自治组织,建立包括公共部门管理与私人部门、非政府组织管理在内的多元治理结构,认为与政府相比,社会其他主体在提供公共服务方面更具有针对性、创造性、花费少、见效快等特点。"政府的角色是掌舵,而不是划桨",因此,可以把公共服务的生产和供给分开,由社会组织和市场力量来提供公共服务。政府购买服务作为一种公共服务供给的新方式,是由社会组织提供服务,政府付费购买服务,通过其相互合作,互通有无,从而满足更多人的基本需求。

(二)公共服务型政府的理论

公共服务型政府的理念是在20世纪80年代新公共管理运动蔚然成风的背景下首先由西方国家提出来的,其主张管理就是服务,政府的存在是为了满足社会的需求,政府应该尽可能地为社会提供满意的公共产品,服务型政府的建设需要政府主导,公民和社会广泛参与,公民和社会的参与不仅能弥补政府公共服务提供的不足,而且对政府的公共服务提供起到监督和评价的作用。政府购买服务,政府将原本应由它提供的公共服务转交给有资质的社会组织来完成,使社会组织有机会参与到公共服务的供给中来。这不仅提高了供给效率,满足了公众的多元化需求,而且为社会组织的发展与壮大提供了更广阔的空间,很好地诠释了服务型政府的理念。

第三节　社会组织参与公共服务购买的选择

一、社会组织参与公共服务购买的四种方式

根据承接公共服务的社会组织相对于作为购买方的政府部门是否具有独立性,分为独立性服务购买与依赖性服务购买,同时依据购买程序是否具有竞争性,分为竞争性购买与非竞争性购买。综合上述划分标准民间组织参与公共服务购买可以分为四种基本模式(见表9-1)。

表9-1　社会组织参与公共服务购买的四种方式

性质	民间组织的独立性	民间组织的依赖性
政府程序的竞争性	独立竞争性的购买模式	依赖竞争性的购买模式
政府程序的非竞争性	独立非竞争性的购买模式	依赖非竞争性的购买模式

以契约方式进行合作,最重要的两个要素在于主体与程序,即主体的独立性与程序的公平性。由于笔者的研究对象正茂社区居委会是相对独立的主体,但是在选择程序上,采用的是非竞争性的方式,而不是面向社会公开招募。因此,根据上述划分属于独立性非竞争关系的契约合作模式。有鉴于此,笔者将重点介绍有关独立性非竞争关系的契约合作模式的内容,其他三种契约合作模式在本书中不做进一步的介绍。独立性非竞争关系的契约合作模式主要呈现如下特点:(1)承接服务的组织是业已存在的社区组织,因为购买事项而与政府部门发生合作关系,这些组织具有依赖性,依赖于购买资金进一步发展。(2)购买的意愿是双方相互选择和协商的结果,没有公开的竞争过程。但是存在潜在的竞争市场,政府可以更换购买的对象。换句话说,这些社区组织是具有可替代性的,并不具有垄断的地位。(3)具有专业优势、高效率的管理模式和良好社会声誉的社区组织成为政府选择的首要对象。(4)由于承接服务的组织具有相对独立的地位,所以在服务提供过程中也承担独立的责任,政府只充当了监管的角色,因此双方在权责上有了一定程度的明晰。

二、契约合作的产物:正茂社区居委会(社会组织)

契约合作理论中最核心的内容就是双方签订的契约。正茂社区居委会通过参与公共服务购买的方式,曾先后与宁夏民政厅签订了社区"居家养老"购买协议;与宁夏回族自治区宣传教育中心双方就2012年"酷中国"——全民低碳行动项目(宁夏)签订了购买协议。笔者将围绕以上两个项目契约的主体、程序、内容等方面来分析公共服务购买中政府部门与社区组织的权利、义务关系。

(一)购买部门方面

在此案例中,购买"居家养老"服务的政府部门是宁夏民政厅;购买2012年"酷中国"——全民低碳行动项目(宁夏)的政府部门是宁夏回族自治区宣传教育中心。两政府部门均希望借助正茂社区居委会高效率的管理模式和良好的社会声誉来提高社区服务的质量和顺利完成全民低碳项目的调查。

(二)社区社会组织方面

1.概况

根据《中华人民共和国宪法》第一百一十一条规定:"城市和农村居民按居住地区设立的居民委员会或者村民委员会是基层群众性自治组织。"《中华人民共和国城市居民委员会组织法》第二条规定:"居民委员会是居民自我管理、自我教育、自我服务的基层群众性自治组织。"西夏区正茂社区居委会属于居民自治组织。正茂社区的管理主要由物业管理和社区管理两条线组成。物业管理方面在采用了符合市场机制要求的专业物业公司管理失败(主要原因是社区设施老化程度高,物业管理成本较高)后,由正茂社区居委会接管,而社区管理则主要由正茂社区居委会进行。正茂社区的监督管理机构是由正茂社区居民代表大会和朔方路街道办事处双方组成的管委会,管委会定期听取社区居委会的工作报告,并提出监督意见。

2.决策力

关于"居家养老"和2012年"酷中国"——全民低碳行动项目(宁夏)两个项目的购买协议的签订,毫无疑问是正茂社区自愿作出的选择,社区居委会具有独立的决策权力,无论是在协议形成,还是具体的操作过程中,正茂社区都具有与相对应的政府部门的谈判能力。社区居委会根据工作开展的实际需要提出相关建议或者意见,来说服与之签订协议的政府部门。所以这是一个互相妥协和谈判的过程,而不是单方面的决策。

3.购买资金对组织的意义

"居家养老"和2012年"酷中国"——全民低碳行动项目(宁夏)两个项目购买协议的签订只是正茂社区居委会众多项目中的两个,所以购买资金并不是该组织生存性的资源。

4.负责人与政府关系

正茂社区居委会与政府部门有着深厚的渊源,特别是在"居家养老"和2012年"酷中国"——全民低碳行动项目(宁夏)两个项目上与宁夏民政厅和宁夏回族自治区宣传教育中心有着非常紧密的联系。其负责人——社区居委会主任孙仙梅十分认同居委会的居民自治组织身份,把政府看作一个合作伙伴,在满足合作需求的同时,也坚持自己的组织信念和专业要求。综上所述,正茂社区居委会是一个具有独立性的居民自治组织,它与购买社区服务的政府部门之间存在某种联系,但没有资源的依附和牵制关系,在很大程度上是合作与契约的关系。

三、选择程序

本案例中两个项目的公共服务购买均是不十分符合规范程序的单一来源采

购,但是存在双向选择的过程。因为,宁夏民政厅在"居家养老"项目上除选择正茂社区居委会以外,还有其他组织也承接了这一项服务;而 2012 年"酷中国"——全民低碳行动项目(宁夏)除正茂社区居委会外,银川市兴庆区的新光华社区居委会也承接了该项目。换句话说,政府部门会比较正茂社区与其他社区的服务绩效,因而正茂社区居委会也存在潜在的竞争对手。这个双向选择的过程,虽然不是公开的竞争程序,但是已经存在一个竞争的市场,如果进一步开放,必然走向公开竞争的规范程序。

四、购买内容

上述两个项目中购买的内容分别是为正茂社区 60 岁以上老年人提供居家养老服务和在正茂社区范围内选择 100 户居民家庭进行碳排放量数据调查。

五、资金来源和模式

正茂社区居委会的运行费用由朔方路街道办事处全额支付。朔方路街道办事处除了前期投入硬件建设以外,按规定全额支付正茂社区居委会工作人员的工资、办公日常开销、活动经费等。因此,对于正茂社区居委会的正常业务来说,不存在资金问题。由于不是自负盈亏,所以正茂社区居委会的项目收入又会再用于社区活动和社区建设。

六、评估机制

"居家养老"和 2012 年"酷中国"——全民低碳行动项目(宁夏)两个项目虽然都有正式的服务购买协议,但是没有形成专业的系统的评估体系,主要评估形式是听取汇报和检查。所以作为委托方的宁夏民政厅通过工作检查和正茂社区居委会的汇报能够及时清楚地了解和掌握正茂社区居家养老的情况,而对于 2012 年"酷中国"——全民低碳行动项目(宁夏)的委托方宁夏回族自治区宣传教育中心主要是通过社区居委会每月提交的 100 份碳排放量调查表来了解项目的具体情况。此外,在"居家养老"项目上西夏区民政局、西夏区政府、朔方路街道办事处等相关主管部门会进行例行检查和暗访,每年还有一次群众评估,其结果会与正茂社区的项目管理费、奖励和能否续约直接挂钩。

第四节 正茂社区两个案例的背景、效果与问题

一、正茂社区居委会居家养老服务活动项目

(一) 背景

正茂社区位于银川市西夏区朔方路街道(东起文萃北街,西至新风巷,南起怀远路,北至贺兰山西路),总面积1.05平方公里,辖区有宁夏工业职业学院、自治区党校、宁夏工人文化宫、宁夏财经职业技术学院、西夏区九小等20多家单位。辖区现有常住居民2466户,人口6994人,低保户84户212人。60岁以上老人667人,占总人口的10%,其中60~69岁的老人376人,70~79岁的老人242人,80岁以上的高龄老人49人,空巢老人146人,独居老人79人。人口老龄化问题在该社区非常突出,为解决好人口老龄化所带来的诸多问题,特别是老年人养老问题,正茂社区居委会于2009年4月17日在西夏区朔方路街道办事处启动了居家养老活动,5月26日正茂社区居家养老服务站对社区老年人正式开放。关于正茂社区居委会居家养老服务活动的详细内容见表9-2。

表9-2 正茂社区居委会居家养老服务活动内容

序号	项目名称	具体服务内容
1	日常生活照料	为老人做饭、洗衣服、打扫卫生、代购物品、代缴各类费用等
2	料理个人卫生	为老人洗澡、理发、修剪指甲等
3	康复护理服务	为需要半护理或全护理的老年人提供护理服务
4	卫生保健服务	上门打针、输液、量血压、康复理疗、健康咨询等(由社区卫生站提供)
5	精神慰藉服务	上门与老人谈心聊天、读书读报、心理疏导等情感交流、心理沟通服务。同时在居家养老服务中心开办"乐龄俱乐部",开展各种有益身心健康的娱乐、健身活动,让老人们在此老有所乐
6	家政服务	更换水龙头、修理水管、家电维修、疏通下水、擦玻璃等

(二) 效果

首先,通过契约合作的办法使得正茂社区居委会明确了自身的权利和义务,同时改变了社区管理体制,提高了社区服务的效益。传统的社区管理依托于街道办事

宁夏新社会组织的成长性与功能研究
—— 基于政府、企业与社会的视角

处,但是行政部门能量有限,既没有足够的人力来管理,且管理效率低、效果差。而正茂社区居委会运营管理能够有效针对居民需求提供人性化服务,且降低运营成本,提高服务效益。显然,与政府部门的运作思维和方式不同,社区组织的运营比较灵活高效,"一人多岗"往往能够更好地提高效率,同时保证服务质量。对于正茂社区居委会这样的组织来说,服务质量和良好的社会声誉是它的生命线,也只有依靠服务质量和社会声誉才能获得来自政府和社会的资源。因此,正茂社区总是以最低的成本来获取最高的质量回报,并能以先进的理念和管理方式充分发挥社区居委会的效用。

其次,政府公共服务购买的方式为社区组织的发展提供了资源和平台。一方面,社区组织因为政府服务购买获得了发展的资源,为社会提供专业化的服务;另一方面,它们有自己独立的组织宗旨和文化,能够在与政府的合作中保持自身的独立性,从而成长为真正的民间组织。

(三)问题

在此案例中存在的主要问题是协议委托内容混淆。宁夏民政厅作为委托方,将正茂社区辖区内的居家养老服务交给社区组织来提供。这个笼统的提法看上去没有什么问题,但实际上存在着政府职能外包和具体任务外包的区别。政府的主要职能归纳为经济调节、市场监管、社会管理和公共服务四个方面。显然,社区公共服务在社会公共服务的范畴之内,属于基层政府的一项职能,为了实现这项职能,可以开展很多项目。但目前的做法是宁夏民政厅与接受委托的正茂社区签订协议,来承接政府的这项职能。正茂社区除了常规性的活动以外,还随时接受政府部门的指令性任务,这意味着协议的内容是不能细化和量化的,与此相对应,购买的经费也不能确定,因为活动是不确定的,这就是政府职能外包。职能外包的情况下,实际上接受委托的正茂社区居委会已经成为政府部门的延伸,使政府的手更长。正茂社区居委会对自己的活动开展没有完全的预期,随时接受政府下派的任务,可能在执行任务的方式上,该组织可以有一定的自主权和创新空间,但实际上在接受任务的时候,双方已经成为上下级关系,而不是协议履行的平等双方。这种形式下使政府部门在服务外包的外衣下扩张了部门势力。当然,如果是具体任务的外包,那么协议的内容是确定的,接受委托的组织也可以充分自主地开展活动。同时政府也要清醒地认识到在服务外包的同时不能也无法放弃自身的责任。

二、酷中国 COOL CHINA——2012 年全民低碳行动试点项目(宁夏)

(一)背景

2012 年 4 月 22 日上午,由环境保护部宣传教育中心、美国环保协会和远洋地产"老社区,新绿色"环保公益行动联合主办,远洋之帆公益基金会、中国国际民间组织促进会协办的"酷中国 COOL CHINA——2012 年全民低碳行动试点项目"的启动仪式在北京中日友好环境保护中心隆重举行。来自广东、江苏、天津、上海、宁夏、陕西、厦门、沈阳等地环保部门的代表出席了启动仪式。

"酷中国 COOL CHINA——2012 年全民低碳行动试点项目"首批选择全国 8 个省区 10 个城市开展试点,并在每个城市选择 330 户家庭,应用环保部宣教中心与南京大学联合开发的碳计算器进行家庭碳排放调查和分析,完成《2012 年中国 10 城市家庭碳排放调查报告》;同时项目还邀请有关专家学者和大学生在社区开展低碳和气候变化主题的公众讲座,组织居民和志愿者制作社区绿地图,开展社区低碳生活方式宣传展览,组织社区闲置物品交换或捐赠活动,开展碳汇林植树活动,在大学生志愿者、社区居民中评选低碳之星信使,同时对部分老社区开展乡土植物园建设、雨水回收、再生能源示范设施、自助绿化、堆肥等环保改造等丰富多彩的环保宣传教育活动。项目于 2013 年 5 底前完成,主办方组织参与项目的第一批 10 个试点城市共同合作,把各地的项目经验和项目过程中积累提炼的宣传教育材料汇编成一套经典的《社区低碳教育与行动工具包》,向全国绿色社区推广,扩大宣教范围,鼓励更多公众参与低碳行动。

宁夏西夏区正茂社区居委会协助宁夏回族自治区宣传教育中心委托针对"酷中国 COOL CHINA——2012 年全民低碳行动试点项目"宁夏分项目的开展和完成。正茂社区居委会与宁夏回族自治区宣传教育中心双方就该项目签订了购买协议。项目主要内容见表 9-3。

(二)效果

首先,作为项目受托方的西夏区正茂社区居委会履行自身义务的同时使社区内部环境发生了改变。具体表现为:社区居民环保意识明显增强;居民对改善社区环境的态度和行为得到提升;社区居委会的组织管理水平在此次活动的实践中明显提高;维持和巩固了社区良好的社会声誉并且使社区居委会的服务质量得到提

宁夏新社会组织的成长性与功能研究
——基于政府、企业与社会的视角

表9-3 正茂社区全民低碳行动试点项目(宁夏)主要内容

序号	项目名称	项目内容
1	自助绿化	在正茂社区建5个乡土植物园,专家讲座、制作栅栏、购买种子及肥料、耕作维护、制作标志牌等
2	堆肥坑	建设5个堆肥坑,安装标志牌
3	开展环保宣传活动	新建钢制固定宣传栏一套,组织居民开展社区环保宣传活动
4	开辟跳蚤市场	旧物交换(交易),组织社区居民开展旧物交换(交易)活动,物品主要包括衣物、家具等
5	开展家庭碳排放调查	对社区内110户家庭进行碳排放调查,每季度报送一次数据,其中重点户每月报送一次数据
6	完善绿色社区档案规范化建设	配置档案盒、打印纸,收集、整理、完善资料

高。依靠良好的服务质量和社会声誉又能使正茂社区获得更多的来自政府和社会的资源。

其次,政府公共服务购买的方式为社区组织的发展提供了资源和平台。这一点与居家养老项目的表现是一致的。

(三)问题

首先,政府系统与非社区组织之间的合作基础薄弱。一是资源矛盾。在此案例中,传统上环保系统是从中央到基层的垂直系统,资金也是从上往下层层拨付,属于内部流动。社区居委会的介入,使资金开始从内部流向外部,引发资源争夺和紧张关系。二是政府权威地位受到挑战。社区居委会区别于政府的工作方式博得了百姓的认同,政府与非政府组织的绩效得到对比,政府权威地位受到挑战,也让各级政府对社区居委会的工作保持警惕。

其次,社区居委会在调查和服务提供过程中要经历从陌生、排斥到被调查和服务对象接受的过程,社区居委会需要培养社会大众的信任。

再次,购买协议对政府的约束力不强。在此案例中,购买服务的政府部门在项目实施中资金供给较少,影响正茂社区居委会开展服务的进度和效果,但是政府都没有承担其相应的责任。[1]

---

[1] 李东林,杨海洪. 契约合作:地方政府公共服务购买的选择与实践——以正茂社区"居家养老服务"和"酷中国低碳项目2009项目为例[J]. 宁夏大学学报(人文社会科学版),2019(6).

第九章 公共服务购买：政府与社会组织的契约合作关系

第五节 结论、讨论与建议

一、结论

笔者以银川市西夏区正茂社区居委会为例，结合"社区居家养老"和"2012年酷中国——全民低碳行动试点项目（宁夏）"两个项目的具体实施情况对公共服务购买——政府与社区居委会的契约合作模式这一课题进行梳理与分析，得出如下结论。

首先，在契约合作模式理论部分先根据不同的划分标准确立了四种基本的契约合作模式。以契约方式进行合作，最重要的两个要素在于主体与程序，即主体的独立性与程序的公平性。由于研究对象正茂社区居委会是相对独立的主体，但是在选择程序上，采用的是非竞争性的方式，而不是面向社会公开招募。因此，根据理论分析确定两个项目中正茂社区居委会与相对应的政府部门间在公共服务购买的契约合作模式选择上属于独立性非竞争关系的契约合作模式。

其次，契约合作理论中最核心的内容就是双方签订的契约。笔者围绕上述两个项目契约的主体、程序、内容等方面分析公共服务购买中政府部门与社区组织的权利义务关系。从决策权方面来说，社区居委会具有独立的决策权力和与政府部门的谈判能力；从购买资金上来说，购买资金并不是正茂社区居委会生存性的资源；从负责人角度来说，正茂社区居委会主任孙仙梅认同居委会的居民自治组织身份，把政府看作一个合作伙伴；从选择程序上来，说本案例中两个项目的公共服务购买均是不符合规范程序的单一来源采购，但是存在双向选择的过程；从评估机制上来说，两个项目的主要评估形式是听取汇报和检查。

最后，在案例讨论中分别对两个项目产生的背景、项目实施的效果和存在的问题进行了分析。两个项目实施的效果非常明显，一方面，通过契约合作的办法不仅使得正茂社区居委会明确了自身的权利和义务，同时改变了社区管理体制，提高了社区服务的效益；另一方面，政府公共服务购买的方式为社区组织的发展提供了资源和平台，社区组织因为政府购买公共服务在获得发展资源的同时又能够在与政府的合作中保持自身的独立性，从而成长为真正的民间组织。

二、讨论

两个项目在实施中存在的主要问题是协议委托内容混淆问题和政府责任问题。这里需要注意,政府以契约合作形式参与公共服务购买时其强势地位得以肯定的同时不能也无法放弃自身的责任。当然,建立公开的公共服务购买竞争程序机制是必然之选。在研究公共服务购买时除文中所述内容外,还需考虑国内经济环境、国情和民族文化等诸多因素的影响,在这里无法进一步详细说明。同时,在应用西方现有理论理解中国问题时,由于外部环境的差异导致理论上也存在局限性。

三、政府向社区居委会购买服务的政策工具选择

结合国内外相关文献和已有的研究成果,提出如下政策建议和政策工具。

(一)清晰界定政府购买服务的政策目标是实施评估监管政策的基础

政府对实施政府公共服务购买的政策目标有四项:第一,提供更好的公共服务,深化社会领域改革的重大措施,有效解决一些领域公共服务产品短缺、质量和效率不高等问题,使群众得到更多便利和实惠;第二,加快服务业发展,扩大服务业开放,引导社会的有效需求;第三,推动政府职能转变,提高行政效率,降低行政成本,推进政事、政社分开,建设服务型政府;第四,通过公共服务购买培育和引导社会组织的发展,提升社会组织提供公共服务的专业素质和服务技能,惠及民生。

(二)进一步规范政府购买服务法律规制顶层设计层面的评估监管

政府已经深刻认识到推进公共服务购买和监管制度需要在顶层设计层面有效设计政策工具,为此,《国务院办公厅关于政府向社会力量购买服务的指导意见》(国办发〔2013〕96号)已给地方政府实施公共服务购买与监管评估提供了全面的指导。其核心要点如下:

1.到2020年,在全国基本建立比较完善的政府向社会力量购买服务制度

"十二五"时期,政府向社会力量购买服务工作在各地逐步推开,统一有效的购买服务平台和机制初步形成,相关制度法规建设取得明显进展。到2020年,在全国基本建立比较完善的政府向社会力量购买服务制度,形成与经济社会发展相适应、高效合理的公共服务资源配置体系和供给体系,公共服务水平和质量显著提高。同时,鼓励各地结合本地区经济社会发展的实际,制定有较强操作性和地方特色的配套政策,建立健全上下结合的政策体系,努力完善与之相应的配套制度,为政府购

买社会组织服务提供有力的制度保障。

2.规范有序开展政府向社会力量购买服务工作

(1)购买主体。政府向社会力量购买服务的主体是各级行政机关和参照公务员法管理、具有行政管理职能的事业单位。纳入行政编制管理且经费由财政负担的群团组织,也可根据实际需要,通过购买服务方式提供公共服务。

(2)承接主体。承接政府购买服务的主体包括依法在民政部门登记成立或经国务院批准免予登记的社会组织,以及依法在工商管理或行业主管部门登记成立的企业、机构等社会力量。承接政府购买服务的主体应具有独立承担民事责任的能力,具备提供服务所必需的设施、人员和专业技术的能力,具有健全的内部治理结构、财务会计和资产管理制度,具有良好的社会和商业信誉,具有依法缴纳税收和社会保险的良好记录,并符合登记管理部门依法认定的其他条件。承接主体的具体条件由购买主体会同财政部门根据购买服务项目的性质和质量要求确定。

(3)购买内容。政府向社会力量购买服务的内容为适合采取市场化方式提供、社会力量能够承担的公共服务,突出公共性和公益性。教育、就业、社保、医疗卫生、住房保障、文化体育及残疾人服务等基本公共服务领域,要逐步加大政府向社会力量购买服务的力度。非基本公共服务领域,要更多更好地发挥社会力量的作用,凡适合社会力量承担的,都可以通过委托、承包、采购等方式交给社会力量承担。对应当由政府直接提供、不适合社会力量承担的公共服务,以及不属于政府职责范围的服务项目,政府不得向社会力量购买。各地区、各有关部门要按照有利于转变政府职能,有利于降低服务成本,有利于提升服务质量水平和资金效益的原则,在充分听取社会各界意见基础上,研究制定政府向社会力量购买服务的指导性目录,明确政府购买的服务种类、性质和内容,并在总结试点经验基础上,及时进行动态调整。

(4)购买机制。各地要按照公开、公平、公正原则,建立健全政府向社会力量购买服务机制,及时、充分向社会公布购买的服务项目、内容以及对承接主体的要求和绩效评价标准等信息,建立健全项目申报、预算编报、组织采购、项目监管、绩效评价的规范化流程。购买工作应按照政府采购法的有关规定,采用公开招标、邀请招标、竞争性谈判、单一来源、询价等方式确定承接主体,严禁转包行为。购买主体要按照合同管理要求,与承接主体签订合同,明确所购买服务的范围、标的、数量、质量要求,以及服务期限、资金支付方式、权利义务和违约责任等,按照合同要求支付资金,并加强对服务提供全过程的跟踪监管和对服务成果的检查验收。承接主体要严格履行合同义务,按时完成服务项目任务,保证服务数量、质量和效果。

(5)资金管理。政府向社会力量购买服务所需资金在既有财政预算安排中统筹考虑。随着政府提供公共服务的发展所需增加的资金,应按照预算管理要求列入财政预算。要严格资金管理,确保公开、透明、规范、有效。

(6)绩效管理。加强政府向社会力量购买服务的绩效管理,严格绩效评价机制。建立健全由购买主体、服务对象及第三方组成的综合性评审机制,对购买服务项目数量、质量和资金使用绩效等进行考核评价。评价结果向社会公布,并作为以后年度编制政府向社会力量购买服务预算和选择政府购买服务承接主体的重要参考依据。①

(三)借鉴中央财政支持社会组织参与社会服务项目资金使用管理办法加强项目资金管理

地方政府应该借鉴中央财政支持社会组织参与社会服务项目资金使用管理办法加强项目资金管理,有效监管资金的使用。立项单位在资金使用和管理上应遵循合法、专款专用、经济合理的原则,健全内部控制制度,将项目资金纳入单位财务统一管理。

(四)建立科学合理的社会组织退出机制

应合理借鉴香港地区、韩国等地的经验,针对各服务机构提供社会服务类别不同,从"服务成果指标"、"服务成果标准"、完成"协议水平"三个方面做非常具体且明确的规定,便于考核评估。这种协议也有一定的强制效力,若组织未能符合协议或合约中的要求,可能会面对制裁,例如,停止接受资助,有的甚至被迫退出服务市场。各非政府组织又把这些标准、指标和完成协议水平转化成各个服务提供者的工作任务,层层约束,层层考核,形成一个完整的服务考核管理系统。如韩国决算结果:收集不合理的花费可能面临的处罚——如果提交了一份虚假的项目报告,那么提交人将会被判处3年以下(含3年)的监禁,并处以1000万韩元以下(含1000万

---

①国务院办公厅.国务院办公厅关于政府向社会力量购买服务的指导意见[R].2013.

韩元)的罚款。如果滥用政府拨款的资金,将会判处 1 年以下(含 1 年)的监禁并处以最高 500 万韩元的罚款等。建立信用数据库,凡是参与公共服务的社会组织都纳入其中并对其信用打分排名。在下一轮服务购买的项目评审中,纳为重要考量因素。通过奖惩分明、充满活力的工作手段,逐步建立政府购买服务的长效机制和社会组织的退出机制。①

(五)建立健全服务购买的动态项目机制

重视 5 个方面的动态管理。一是要重视合同管理,政府部门要及时与中标的机构订立购买服务合同,明确购买服务的范围、区域、数量、质量以及服务期限、资金支付方式、违约责任等内容。二是要重视过程指导,财政部门和相关业务部门要及时下拨经费,指导、督促服务承接机构严格履行合同义务,按时完成服务项目任务,保证服务数量、质量和效果。三是要重视制度建设,制定具体、翔实、严格的专业服务、资金管理及效果评价等方面指导标准,规范社会服务项目档案管理与信息公开。四是要重视过程监管,按照政府购买服务合同要求,对专业服务过程、任务完成和资金使用情况等进行督促检查。五是要重视社会参与,建立由购买方、服务对象及第三方组成的综合性评审机制,及时组织对已完成的社会服务项目进行结项验收。

(六)明确分工、落实监管责任

应界定和明确地方政府各个职能部门所承担的监管职责。具体做法可以借鉴广东的经验:财政部门负责建立健全政府向社会组织购买服务制度,制订政府向社会组织购买服务目录,监督、指导各类购买主体依法开展购买服务工作,牵头做好政府向社会组织购买服务的资金管理、监督检查和绩效评价等工作;机构编制部门负责制订政府转移职能目录,明确政府职能转移事项;发展改革部门负责会同有关部门编制和实施政府投资计划,推动政府投资项目列入向社会组织购买服务计划;社会组织登记管理机关负责核实作为服务供应方的社会组织的资质及相关条件,参与政府向社会组织购买服务绩效评价;监察部门负责对政府向社会组织购买服务工作进行监督,参与政府向社会组织购买服务绩效评价;审计部门负责对政府向社会组织购买服务资金的使用情况进行审计监督,参与政府向社会组织购买服务

---

① 王浦劬,萨拉蒙,等. 政府向社会组织购买公共服务研究——中国与全球经验分析[M]. 北京:北京大学出版社,2010:264-275,280-286,294.

绩效评价；购买主体负责购买服务的具体组织实施，对社会组织提供的服务进行跟踪监督，在项目完成后组织考核评估和验收。

(七)建立健全购买服务的绩效评价机制

绩效评价是鉴别购买服务项目成效的重要方式，是连接项目投入和项目产出的关键环节。当前，一些地方和部门在购买公共服务后难以对合同内容进行全面监督，缺乏系统的评价体系和科学的评价方法。尤其在指标衡量方面，注重对投入资金、动员人数、参与案例等方面评估，缺乏对具体项目实施效果、效率和效益的量化评价。因此，建立健全购买服务绩效评机制，重点是探索建立多元参与、全方位的评价指标体系。在实践中，可尝试对购买服务项目的绩效实行360度评估，尤其重视第三方评估，发挥管理部门、专业机构、行业组织、专家学者、群众代表等各方面作用，对服务机构承担的项目管理、服务成效、经费使用等内容进行综合考评。可坚持过程评估与结果评估、短期效果评估与长远效果评估、社会效益评估与经济效益评估相结合，确保评估工作的全面性、客观性和科学性。可将考评结果与后续政府购买服务挂钩，对考评合格者，继续支持开展购买服务合作；对考评不合格者，提出整改意见，并取消一定时期内承接政府购买服务资格；情节严重者，依法依约追究有关责任。

总之，应构建从法律规制层面、项目管理层面、第三方独立审计评估层面的监管入手，其核心在于同时运用"政策网络"对"政策共同体"实施多角度、多层级监管评估，才能有效推进政府向社组织购买公共服务，实现地方政府向社会组织购买公共服务的政策目标。

第十章　共建共治共享：
社会组织跨界与创新

在政府、企业与社会三者的关系中,政府是第一部门,控制着国家的权力和资源的分配,属于强势部门。而经历40年的经济发展与改革后,中国的市场经济主体得到了空前的发展,掌握着大量的资本力量,也成为主导社会的第二部门。而往往弱小的社会组织则被视为第三部门,所以我们常常认为在政府、企业与社会关系的研究和讨论中,往往社会组织隶属于从属的位置,而政府和企业则站在主动的位置上,其地位并不对等。因此,我们常常把研究政府与企业的关系、政府与社会的关系或企业与社会的关系作为研究的重点内容,从而忽视了社会组织的力量,殊不知,随着科技尤其是移动科技的发展,工商业水平的提高以及高水平人才从政府、企业不断流入社会组织,导致社会组织的力量也在不断提高。反之,一个重要的课题——社会组织如何主动适应科技的变化,如何主动与政府和企业合作,共同面对当代人类社会共同的挑战,则日益成为下一个有研究价值的课题。换句话说:社会组织如何利用互联网和智能科技的力量,跨界与政府、企业合作,共同解决社会问题,引领社会创新,则成为本章关注的重点。

第一节　跨界的内涵

一、跨界的定义

跨界是从某一属性的事物,进入另一属性的运作。主体不变,事物属性归类变化。进入互联网经济时代,跨界更加明显、广泛。各个独立的行业主体、不断融合、渗透,也创造出很多新型、发展强劲的经济元素。跨界的基础是科技的发展,科技让人们的生活进入互联网时代,特别是移动互联网的普及,让人们有更多的信息链接。供求信息的流通达到空前的释放,需求与供应在不断地被丰富、完善。跨界的本质是整合、是融合。通过自身资源的某一特性与其他表面上不相干的资源进行随机的搭配应用。可放大相互资源的价值,甚至可以融合一个完整的独立个体面世。目前跨界已渗透各个行业应用。

二、互联网背景下的组织跨界

当前,互联网已经不再是一种技术手段,而是一种生产、生活方式,互联网向各个产业的全面渗透标志着互联网经济时代的到来。高科技企业向传统产业跨界的步伐越来越快,阿里巴巴、小米、谷歌等已经成为横跨多个产业的"多栖明星",与此同时,传统制造业企业也积极拥抱互联网。可以预见,随着互联网经济的不断发展,跨界将带来新一轮的企业快速成长浪潮。从字面含义上看,跨界指的是组织边界的横向扩张。"交易属性"的企业边界理论认为交易效率提升是企业横向边界扩张的内在原因,"生产属性"的企业边界理论认为企业的有形边界是由能力的无形边界确定的。但是,互联网经济时代的到来,彻底改变了企业的生存方式。不同于工业经济时代,互联网经济条件下企业的价值创造从创造产品价值转变为创造用户价值,企业间的竞争从价值链的竞争转变为生态系统的竞争,产业的产生方式也从产业分立转变为产业融合。在这样的条件下,跨界已经不再是简单的企业横向边界扩张,而是信息技术支持下互联网产业与传统制造业产业的融合与渗透,"互联网+"及"中国制造2025"提出后,跨界被赋予了实现企业转型升级的新内涵,即将一种产业的知识运用于另一种产业的跨产业升级。[①]

[①] 冯文娜. 互联网经济条件下的企业跨界:本质与微观基础 [J]. 山东大学学报(哲学社会科学版),2019(1).

三、互联网经济条件下的跨界内涵

(一)互联网经济条件下企业跨界的典型特征

互联网经济条件下的企业跨界具有两个典型特征:

第一,互联网经济条件下的企业跨界是企业在"开放价值系统"内的静态产业布局。

在服务主导的逻辑下,价值决定从生产者安排转变为用户的服务体验,产品从最终产品转变为承载服务的载体,用户从产品的接受者转变为产品的共同创造者,用户与企业间的关系不再仅是交易性关系,还包括情感关系。所以,在企业构建的价值网络中,用户成为最活跃、最重要的一环,以客户为导向的企业须扩展其组织边界来增强用户与企业的互动。可见,在互联网经济条件下企业所构建的是一个开放的价值共创网络,整个网络作为一个整体为用户提供价值。因此,企业的每一次跨界行动都非任意为之,每个业务板块之间是具有价值关联且环环相扣、渐进发展的,跨界是对价值创造系统的完善与扩张,也就是说,跨界将使得整个开放价值系统更丰满更完善,从而为用户提供更加完整的用户价值。所以,跨界是企业围绕用户在开放价值系统内的产业布局。[1]

第二,互联网经济条件下的企业跨界是企业推进"开放价值系统"动态升级的过程。

互联网经济条件下的跨界是互联网产业与传统产业的融合与渗透,是多样化知识经过重组整合生产新知识的过程,跨界为用户提供了全新的价值主张。由于价值系统的系统性,跨界产生的新知识会产生辐射效应,新知识会在整个系统内部得到扩散与应用,从而带来整个系统的改进。不仅如此,由于价值系统的开放性,新的用户价值将激发用户社群新的产品改进创意,进而推动价值系统生产环节的相应改变,促使价值系统整体升级。而推进价值系统升级第三方面原因在于,跨界产品实体与虚拟相结合的特性。不论创新发生在虚拟还是实体层面,都会驱动与之相匹配的另一层面发生改进,即使创新只是很小的改进也会通过传动作用驱动另一个层面发生相应的改变。所以,每一次跨界不仅改变了价值系统内部的产业分布静态格局,更推进了价值系统的演化升级。而伴随价值系统的动态升级,企业为用户提

---

[1] 冯文娜.互联网经济条件下的企业跨界:本质与微观基础[J].山东大学学报(哲学社会科学版),2019(1).

供的用户价值也得到重塑和升华。

(二)以融合式创新为本质的企业跨界

互联网经济条件下的企业跨界是以构建和提升开放价值系统为路径的企业成长方式,以知识融合为基础的融合式创新则是跨界的本质。跨界促成了互联网产业与传统产业的渗透与融合,改变了原有产业的价值创造模式。跨界需要完成对传统产业与互联网产业两个完全异构的价值创造模式的融合与再造,需要跨越价值创造模式间的异构性障碍完成强异质性资源的整合重组。因此,跨界最终改变了企业自己,是企业的一次大震荡、一次涅槃重生。资源的跨界融合是企业跨界的典型特征,融合不只是简单的组合加总,融合必然产生新资源、带来新价值。基于融合式创新,跨界为用户带来了全新的颠覆性的用户价值,而新用户价值则是由新产品、新服务、新的价值实现方式、新的情感体验等带来的。虽然跨界并不必然产生新的颠覆性技术,但是跨界必然产生新价值,新价值的载体可以是新的产品或服务,也可以是新的价值实现方式。可见,融合式创新包括融合式技术创新与融合式非技术创新两类。融合式技术创新是企业在新技术范式下的技术创造,有别于旧技术范式下的渐进性改变,融合式技术创新是新技术范式下的技术嫁接、交叉、融合与新创。因此,融合式技术创新会在技术融合的前提下,产生新的衍生性技术,这种衍生性技术既可以是对原技术的微改造,也可以是对原技术的全新颠覆。互联网技术与传统产业技术的融合创造了新的技术范式,技术范式的转变为企业创造了技术进步的空间,新技术机会的出现为企业创造新产品、新服务提供了可能。小米智能家电是建立在技术拼接基础上的融合式创新,谷歌发布的新硬件则是建立在人工智能和自动化技术的融合之上,属于颠覆性创新的范畴。融合式非技术创新则是价值创造模式本身的改变,是两种价值创造模式相融合再造新模式的过程。价值创造模式的改变虽然不直接产生新产品新服务,却提高了价值创造过程的资源配置效率和资源使用效率,创造了新的价值实现方式,从而为用户带来了全新的用户体验。这种体验包括花费更低的费用、更短的时间、更多的参与以及更大的情感满足等。以融合式创新为本质的跨界,在资源整合重构的基础上不仅完成了新价值的创造,同时实现了配置效率与技术效率的提升。[①]

[①]冯文娜.互联网经济条件下的企业跨界:本质与微观基础 [J].山东大学学报(哲学社会科学版),2019(1).

(三)融合式创新的目标是创造新用户价值

互联网经济改变了人们对用户价值的传统认知,在互联网经济条件下用户价值不仅仅局限于用户从产品和服务中获得的效用,用户如何获得产品和服务以及获得或使用产品和服务的心理感受都包含在用户价值的范畴内。因此,互联网经济条件下用户价值包括产品价值、流通价值与心理体验价值三方面。产品价值是核心产品价值和服务价值的集合,其与交易价值、体验价值共同构成了企业的四维价值空间。正是因为价值空间的多维性,价值空间中任一点、任一维的创新都可以产生新的用户价值。互联网经济条件下的跨界是互联网产业对传统产业的融合改造,因此,互联网经济条件下的企业跨界一定改变用户价值,不同的是每一次跨界都存在价值维度和改变程度上的差异。[①]

第二节 社会组织跨界与创新

从所查阅到的文献分析,上述跨界都是针对企业而言提出来的,而在中国知网中,却没有查阅到一篇社会组织跨界的文章,由此可见,社会组织跨界与创新急需提到日程上来,以社会创新应对政府、市场、慈善失灵。历史经验告诉我们,持续增长的物质财富并不能自动地解决同时持续出现的社会问题,要保持增长的正义和社会的公平、有效和可持续发展,能不能只靠政府的力量?不能。能不能只靠商业的力量?显然也不能,商业会在一定程度上解决社会问题,但同时它们有的也在制造着新的社会问题。靠公益慈善,行不行?公益大多在局部地缓解社会问题而没有真正解决它,因为公益捐款永远是不够的,公益自己不创造财富,对财富和资源没有支配权,难以规模化复制,也很难对社会形成大规模的改变。怎么办?这就需要"社会组织跨界与社会创新"。

所谓的"创新驱动发展"不仅仅是科技创新,它将越来越通过跨界合作的社会创新来实现,这是解决复杂社会问题的重要出路。社会创新型组织、社会价值型企业和社会价值投资将在这一过程中成为越来越重要的推动力量。普惠金融、普惠教

[①] 冯文娜. 互联网经济条件下的企业跨界:本质与微观基础[J]. 山东大学学报(哲学社会科学版),2019(1).

育、网络公开课,这些都是跨界社会创新的重要形式,而 Uber、可汗学院、airbnb、阿里巴巴、宜信等都时刻为我们的学习生活提供便利。中国启动了创新型国家的战略目标,创新型国家的发展必然体现为创新型政策的引领、创新型企业的参与和创新型公益的大量涌现。社会创新可以看作是政策社会创新、企业社会创新和公益社会创新的共同作用的结果。政策社会创新是指由政府公共政策和施政措施所主导和引领的社会创新;企业社会创新是指企业运用企业生产、营销、人资、财务及研究等运营资源通过创新模式,协助解决社会发展问题,是由企业的创新型实践所体现和代表的社会创新;公益社会创新是指由公益组织和热心公益的公民个人在社会公共领域所从事和实践的社会创新活动。政府、企业和公益导致的三大失灵,需要跨越传统边界的创新性力量,而这种创新性力量则是突破组织边界的重要来源。

第三节 社会价值与社会创新型企业

英国政府对创新的社会企业的定义为:"一个创新的社会企业是一个商业组织,它的主要目标是社会目标,而它的利润应主要用于对社会目标的支持性投资或直接投资到社区当中,而不是为了股东和所有人的利益最大化而进行投资。"当一般的企业家以利润来评估经营成效时,社会企业家以造成的社会变化作为经营的成效评估基础。到目前为止,社会企业家的定义还有许多争论。有些人希望能将这个名称局限于完全自给自足的组织,而且资金来源完全都是交易所得。有些人则希望能把一些与政府合作并且接受补助或赞助的组织也纳入。企业家是为了利润才创办企业的,而社会企业家应该是以社会问题的解决为出发点而创办企业的,他们为理想所驱动,是有创造力的个体,具有持续的开拓与创新精神,肩负着企业责任、行业责任与社会责任,是为了建设一个更好的社会而努力。

戴维·伯恩斯坦在《如何改变世界:社会企业家与新思想的威力》中写道:社会企业家是一批为理想驱动、充满创造力的人,他们质疑现状、开拓新机遇、拒绝放弃,要重建一个更好的世界。"大道之行,天下为公"是人类进入文明社会以来共同的价值追求。科技和工商业的发展,一度为实现这个目标带来契机。但伴随物质财富激增而来的大量社会问题也使我们对人类的未来产生担忧。这些问题,不仅仅局

第十章　共建共治共享：社会组织跨界与创新

限于贫困、疾病等弱势群体的基本生存保障和尊严相关的领域，而是贫富分化、环境污染、气候变化等一系列对人类生存发展构成严重威胁的问题，与几乎所有人的物质与精神需求相关。人在社会的发展中异化了。这是一个世纪难题。政府、市场以及社会组织，也纷纷行动起来进行干预，然而成效并不大，反而有愈演愈烈之势。限于对社会问题的认识，传统的公益并未能直指问题的核心，甚至有些公益行为变成富人的游戏，带来新的不平等。企业尽管提出了社会责任模型，并为之付出行动，但也不能克制资本逐利的冲动，资本仍在不顾一切攫取利益，大量社会问题根源于此。同时，政府也未提出有效的社会问题解决方案，问题越累积越多。一个更为严峻的现实摆在面前：当政府、企业与社会三者同时失灵怎么办？笔者认为，破除此世纪难题唯一有效的办法，就是要打通政府、市场以及社会组织，进行跨界联合，引导善良资本进行社会价值投资，打造一个全新的社会生态系统。其本质是以人为本，义利并举。唯有如此，才能在如此复杂的今天推动社会发展。这也是公益的本意，为公共利益而行动。

社会价值是组织和个人通过物质和精神成果的创造，为全体社会成员带来的共同利益。同时，社会价值也是一种理念，倡导社会所有成员以促进社会公平、资源的有效利用、环境的可持续发展，实现人类身心健康、和谐共处为目标，并以其对社会的贡献作为衡量个人价值的终极指标。社会价值投资就是为促进社会价值发展的投资，国际上通常称其为"善良资本"或"耐心资本"。社会价值投资的根本目标是推动社会变革、创造社会价值，因而并非所有号称解决社会问题的企业都是社会价值投资的对象。社会价值投资的对象应该是那些善于发现社会问题的根源、提供某种可持续解决方案的企业，被称之为"社会创新型企业"。

与社会企业相比，社会创新型企业不仅关注弱势群体的福利状况，更关注公共性的重大社会议题（例如食品安全、环境污染、教育公平、社会老龄化等），它还强调企业具备有效的创新机制，系统地解决社会问题，增进人类福祉。在此需要强调，以往投资者所关注的社会企业，虽然也是社会组织与市场的跨界联合体，但因其多发端于社会组织，体量不够大，规模化可复制能力弱，又因其关注的重点，局限于传统的慈善领域，故其并未获得资本的青睐。社会创新型企业与此完全不同，因其社会议题重大、公共性强，商业价值也非常可观，完全可能打破"社会"与"商业"是二元对立的直观认知。尽管如此,在我国,社会价值投资尚未进入主流投资机构的视野。究其原因,就是未能把社会价值投资的对象定位于社会创新型企业。同时,由于缺乏对被投企业社会目标、社会创新能力以及团队执行能力的考核评估量化标准,相当一部分投资人望而却步。没有明确的社会价值投资标准,就难以形成创造社会价值的合力。对善良资本的最大激励,就是帮助它们找到最具社会价值和商业回报的社会创新创业者。由此友成企业基金会在提出世纪难题解决方案的同时,也研发出一套社会价值投资的量化标准,即3A。该标准同时也是一套战略管理工具和评估体系。该标准强调从Aim(社会目标驱动力)、Approach(解决方案创新力)、Action(执行效果转化力)三个维度及其一致性,对投资对象进行全方位考察,以期识别出真正解决社会问题、具有创新解决方案和可持续商业模式的社会创新型机构,为政府、企业和投资者提供决策的量化依据。

第四节 共建共治共享:政府、企业与社会

近年来,倡导"运用商业手段,实现社会目标"的社会企业和社会价值投资正在成为全世界备受瞩目的研究和实践议题。社会价值投资,在国际上广泛使用的是SII(Social Impact Investment),有的地方直译为"社会影响力投资",笔者用"社会价值投资"的概念,主要是为了便于国内理解。国际社会上,SII作为一种新的投资形式于2007年被首次提出来,2010年,J. P. 摩根、洛克菲勒基金会和全球影响力投资网络(GIIN)共同发布报告,将社会影响力投资定义为一种新兴的资产类别。之后,社会价值投资迅速引起了投资界和公益界的广泛关注。许多发达国家的政府、国际组织也积极跟进和推动。当前的中国正处于关键转型发展的时刻,需要社会各方面戮力同心,把握发展机遇,应对困难挑战。社会价值投资的概念强调追求"社会价值"的目标,同时,也强调社会价值和结果的"可测量",以及可持续的"回报"两项特征,主张将经济激励和社会目标相结合,鼓励企业界、社会组织、公众与政府多元主体的有效结合,共同发挥作用,推动经济和社会的持续发展。现在的中国正需要这样的"社会价值投资"。社会价值投资有助于解决"钱"的问题。中国正全力向全面建成小康社会的目标冲刺,要实现这一目标充满挑战。"十三五"期间,中国需要使

现行标准下的 5000 多万农村贫困人口全部摆脱贫困,需要实现 1 亿农业转移人口市民化,改造城市棚户区为 1 亿城镇人口提供体面住房,还要应对经济社会发展不平等、快速的老龄化以及环境污染与生态退化的挑战,解决这些问题需要巨额的资金和资源投入。2015 年,中国的全国固定资产投资总额超过 55 万亿人民币,而私募股权基金交易金额也超过 1.2 万亿人民币,如果将这些投资额中仅 10%的数量用于社会价值投资,也会为解决社会问题带来巨大的资金支持。

社会价值投资为社会组织跨界与创新"有效"的实现提供了工具。现在政府和社会高度关注"评估"和"有效"。在政府管理中重大政策措施由第三方评估成为管理方式创新的重要举措。随着预算绩效管理改革的推进,"花钱必问效、低效必问责"的理念也广泛传播。通过评估,要一个说得清的资金使用效果,这种理念已经深入人心。社会价值投资作为一种资产形式,首要的要求,就是社会价值和结果要能够测量和评价。这与当前治理方式中重视结果导向、强调公正评估、强调社会和群众的评判,以此促进资源更合理有效地配置,非常契合。社会价值投资倡导一种社会团结的精神,从供给和需求两个方面,引导政府、企业、社会、公益组织等各方力量的广泛参与和投入,有钱出钱、有力出力,形成社会上相互关心、相互爱护的氛围,推进经济社会和谐发展。新中国成立以来,特别是改革开放后,中国经济社会发展取得了长足的进步,人民生活普遍得到改善。但是,在中国创造了世界上最快的 GDP 增长率的同时,中国的基尼系数的扩大速度也是世界上最快的。如邓小平同志所说:"社会主义的特点不是穷,而是富,但这种富是人民共同富裕。"要解决社会差距拉大、实现共同富裕,必须依靠全社会的参与和共同努力,特别是高收入群体行之有效的努力。近年来,优秀企业家心向社会,捐出自己身家或者在环保、扶贫和教育等领域"行胜于言",开展实实在在的工作,逐渐发挥着"正能量"。而社会价值投资又为所有企业家、社会高净值人群和大众投资社会与环保事业提供了新的途径。总之,在实现全面小康的奋斗之路上,社会价值投资这种投资形式,能够集众人之力,又有绩效可考,有可持续的造福社会的能力,值得大力倡导和扶植。中国的社会价值投资仍处于起步阶段,社会价值投资本身规模还很小,严格定义的纯粹的和标准的社会价值投资企业还不多。但是,社会价值投资的价值取向和运作方式,和国家倡导的"创新、协调、绿色、开放、共享"五大理念是高度契合的。社会价值投资在

宁夏新社会组织的成长性与功能研究
——基于政府、企业与社会的视角

中国社会已经有许多实践，也建立了一定的发展基础，譬如，在扶贫开发、农业发展、生态环境、小微金融、医疗卫生等领域，都已经存在规模和范围不等的社会价值投资，涌现了一批优秀的社会企业。国家开发银行等金融机构开展的城市棚户区改造和对贫困落后地区的贷款，也具有明显的社会价值投资性质，在实现社会价值上发挥了重要作用。从国际经验以及国内现状看，政府都在社会价值投资的发展中扮演着至关重要的角色。要推进社会价值投资，政府首先需要特别关注，通过完善法律和政策空间、购买服务和完善监管等多种方式给予积极支持和引导，建立和完善良好的投资环境，促使其更好发挥作用。PPP在国内已经被广泛接受，希望SII也像PPP一样，逐渐为政府所接受和提倡。

展望未来，中国社会价值投资的发展已经具有良好的基础，潜力巨大，只要政府政策支持，企业、社会、个人多元主体积极参与，社会组织不断跨界与创新，相信一个善治时代必将来临，宁夏地方政府、企业与社会跨界融合，借助互联网技术的力量共建共治共享的社会一定可以落地生根，开花结果，焕发勃勃生机。

结 语

最后,再回顾一下本书的主要思想,是在系统评析有关社会组织定义、发展及其功能的若干代表性观点的基础上,就宁夏本土化的案例进行讨论和分析,并阐述了关于社会组织的三大基本认知观念。一是从既定的结构中独立出来,有助于社会企业家们摆脱政府、企业和社会关系的视角,提出了社会组织跨界的意义及其跨界的方法,并认为政府、企业与社会的关系是一种共建共治共享的关系。二是从某种意义上讲,社会组织跨界与社会企业创新也是善治和提升治理现代化的路径之一,并运用阅海湾CBD建设的案例进行了实证分析。三是提出了在政府、企业和社会三重失灵的条件下,解决复杂社会问题的方法就是社会企业创新与跨界,努力在经济目标与社会目标的约束下寻求一种动态的平衡,并运用社会价值和社会影响力的概念来分析和解决问题,例如"黄河善谷"就是宁夏地方政府回应生态移民当中复杂社会问题的这样一种战略构想。

正如戴维·伯恩斯坦在《如何改变世界:社会企业家与新思想的威力》中所写的:

面对一些整体性的问题,社会企业家们毫不犹豫地超越了纪律的边界,将不同领域的人们召集在一起,其主要作用之一就是作为社会的"炼丹术士",以一些社会不会自然地形成的配置方法,将人们的想法、经验、技能资源组合在一起,去创造新的社会合成物。社会企业家方面的"创造性地结合",可能是对于现代工业社会的过度细分与专门化所作出的一种本能的反应。

后　记

　　2018年岁末,冬日的北京正在远离夏秋的热闹和嘈杂,此时,距新的一年只剩下短短的48小时了,来到清华南门曾经再熟悉不过的万圣书屋,10点钟书屋刚刚打开门,没有见到该屋的主人刘苏里,坐在醒客咖啡十几年前常来的老位置上,望着窗外成府路上稀疏的人群,才想起2年没有来过北京了。万圣书屋这座北京读书人的精神地标,是一段清华、北大读书人挥之不去的记忆。近日读到新东方创始人之一的王强所写的《书虫牛津消夏记》里就记载过万圣曾好几次面临搬家的窘境,而在北京时曾为书屋常客的王强也努力为万圣奔走,希望为读书人保存一个文化万圣。

　　回忆起十几年前与吾师王名及师兄弟们登完香山后在醒客咖啡讨论的日子,内心不免充满一丝安详之意,我私藏情感,暗潮涌动,不自觉间,眼中竟有一丝湿润,不由触景生情。回望人生,我离开北京十多年了,有时夜深人静,常会思考:忙忙碌碌,我在追求什么?论权贵,我不肯低就;论学养,我无法高攀;论才智,我没有挥洒自如的天赋。当朝花落尽、夕拾寂寥的时候,我靠什么达到心灵的安宁呢?此时,我的脑海中情不自禁地闪现出诗人江易——我的一位朋友曾经写的一首诗《独行者》:

这些年额头的汗液和天空的晚霞在渲染

宁夏新社会组织的成长性与功能研究
——基于政府、企业与社会的视角

> 一个独行者的悲哀
>
> 在了无人迹的丛林里,他踽踽独行
>
> 有几只陌生的鸟雀的耳际嘲讽
>
> 想反驳却已来不及,或是根本不屑
>
> 一路的风尘,一路的艰难,一路孤寂
>
> 一双旧鞋,一段思绪,一个坚强的灵魂
>
> 造就这自我陶醉而又倔强顽固的独行者
>
> 他采撷星光,喝风饮露身披北天或黑夜的大衣
>
> 为着早些年定格的目标勇往直前
>
> 荆棘丛生的小径让他不禁徘徊
>
> 一路回头,欲语还休
>
> 身后的路,复燃曾经的荒芜
>
> 毒蛇,蝎子,蜘蛛,蜗牛,蟾蜍
>
> 充盈这先人和后继者们开拓的小路
>
> 恍然间,觉得自己除了前行
>
> 已无路可走

3年前,因宁夏吴忠市红寺堡区想搞一场规模较大的"黄河善谷"慈善论坛,托我和艳军前去北京邀请王名老师,因个中原因无果,只好邀请北京师范大学公益慈善中心的王振耀,告别前王名老师送我一本他刚出版的《我行我素》一书,似在暗示我什么。可惜3年前的我功利心太强,未曾领悟为师之意,恩师王名临别前有意无意地说了一句"在宁夏做NGO不容易"。我没有太在意,自那之后,我又远去湖南挂职,在涟源偶遇钱钟书《围城》中提到的"三闾大学"旧址,并因此而结识了"黑土麦田"这样一个年轻人的公益组织而深受感染,并从中得到不少启发,而今准备出版本书时,才深深体会到王名老师当时的语意,江易的《独行者》所描述的情境恰如我此刻的心情:复杂而又艰辛。

离开万圣,驱车来到海淀牡丹园,先去了彼岸书店采购了我渴望的"彼岸花",

后 记

之后来到了一路之隔的咖啡藏书馆,我见到了久违的佩佩女士,说是女士,其实十几年前她是我教过的一名学生,只不过十几年来,她东渡日本,在求学之路上不停奔波,近年来终于在北京稳定下来,上次见到她还是在"豌豆荚",我们一起"偷吃"了公司提供的免费早餐,又几年的打拼,她和老公振昆在"美菜"的创业股票兑现了一部分,30多岁的年纪却已实现了财务自由,这就是北京——"心有多大,舞台就有多大"的地方。

送走了佩佩,我静下心来,在咖啡藏书馆最后一次统稿。在书"定稿"之际,辐射着咖啡馆房间的空调采暖,我心中充满感恩。所谓"定稿",指的是这本书的全部作业即将完成。我的这个作业,做了整整2年,几年前的这时候,在宁夏哲学社会科学项目的启动式上我曾承诺写这样一本书。从那以后,我伴着思考、调研和讨论经历了几度春夏,几年来这个凝聚了我多年心血和智慧的几个相关项目顺利结题。按照宁夏哲学社会科学规划办的建议,我又用了半年时间整理文稿。回首这些项目和书稿所走过的历程,我内心充满了感恩。说真的,我感恩评委的慧眼,感恩时代给我的机遇。项目进行期间,我得到来自民政部和宁夏民政部门领导和朋友的大力支持,得到各类社会组织同仁们的理解和配合,得到上自宁夏哲学社会科学规划办、下至学校科研处的无微不至的关怀、关照和叮嘱,令我心怀感恩,也备受鼓舞。我深知本书稿的写作与完成凝聚了所有项目参与者的共同努力和智慧,因此将感恩的情怀凝之于书稿最终的修订完善,不敢稍有疏忽。

我曾在企业工作,又有政府挂职的经历,而学术研究的方向又是社会组织,这也是这本书的副书名我一再坚持从政府、企业与社会关系的视角来写这本书,编辑小管曾善意提醒我是否放弃这样的安排,我却一笑任之,这或许也体现出我的固执和偏傲。几年前有一本商界人士所著的书《跨界》非常流行,而我一只脚曾踏过政府、企业与社会三圈,无论体验是否正确,我都特别想从这个角度来写一本书,即使所有人都反对,我依然会固执地认为这是上天给予我的恩赐。想来把自己比作《万历十五年》的作者黄仁宇博士(为了从大历史的角度研究明史,以至于因研究方法太离谱而被学校开除)就有点不知天高地厚了。

虽然此刻定稿在北京,除了感谢秦芳和罗丹两位女士之外,还是要特别感谢李

宁夏新社会组织的成长性与功能研究
——基于政府、企业与社会的视角

艳军博士和杨海洪博士,他们一个在红寺堡区的慈善产业发展问题上对本书有着重要的贡献,另一位在宁夏社会组织的成长与功能测度的定量方法方面对于本书的写成有着很大的帮助。同时,更要感谢出版社的编辑管世献,没有他的提醒和督促,书稿不知要延期到哪一天。

我渴望2019年的春天到来。我也因2018年赴湖南娄底挂职而增长了不少见识和才干,面对长沙的千年岳麓书院,我感觉到了自己的渺小。我扪心自问:即将付梓的这个书稿,是否意味着我在NGO的研究上也有了不少的进步和成长呢?答案还是请同仁们评价。

2018年12月29日于北京咖啡藏书馆